Digital Thinking

Digital Thinking

Websites, Online-Marketing und digitale Visionen

Warren Laine-Naida

Übersetzt aus dem Englischen von Dr. Margrit Schreier und Meike Schröder

ISBN: 9798583422210

Translated from the original
"Digital Thinking – Websites, Online Marketing, and so much more" Warren Laine-Naida, August 2020

Die deutsche Ausgabe dieses Buches ist der liebevollen Erinnerung an Marion Adams geb. Wenige, (1917-2020) gewidmet. Marion lernte ihr ABC und Kinderreime auf Deutsch von ihrem Vater, dem Bürgermeister von London Ontario. Sie hatte eine große Vorliebe für Weihnachtsmärkte und deutsche Süßigkeiten. Ihre Schirmherrschaft machte diese Ausgabe möglich.

Mein Dank gilt Margrit Schreier für ihre unermüdliche Bearbeitung und Übersetzung der deutschen Ausgabe.

Mein Dank für diese zwei Jahrzehnte geht auch an Jörg Geissler (die Web Optimierer), Lucy Turpin (LTC), Daniel Fischer (THE HYPHE), Silvia Romann (AD&D), Robin Honey (Honey Design), Wendy Smith (RedRhino), Ralf Hendel (Bright Solutions), Bridget Willard (bridgetwillard.com), David Mayerlen (Mayerlen Consulting Inc.) und an die unzähligen Kollegen und Privatkunden, mit denen ich seit der Erstellung meiner ersten Website im Jahr 1994 zusammenarbeiten und von denen ich lernen durfte.

Vorwort

Bevor ich eine Karriere als Digital Consultant in Erwägung zog, war ich Koch. Einen Kuchen zu backen und eine Webseite zu erstellen sind gar nicht so verschieden – worin die Ähnlichkeiten genau bestehen, darüber werden Sie in diesem Buch noch einiges lesen. Ich hatte mich auf Schokoladespezialisiert, aber auch damals hatte ich schon eine Schwäche für Marketing. Meinen ersten Vorgeschmack auf Marketing erhielt ich in den aufregenden 1980er Jahren, als das Faxmarketing gerade groß in Mode war. Die Rücklaufquote beim Faxmarketing war übrigens sehr gut.

In den 1990er Jahren - damals, als das Internet noch seltsame Geräusche machte, wenn wir uns in die Telefonleitungen einwählten -, machte ich Schokoladenskulpturen und Catering-Partys. Meine allererste Webseite erstellte ich einfach nur zu dem Zweck, meine Schokoladenskulpturen der Welt zu präsentieren. Soziale Medien wie Facebook, Twitter, Instagram, Pinterest, Smartphones - all das gab es damals noch nicht.

Eine frühe Version meiner alten Website (mit Mouseover und animierten Gifs) ist übrigens noch verfügbar unter *chocolatecheese.de/oldschool*

Seit meinen ersten digitalen Schritten habe ich dem Aufstieg und Fall zahlreicher Netzwerke sowie dem Kommen und Gehen vieler digitaler Marketingfirmen zugesehen. Während sie aufgetaucht und wieder verschwunden sind, habe ich mir Fähigkeiten in Projektplanung, Social Media Marketing, Webdesign, SEO und anderen grundlegenden Bereichen angeeignet. Dank ihrer bin ich in der Lage, effektive Strategien zu entwickeln, die auch dann noch meine Rechnungen bezahlen, wenn der neueste Hashtag-Trend schon längst wieder Vergangenheit ist.

Jetzt haben wir das Jahr 2020. 1980 habe ich in Osaka, Japan, das Haus der Zukunft besichtigt. In der Küche stand ein Faxgerät, und ich war zutiefst beeindruckt. Heutzutage hat ein intelligenter Kühlschrank das Faxgerät in unserer Küche ersetzt, und Alexa bestellt unsere Einkäufe.

Ich war an über 350 digitalen Projekten für mehr als 150 Kunden in 12 Ländern beteiligt. Diese Erfahrung nutze ich für den Unterricht mit Erwachsenen, Kindern und Senioren, die die Werkzeuge und Fertigkeiten erlernen wollen, die Teil unserer digitalen Welt sind. In dem Maß, in dem das Internet und die mit dem Internet verbundenen Geräte immer wichtiger für unser Leben werden, wird es zunehmend notwendiger, dass alle Menschen wissen, wie man sie benutzt. Digitalkompetenz ist unabdingbar, wenn es darum geht, unsere Teilhabe an einer demokratischen Gesellschaft sicherzustellen.

Dieses Buch ist dazu gedacht, Ihr Interesse an dem und Ihre Neugier darauf zu wecken, was unsere digitale Welt für uns bereithält - und Ihnen gleichzeitig einige Denkanstöße für die Gefahren zu geben, die sie birgt. Dieses Buch ist nicht dazu gedacht, Ihnen etwas beizubringen. Vielmehr möchte ich mit diesem Buch meine Begeisterung und meine Erfahrungen aus fast drei Jahrzehnten Technik mit Ihnen teilen - von Faxmarketing und Callcentern bis hin zu Cloud Computing und virtuellen Klassenzimmern.

Es gibt viele Missverständnisse in Bezug auf Digital Consulting, und eines der häufigsten ist die Vorstellung, dass ‚digital' sich ausschließlich auf diejenigen Aspekte Ihres Unternehmens bezieht, die etwas mit dem Internet zu tun haben.

Im Internet geht es um Inklusion, nicht um Isolation. Es geht darum, Menschen zusammenzubringen, nicht darum, sie in kleinen digitalen Blasen einzuteilen und einzuschließen. Es geht um gute Kommunikation - dazu gehören sowohl Online- als auch Offline-Tools und -Fähigkeiten. Ihre digitale Identität ist lediglich eine Erweiterung Ihrer Identität in Offline-Kontexten.

Denken und Handeln im digitalen Raum erlaubt Ihnen, neue Verbindungen herzustellen und mit der Welt zu teilen. Es ist eine Basiskompetenz, die es Ihnen ermöglicht, Ihr Unternehmen auf Jahre hinaus auszubauen, ganz gleich, wie schnell sich die Technologie verändert und wie schnell die Trends kommen und gehen. Es ist kein Problem, wenn Sie nicht so technisch versiert sind, wie Sie es gernhätten. Kommunikation, ob online oder offline, ist kein Wettbewerb. Machen Sie mit. Versuchen Sie es. Scheitern Sie. Versuchen Sie es noch einmal. Tun Sie es einfach.

Monatliche Updates finden Sie in meinem Blog unter *warrenlainenaida.net/digital-thinking*

Bremen, Deutschland, August 2020

Vorwort

(in der Sprache des Digital-Marketing)

Ich bin weit durch die digitale Landschaft gereist. Um meine Ideen auch dann mit anderen zu teilen, wenn einmal der Strom ausfällt, war eine Neuerfindung meines digital-spezifischen Blog-Modells fällig. Ich brauchte eine weniger Cloud-abhängige Plattform, eine physikalische Neuinterpretation meiner synchronisierten Wissensbestände, die derzeit im Internet zu finden sind.

Ich denke, wir sollten uns alle gegen Fragilität wappnen - meinen Sie nicht auch? Wenn Disruption fehlschlägt, dann kann eine gute altmodische Innovation nicht schaden.

Mein Digital Thinking-Blog existiert seit fünf Jahren ausschließlich innerhalb digitaler Parameter - warum also nicht mit einem interaktiven Matrix-Ansatz, im Cross-Media-Stil, über-effizient werden? Ich habe mir die Vertikale einer solchen Idee einmal genauer angeschaut und fand sie faszinierend. Was Sie nun in der Hand halten, ist das blitzartig skalierte Ergebnis. Version 1.0. Mein auch unter minimalen Bedingungen überlebensfähiges Produkt.

Melden Sie sich bei mir, wenn Sie Ideen haben, wie wir dieses Produkt eine Stufe weiter iterieren können.

Datenschutzerklärung

Dieses Buch enthält keine Cookies.

Sitemap

Etwas mehr Praxisbezug

Was bedeutet "Digital"?

Verschiedene Personen verstehen ganz Unterschiedliches unter "Digital". "Digital" – ist das eine Website, eine Anwendung, eine Dienstleistung, Ihr Marketing, Ihr Vertrieb, eine Form der Wissensvermittlung, oder ist es vielleicht eine Denkweise?

Sie können "Digital" zu jedem der folgenden Begriffe hinzufügen und so eine entsprechende Diskussion beginnen:

Ungleichheit, Kluft und Zugang - Privatsphäre und Überwachung - Politik, Subversion und Kriegsführung - Identität, Gemeinschaft - Recht, Ethik - Kollektivismus versus Individualismus - Weiblichkeit versus Männlichkeit - Vermeidung von Unsicherheit - Lang- versus Kurzzeitorientierung - Geschlecht – Lehren und Lernen ...

Für die Zwecke dieses Buches bezieht sich "Digital" auf unsere Online-Kommunikation.

Keine Ruhe für das böse Web

Haben Sie ein Gerät, das einem persönlichen Assistenten ähnelt? Eine Alexa oder eine Siri - oder vielleicht eine Judi oder einen Bob? Ich hatte einmal in Erwägung gezogen, ein solches Gerät ‚Delilah' zu nennen - aber das ist ein anderes Kapitel.

Ich war gerade im Begriff, die letzten Änderungen an diesem Buch vorzunehmen und dann die ersten Wochen Urlaub seit Mai 2019 zu genießen, als, "ping", auf Facebook eine Nachrichtbei mir ankam. Von David.

DIGITAL CULTURE : VOICE : SEO : CONTENT MARKETING : IOT

David, was machst du da?

David und ich waren Kollegen, als ich 2013 die technische Leitung für RedRhino innehatte. Wir haben damals versucht, im Auftrag eines sehr großen veterinärmedizinischen Lieferanten Drupal mit einem Computer der IBM i-Serie AS400 zusammenzubringen. Dann verließ ich das Team; David, Kim, Bart und der Rest des Teams beschlossen, die Sache anders anzugehen - und das war es dann, wie man so schön sagt.

In der Zwischenzeit ist David von Drupal nach Angular weitergezogen und hilft derzeit den Menschen in Nunavut, Kanada (die meisten von uns kennen dieses Gebiet als die Northwest Territories), ihre Typo3-Websites mit Sprachinhalten zu verbessern. "Ich freue mich darauf, Dein Buch zu lesen - natürlich deckst Du die Sprachinhalte ab - richtig?“ Während ich dies lese, steige ich gerade unter die Dusche - und kein Schaum der Welt reicht aus, um die Nachricht aus meinem Kopf zu waschen. Verdammt!

Ich habe über Alexa, und IoT, über unsere digitale Kultur, SEO, Content Marketing und unsere Interaktion mit Geräten geschrieben, aber ich habe das berauschende Konzept der Sprachinhalte nur vage gestreift. Also, David - das ist für Dich. Ich muss nur noch einen Boxenstopp machen.

Boxenstopp: Kontext. Woher bekommen wir unsere Blog-Ideen?

Nichts kommt von nichts. Die Dinge geschehen nicht magisch. Feuer entspringt nicht einfach aus der Luft - zuerst sind da Hitze, Rauch, ein Funken. Ich habe diese Woche mehr als einen Tweet mit der Frage gesehen, wie die Leute eigentlich ihre Ideen für ihre Blog-Beiträge bekommen? Das hier ist ein gutes Beispiel.

Letzte Woche habe ich in meinem Kurs über digitales Marketing Formen lokaler, semantischer und kontextbezogener Suche behandelt. Ich habe einen Tweet über die DeBuild-Plattform gesehen (debuild.co), die eine Funktion programmieren kann, wenn man sie einfach verbal beschreibt. Über Dragon Software (nuance.com/dragon.html) habe ich ebenfalls nachgedacht - das Spracherkennungs-Tool, das ich vor etwa zwanzig Jahren verwendet habe und mit dem man Dokumente in Word einfach durch Sprechen erstellen kann. Ich habe auch darüber nachgedacht, den Kindern über Alexa Nachrichten zu schicken, wenn ich nicht zu Hause bin und sie nicht auf ihre Telefone achten. Dann kam die Nachricht von David.

Genau so entstehen Ideen. Sie erfüllen ein Bedürfnis. Produkte, Dienstleistungen, Ideen - sie entstehen, um eine Lücke zu füllen. Da ist keine Absicht - ich bin nicht mit der Absicht aufgewacht, ein weiteres Kapitel zu schreiben - es ist keine Sache - wie Google uns mitgeteilt hat. Man hat einfach eine Inspiration - wirklich.

Sprachinhalt

Sprachaktivierter Inhalt bezieht sich auf Inhalte, die über intelligente Lautsprecher, Smartphone-Assistenten wie Amazon Alexa, Siri, Google Home und andere intelligente Geräte ausgegeben werden.

Laut Statista[1] werden weltweit etwa drei Milliarden digitale Sprachassistenten eingesetzt. Bis 2023 könnte diese Zahl auf acht Milliarden ansteigen - also fast ebenso viele Sprachassistenten, wie es Menschen geben wird.

Sie kennen mich - oder wenn Sie mich kennen würden, dann wüssten Sie, dass ich bei der geringsten Herrausforderung bereit bin, aufzuspringen und dreißig Minuten oder länger darüber zu reden, was sich mit Content Marketing alles machen lässt. Aber ich fühle mich heute ziemlich müde, und Sie können alles, was ich zu diesem Thema zu sagen habe, in diesem Buch nachlesen, also werde ich nur drei Worte sagen: Voice-Content-Marketing. Ja? Ich meine, denken Sie darüber nach.

Voice Search verstehen wir - "Alexa, wo finde ich den nächsten Floristen?" "Siri, was läuft heute Abend im Kino?" Richtig? Das verstehen wir. Genau das ist

1 Statista Research Department, Feb 19, 2020

Voice Content Marketing, aber nach drei Tassen Espresso.

Das ist nicht einmal sonderlich neu. Auch vor zwei Jahren haben sich schon Leute darüber Gedanken gemacht. Aber ist es schon ein richtiges Thema? Nicht wirklich. Aber das wird kommen. Wir sind noch nicht soweit, und unsere Websites sind auch noch nicht soweit.

Sehen Sie sich das hier einmal an: Alexa Skills. Ihr Unternehmen sollte hier mitmachen. Das ist so ähnlich wie einst die Dash Buttons, bevor Amazon sie im Winter 2018 kurzerhand gekippt hat.

www.amazon.com/alexa-skills/b/?ie=UTF8&node=13727921011&ref_=topnav_storetab_a2s

Content Marketing – das umfasst die Erstellung und das Teilen von Material, das zwar nicht *explizit* der Förderung einer Marke dient, aber das Interesse an den entsprechenden Produkten oder Dienstleistungen wecken soll. Comics, Advertorials, Cartoons – Content Marketing gibt es schon seit Jahrzehnten. Jetzt steht es auf Fingerdruck zur Verfügung - bzw. liegt Ihnen quasi auf der Zunge.

Sprachsuche (Voice Search)

Voice Search ist leicht verständlich, und sie ist auch notwendig, wenn Sie wirklich ins Content Marketing einsteigen wollen. Auf den ersten Blick mag Voice Search zwar etwas bedrohlich wirken, aber sie passt gut in unsere semantischen und kontextbezogenen Suchmuster, allerdings mit viel weniger Tipparbeit. Das ist wichtig, weil wir viel informeller sprechen als schreiben. Und das wiederum bedeutet eine geringere Wortwahl und mehr Semantik.

Anstatt "Billiger Familienurlaub in Spanien mit Hotel und Autovermietung" einzutippen, damit Google so richtig loslegt, könnte ich einfach sagen: "Alexa, wo können wir in Spanien billig hinfahren? “Ganz so funktioniert es nicht, aber Sie verstehen, was ich meine.

Die Sprachsuche funktioniert wie folgt: Wenn Sie Ihren Assistenten bitten, nach etwas zu suchen, liest er die Informationen vor, die er in den erweiterten Zusatzinformationen (rich snippets) auf Ihrer Website findet, die dann in der Google-Suche erscheinen.

Anforderungen: Ok, Sie müssen sicherstellen, dass Ihre Website:

- ✓ für die lokale Suche optimiert ist
- ✓ das schema.org-Protokoll für erweiterte Zusatzinformationen (rich snippets) verwendet (beim Yoast SEO-Plugin ist das der Fall)
- ✓ eine kurze Ladezeit hat
- ✓ und relevant ist.

Wir können etwa 40 Wörter pro Minute tippen - aber wir können *dreimal so viele* sprechen. Und wir sind geistig dazu in der Lage, *vierhundert Wörter pro Minute* zu verstehen.

Warten Sie! Was ist mit Social Media?

Es kommt letztlich darauf an, was Sie mit Ihrem Inhalt bezwecken. Wollen Sie, dass er in sozialen Medien geteilt wird? Oder dass er in Google gefunden wird? Oder beides?

Google zieht es vor, sich von Mikroformaten wegzubewegen und sich auf Schema.org zu konzentrieren, um gehaltvolle Suchergebnisse zu erhalten. Wenn Sie Ihre Inhalte für Google, Bing und andere Suchmaschinen optimieren möchten, dann verwenden Sie das Schema.org-Markup. BEIDE Formate sind Teil des Yoast SEO-Plugins für

WordPress. Hier ist ein Beispiel für eine Seite aus meiner Website mit dem Schema.org-Markup:

```
<div class="schema-faq wp-block-yoast-faq-block">
<div class="schema-faq-section" id="faq-question-
1580541566541">What is the Biggest Problem in SEO?
<p class="schema-faq-answer">The biggest problem in SEO is
that websites are built by people, but websites are indexed by
machines.</p>
</div></div>
```

Dagegen sollten Sie das Facebook OG-Markup hinzufügen, wenn Sie Ihre Inhalte in ein soziales Objekt verwandeln wollen – perfekt, um es auf Twitter sowie auf Facebook und Co. zu teilen. Hier ist dieselbe Seite mit zusätzlichem OG-Markup:

```
<meta property="og:url" content=
"https://warrenlainenaida.net/" />
<meta property="og:site_name" content=
"Warren Laine-Naida" />
```

Die Zukunft

Denken Sie darüber nach. Wenn Alexa lernt, was wir wollen und was unsere Familie auf der Grundlage der Recherchen und Anfragen der vergangenen Monate will, wird sie keine erweiterten Zusatzinformationen mehr liefern. Vielleicht liefert sie eines Tages dieses

Ergebnis für meine Anfrage über billige Familienurlaube im sonnigen Spanien:

"Hey, ich habe drei Websites für einen billigen Familienurlaub in Spanien gefunden. Aber darf ich Ihnen auf der Grundlage Ihres aktuellen Kontostands und der Recherchen Ihrer Familie stattdessen einen billigen Familienurlaub in Berlin vorschlagen? Ihre Frau hat das KaDeWe letzten Monat 16-mal gegoogelt. Ihre Kinder wollen mehr über Pinguine erfahren, die Sie im Tiergarten finden können. Ich habe Ihre Reise gebucht. Übrigens höre ich von Ihrer Kaffeemaschine, dass Ihnen der Kaffee ausgeht, und Ihr Exemplar von "The University Club - A Campus Affair" wird heute ankommen. Schöne Ferien!"

Das war mein Elevator Pitch für Voice Content. Jetzt muss ich den Stecker ziehen. Danke, dass Du mir diesen Floh ins Ohr setzt hast, David. Ich liebe dich, Mann. Verrückter Kerl.

Wenn Sie wissen wollen, welche Werkzeuge wir in Zukunft von der Technik erwarten können, brauchen Sie meiner Meinung nach nur auf den Erfolg von McDonalds zurückzublicken und sich zu fragen:

Was lässt sich automatisieren?
Was kann man voraussetzen / Was begeistert uns?
Was lässt sich billiger und schneller erledigen?
(oder besser - nur zwei dieser Dinge - alle drei auf einmal geht nicht)

warrenlainenaida.net/2020-08-no-rest-for-the-wicked-wicked-web

Sozialen Erfolg Lernen

Man hört oft die Begriffe "Online-Gemeinschaft" und "soziale Netzwerke". Die Versuchung besteht darin, zu glauben, dass diese so viel anders sind als jede andere Gemeinschaft oder Art der Sozialisation. Sicher, es sieht so aus als hätten sie sich in etwas anderes verwandelt. Die zugrundeliegenden Regeln sozialer Interaktion sind jedoch immer noch dieselben.

Stellen Sie sich das so vor, dass es kein echtes "Digitales Marketing" gibt - es gibt nur gutes Marketing, das digitales Marketing beinhaltet, oder schlechtes Marketing, das kein digitales Marketing beinhaltet. Um online sozial erfolgreich zu sein, müssen Sie die gleichen Regeln befolgen wie offline.

SOCIAL MEDIA : COMMUNITY : UX : RELATIONSHIPS

California Dreaming

Bridget Willard aus Kalifornien - @YouTooCanBeGuru - und ich haben neulich darüber gesprochen, wie sie mir dabei geholfen hat, auf Twitter erfolgreicher zu werden. Es war eine Menge Arbeit - aber genau, das heißt es, eine Beziehung aufzubauen. Wenn man etwas erreichen will, was sich lohnt, führt kein Weg an harter Arbeit vorbei.

Ende April habe ich mein zweites Buch veröffentlicht und einen alten Twitter-Account wiederbelebt, um für mein Buch zu werben. Ich hatte 30 Follower, und der Account war 10 Jahre lang untätig gewesen!

Innerhalb von 2 Monaten habe ich nun 435 Follower – alle sind echt, und mit allen interagiere ich und teile ich Material.

Klingt nach sozialem Erfolg, nicht wahr? Ich denke schon. Aber es IST eine Menge Arbeit!

Harte Arbeit, die sich lohnt

Bridget hat mir keine Zaubertricks für Social Media verraten. Sie hat keinen Follower für mich gekauft. Wenn jemand Ihnen sagt, dass er Ihnen in einer Woche 1.000 Follower gegen Bargeld oder Gefälligkeiten besorgen wird, dann sollten Sie diese

Person unbedingt meiden. Mein Erfolg war einfach nur ehrliche, harte Arbeit - unterstützt durch grundlegende SEO- und Content-Fähigkeiten, die jeder dank CMS-Plugins wie Yoast zur Verfügung hat.

Ob die Arbeit tatsächlich hart im Sinne von "schwierig" ist, darüber lässt sich streiten. Die Herausforderung besteht darin, Ihren Feed mit einer bestimmten Absicht zu lesen. Diese Absicht besteht in diesem Fall darin, mit anderen zu interagieren. Wenn Sie etwas sehen, bei dem Sie "wow" denken, dann antworten Sie mit "wow". Es ist nicht schwierig, aber es braucht Zeit.

Meine drei wichtigsten Takeaways?

1. Der klassische Retweet

Die Leute für das Gespräch auf meiner Plattform halten, anstatt zuzulassen, dass das Gespräch auf einer anderen Plattform stattfindet. Das ganze Kopieren/Einfügen mit "RT" vor dem Handle und dem Kommentar zuerst, stellt sicher, dass Sie eine Marktanalyse für diesen Tweet bekommen und nicht einen Tweet über Ihre Marktanalyse posten.

Die Schaltfläche "Retweet" beendet ein Gespräch. Anstatt einen Knopf zu drücken, konzentrieren Sie sich darauf, jemand anderen einzubeziehen. Wenn

Sie Inhalte teilen möchten, funktioniert die Methode Kopieren/Einfügen am besten. Warum? Weil Sie sich damit Ihrem Publikum vorstellen und nicht einfach eine blinde Empfehlung aussprechen. Angenommen, Ihre Freundin zeigt Ihnen ihr Handy mit einem Foto ihres neuen Welpen. Sie gibt Ihnen das Handy. Jetzt geben Sie es einfach an alle anderen um Sie herum weiter, ohne auch nur ein Wort zu sagen. Schon bald weiß niemand mehr, wer Sie sind, woher Sie die Besitzerin des Welpen kennen oder warum das wichtig ist. Das ist der Retweet-Knopf. Anonymes Teilen von Informationen, die an Bedeutung verlieren.

2. Twitter Lists

Menschen mögen das Gefühl, etwas Besonderes zu sein, und das sind sie in der Regel auch. Es macht die Dinge auch viel einfacher, wenn man Autoren mit Autoren zusammenbringt, und Tweets über Kaffee zusammen mit weiteren Tweets über Kaffee verbreitet. Indem Sie Listen verwenden (bridgetwillard.com/Twitter lists), können Sie Ihren Feed so filtern, dass Sie nur das Publikumssegment sehen, an dem Sie gerade interessiert sind.

3. Höflich sein

Altmodisch und definitiv prädigital, aber jedes Mal, wenn jemand meine Beiträge teilt oder retweetet, sage ich danke. Soziale Medien heißt auch hier: soziales Miteinander - nur vermittels eines Mediums. Das bedeutet nicht, dass man sich nicht anständig benehmen sollte. "Bitte" und "Danke" haben uns schon immer, in allen Bereichen unseres Lebens, gute Dienste geleistet, –ob analog oder digital.

Wenn ich vergleiche, wie viel Gedanken und Sorgfalt ich in meinen @artnchocolate Twitter-Account gesteckt habe, und wie viel Aufwand ich in meinen @warrenlnaida Twitter-Account gesteckt habe, bin ich von den Ergebnissen hin und weg:

Zunahme an Followern von artnchocolate über einen Zeitraum von 60 Tagen: 405

Tägliche Benachrichtigungen: 20+

Zunahme an Followern von Warrenlnaida über einen Zeitraum von 60 Tagen: 7

Tägliche Benachrichtigungen: vielleicht 2

Lassen Sie uns der Sache auf den Grund gehen

Wir können immer etwas daraus lernen, was gerade passiert und wohin es führt. Nichts geschieht zufällig. Es ergibt Sinn, und wir sollten daraus lernen, solange wir dazu noch in der Lage sind. Spoiler-Alarm: Bei diesem Beitrag geht es nicht nur darum, wie man mehr Follower auf Twitter bekommt.

Online und von zu Haus aus sozial sein

Während der letzten Monate und in Zeiten des Covid19-Virus haben wir mit anderen wahrscheinlich viel mehr online als direkt und persönlich kommuniziert. Wir haben andere eher über Twitter, Zoom, Google Hangouts, Facebook kontaktiert; unsere Interaktionen in den sozialen Medien sind in die Höhe geschossen. Haben der Inhalt und der Wert unserer Online-Interaktionen mit unseren Bedürfnissen und Erwartungen Schritt gehalten?

Beziehungsaspekte

Ihre Likes, die Likes Ihrer Freunde usw. erschaffen die Inhalte, die Sie sehen - unterstützt durch die Algorithmen, die allen sozialen Plattformen zugrunde liegen. Wir erzeugen eine immer dicker werdende Informationsblase, die uns zunehmend mit anderen verbindet und zugleich von ihnen trennt.

Erinnern Sie sich an die Szene aus dem "Zauberer von Oz", als Toto den Vorhang aufzieht, um zu enthüllen, wer "der große und mächtige Oz" wirklich ist? Genau so funktionieren Algorithmen. In Wirklichkeit trainieren wir diese Plattformen so, dass sie uns Inhalte liefern, die auf unserem eigenen Verhalten basieren. Wenn Sie das Gefühl haben, dass Sie in einer Blase stecken, dann lesen Sie etwas anderes und teilen Sie es mit anderen. Vermissen Sie einen Freund? Suchen Sie sein Profil und kommentieren Sie einen Beitrag. Antworten Sie auf einen Tweet.

"Heutzutage gilt das Konzept einer Blase als negativ konnotiert. Früher war uns lieb und wichtig, was wir mit anderen gemeinsam hatten. So entstehen Gemeinschaften. Kulturen sind verschieden. Industrien sind verschieden. Wir müssen unser Erbe nicht aufgeben, um uns an neuen Menschen zu erfreuen. Statt darüber nachzudenken, eine Blase zu erzeugen, pflegen Sie lieber die Beziehungen zu Menschen in Ihrer Nähe.

Bridget Willard

Wie in jeder Beziehung müssen Sie wachsam bleiben. Sie müssen achtsam sein. Achtsamkeit ist die Fähigkeit, voll präsent zu sein - sich dessen bewusst zu sein, was Sie sind und was Sie tun - und nicht von dem, was um Sie herum geschieht, überwältigt zu werden. Denken Sie über Ihre Interaktionen mit anderen nach; überlegen Sie, was andere Menschen interessiert und wie Sie diese Menschen einbeziehen können. Seien Sie der Magnet, der andere anzieht.

Können wir reden?

Denken Sie daran: Ein erfolgreiches Gespräch hat drei Voraussetzungen: Es muss etwas vorhanden sein, was für beide Seiten von Wert und Interesse ist; es braucht Nähe zu dem anderen Menschen, mit dem wir uns unterhalten oder vernetzen wollen, und - sehr wichtig - die Technik und Etikette, damit wir eine Beziehung herstellen und auch künftig Gespräche führen können.

Mit anderen Worten: Interessante Menschen sind interessiert. Stellen Sie Fragen. Wenn Sie Freunde haben wollen, seien Sie ein Freund.

Lernen durch Shopping

Unsere digitale Welt hat unsere Erfahrungen auf spürbare Weise neu definiert. Genauso wie wir von Geschäften und Dienstleistungen Zufriedenheit verlangen, verlangen wir Zufriedenheit von sozialen Netzwerken. Sicher, wir alle müssen Geld auf die Bank einzahlen und die Miete bezahlen. Aber bei sozialen Medien geht es nicht ums Verkaufen -

weder analog noch digital. Es geht darum, Beziehungen aufzubauen. Beziehungen sind nicht etwas, das befriedigt; sie erfreuen.

"Dopamin ist ein starkes Hormon, das uns Freude bereitet - Freude. Soziale Netzwerke wissen das über uns Menschen. Benachrichtigungen trainieren unsere Gehirne – sie signalisieren uns, dass wir akzeptiert werden. Ding. Sie werden geliebt. Ding. Du bist wichtig. Ding. Dopamin. Ding. Dopamin.Wir können danach süchtig werden, wie nach allem, was uns Freude bereitet. Aber die Verbindung macht es so erstaunlich. Es passt genau in Maslows "Hierarchie der Bedürfnisse".

Bridget Willard

Unser Wunsch nach Zufriedenheit hat sich zu einem Bedürfnis nach Freude entwickelt. Wie viel mehr Aufwand erfordert dies? Nicht viel. Bereiten Sie Ihren Lesern Freude. Bringen Sie Freude in Ihren Feed. Erzählen Sie eine Geschichte. Machen Sie ein Foto von Ihrem Spaziergang. Teilen Sie etwas von Ihrer Seele, Ihrer Person, Ihrem Wesen.

Digital Marketing 101

Und so spielen die großen Kinder: Ihre sozialen Medien sollten das fördern und einbinden, was den

Kern Ihres Lebens oder Ihrer Marke ausmacht, wie auch das, womit Sie sich assoziieren. Sei es eine Band, eine Automarke, eine politische Überzeugung, Essen, Schuhe, Kaffee. Diese Dinge sind Ihre "Obsessionen".

Wenn Sie kommunizieren, geht es darum, Ihrem Publikum zu sagen: "Ich weiß, wie Sie leben und was Sie wollen. Ich verstehe Sie." Es ist nichts anders, als der Mittelpunkt der Party oder die Person zu sein, mit der jeder Zeit verbringen möchte. Werden Sie der Zusammenhalt für Ihr Online-Netzwerk.

"Um eine Beziehung mit anderen einzugehen, anstatt mit ihnen zu kommunizieren, müssen wir uns auf die Bereiche konzentrieren, in denen wir uns mit unseren Freunden überschneiden. Was verbindet uns? Was haben wir gemeinsam? Wir sind so oft von den Unterschieden besessen, dass wir vergessen, was uns gleich macht. Wir sind alle Menschen. Wir alle haben ein Bedürfnis nach Liebe und Zugehörigkeit. Wir haben Leidenschaften, Interessen, Liebeskummer und Kummer. Eine Beziehung erfordert Gemeinsamkeiten".

Bridget Willard

Computersex

Alexa, Google Home und Siri bringen uns an einen Übergangspunkt. Wir kommunizieren mit ihnen. Wir bitten sie, Dinge für uns zu tun. Wir sind über das digitale Zeitalter hinaus; wir befinden uns im Zeitalter der Beziehungen.

Mit der Sprachtechnologie erleben wir, wie sich persönliche Assistenten in persönliche Weggefährten verwandeln. Wir gehen eine Beziehung zu ihnen ein, auch ohne, dass Siri eine physische Form hat. Das ist auch kein Wunder: In der Shinto-Religion glaubt man beispielsweise, dass alle Objekte einen Geist oder eine Seele haben. Wir sind wohl für Beziehungen geschaffen; aber unsere Gehirne sind einfach noch nicht weit genug entwickelt, um zwischen ‚digital' und ‚real' zu unterscheiden.

Animismus ist ein Bestandteil des Shinto-Glaubens, ein einflussreicher Teil der japanischen Kultur. Animismus ist die Vorstellung, dass alle Objekte eine Seele haben - selbst von Menschenhand geschaffene Objekte.[1]

Unsere Interaktion mit Computern und sozialen Online-Netzwerken bedeutet, dass wir immer mehr Zeit damit verbringen, mit Maschinen zu

1 Christopher Mims October 12, 2010 technologyreview.com

interagieren. Anstatt allein zu sein oder uns mit den Schwächen eines anderen Menschen auseinanderzusetzen, fällt es uns leicht, uns mit einem Dialog mit einer Maschine zufrieden zu geben. Die KI gaukelt uns vor, dass sie uns versteht. (Und manchmal lernen KI-Anwendungen uns besser kennen als unser Ehepartner.) Wie wird sich die Zeit, die wir mit unseren Telefonen und Computern verbringen, auf unsere Fähigkeit zur physischen Interaktion auswirken?

Faule Beziehungen sind giftig

Genau wie analoge Beziehungen erfordern – gute - Social-Media-Beziehungen Anstrengung. Dies mag wie harte Arbeit erscheinen. Ich tue mich mit echten Beziehungen schwer, weil ich im Grunde sehr faul bin - aber Bridget hat mir wirklich dabei geholfen, die Arbeit und die Stunden zu investieren. Sie werden von Ihrer Beziehung, Ihrem Projekt, Ihrer Social-Media-Plattform nur das zurückbekommen, was Sie hineinstecken. Wenn Sie nicht daran arbeiten, wird das Endergebnis schlecht sein. Es liegt ganz an Ihnen.

Ein erfolgreiches Gespräch erfordert drei Dinge:

1. etwas von Wert und Interesse für alle Beteiligten

2. Nähe

3. Technik und Etikette, damit eine Beziehung zustande kommt und wir auch künftig Gespräche führen können

Gute Beziehungen, ob online oder offline, erfordern Arbeit.

warrenlainenaida.net/2020-07-learning-social-success

bridgetwillard.com/do-the-work-be-a-practitioner

Online Lehren und Lernen

Das letzte Mal, als ich über Online-Bildung und –Unterricht geschrieben habe, war kurz bevor der Corona-Virus in die Nachrichten kam. Ich erinnere mich, wie ich entspannt mit dem Zug in die Stadt gefahren bin, mir ein Starbucks zum Mitnehmen geschnappt, mich für meinen Unterricht fertiggemacht habe, wie Studierende ohne Masken den Raum betreten haben und ich buchstäblich Hunderte von verschiedenen Oberflächen berührt habe, ohne mir einmal die Hände zu waschen.

Die Tage der physischen Klassenzimmer und Büros könnten schon bald zum Stoff von Romanen werden. Die Universität Cambridge verlegt alle ihre Klassen bis 2021 online, Facebook gestattet den Mitarbeitern bis Oktober 2020, von zu Hause aus zu arbeiten, und Twitter ermöglicht es den Mitarbeitern, von zu Hause aus zu arbeiten ... für immer.

ONLINE-LEARNING : ELEARNING : DIGITAL CULTURE

Veränderung und Corona

Wie jede große Veränderung ist auch der gegenwärtige digitale Wandel, den wir derzeit erleben, ungleichmäßig verlaufen. Einige soziale und wirtschaftliche Gruppen lebt seit den 1990er Jahren einen digitalen Lebensstil mit Laptops, Fernarbeit und Mobiltelefonen. Einige, wie unser öffentliches Bildungssystem in vielerlei Hinsicht, greifen gerade jetzt erst nach den Seilen, die über ihnen baumeln, während der Ballon abhebt.

Es ist wichtig, sich daran zu erinnern, dass der Zugang zu digitalen Veränderungen oft nicht durch unseren Willen zur Veränderung bestimmt wird, sondern durch die Fähigkeiten, die durch unsere Ressourcen gesetzt werden. Nicht immer, aber oft.

In jeder Generation war der Zugang zur Technologie immer schon bestimmt durch Bildungsstand, Ressourcen, Fähigkeiten, Arbeitsplatz und die Verfügbarkeit der digitalen Tools. Die letzten Monate des Home Schooling haben uns gezeigt, dass es auch eine Kluft gibt zwischen jenen Haushalten, in denen Kinder Zugang zu einem Laptop und einem Hochgeschwindigkeits-Internet oder auch nur zu einem ruhigen Platz zum Lernen zuhause haben, und jenen, in denen das nicht der Fall ist.

Die "Stay at Home"-Monate wurden auch von denjenigen definiert, die zu Hause arbeiten und zu Hause beschult werden können, und denjenigen, bei denen das nicht so ist. Bildung und Kinderbetreuung, die als ein Grundrecht für Kinder im Schulalter und ihre Eltern gelten, werden mehr denn je zu einem ausgesprochen sichtbaren Gut. Es gibt Anzeichen dafür, dass die digitale Kluft, in der wir uns befinden, eher noch größer als kleiner wird.

Kataklystische Ereignisse waren oft die Vorläufer von sozialem und technologischem Wandel. Dampfkraft und die Expansion des Westens, Massenvernichtungswaffen und der Erste Weltkrieg, soziale Wohlfahrt und die Weltwirtschaftskrise, Demokratie und der Zweite Weltkrieg, Weltraumforschung und Computer und der Kalte Krieg, und jetzt könnte die digitale Transformation durch das Corona-Virus den letzten Schub erhalten.

Online-Unterricht als Elternteil

Als Elternteil habe ich vor zwanzig Jahren mein ältestes Kind an der Schwelle zum digitalen Lernen großgezogen - ein Modem, Disney-Lernprogramme auf CD, Spiele, die in Flash erstellt und in einem Netscape-Browser auf einem Desktop-Computer gespielt wurden. Mein jüngstes Kind ist jetzt 11 Jahre alt und hat nie etwas anderes gekannt als drahtlose Geräte, Handheld-Geräte, On-Demand-Spiele und Fernsehen und eine sprachgesteuerte Alexa. Ich habe ihm mein Brick-Telefon gezeigt, und er schwor, ich hätte nur versucht, ein Walkie-Talkie als Telefon auszugeben.

Für einige meiner Freunde war das Home Schooling immer schon Realität. Für viele von uns waren digitale Lernhilfen zu Hause eine Möglichkeit, das zu ergänzen, was wir als unterdurchschnittlichen öffentlichen Schulunterricht ansahen. Dies soll keine Kritik an unseren Lehrern sein, von denen die meisten erstaunlich sind. Es ist einfach eine Antwort auf die Art und Weise, wie diese Generation von Kindern lernt und lebt. Digital Natives sind einfach geborene Multitasking-Talente.

Unsere jüngste Generation macht Dinge schneller und besser als wir in ihrem Alter - und sie denken nicht einmal darüber nach. Sie müssen Ihren Kindern nur dabei zusehen, wie sie mit einem Tablet umgehen oder versuchen, darauf das neueste Computerspiel zu spielen. Das ist beängstigend. Und sie scheinen dazu einen intuitiven Zugang zu haben.

Unser Bildungssystem - das auf Büchern, Tafeln, Klassenzimmern und Unterricht in einzelnen Fächern basiert - ist Großteiles völlig veraltet. Es hat sich seit meiner Schulzeit nicht verändert - und das war

Anfang der 1970er Jahre. Seitdem haben wir einen langen Weg zurückgelegt ...

Als Elternteil bin selbst ich als digitaler Profi oft überfordert. Meistens kann ich mich behaupten, aber ich frage mich, wie es für Eltern ist, die nicht beruflich Websites erstellen oder digitales Marketing unterrichten - oder die nicht für jedes Kind einen zusätzlichen Laptop zur Verfügung haben.

Ich habe das Glück, zu Hause viele Laptops, drahtloses Internet und Handhelds zur Verfügung zu haben. Ich habe das Glück, von zu Hause aus arbeiten zu können - auch wenn es ein ständiges Jonglieren mit dem ist, was ich für die Arbeit tun muss und was ich als Elternteil tun muss, was jetzt alles in denselben vier Wänden und am selben Acht-Stunden-Tag geschieht.

Ich kann sehen, wie frustrierend es für Kinder ist, von ihrer sozialen Entwicklung und dem Schulunterricht abgeschnitten zu sein. Eltern und das Elternhaus sind kein guter Ersatz für Freunde, Klassenzimmer oder Klassenfahrten. Das Zuhause ist ein Zufluchtsort und ein Ort der Entspannung - es ist nicht der beste Arbeitsplatz oder die beste Schule.

Online-Unterricht als Lehrer

Als Lehrer möchte ich so wenig Zeit wie möglich damit verbringen, ein Lehrmittel oder -system zu erklären. Einmal saß ich in einem Workshop, in dem der Lehrer die ersten 40 Minuten damit verbrachte, allen Teilnehmern zu zeigen, wie man sich in Google Hangouts einloggt ... und das alles, während wir bereits IN Google Hangouts eingeloggt waren ...

Das Wichtigste am Lernen ist das Lernergebnis. Je länger wir damit verbringen, ein System zu erklären, eine Seite in einem Buch zu finden oder einen Bleistift zu spitzen, desto weniger Zeit haben wir, um auf den Punkt zu kommen. Und der eigentliche Punkt geht dann nicht selten in dem ganzen Hin und Her verloren.

Das Online-Lernen wirft auch die Frage der digitalen Kompetenz auf - nicht nur bei unseren Kindern, sondern auch bei unseren Lehrern und bei uns als Eltern. Wie computerbewandert sind wir eigentlich als Lehrer oder Eltern, und wie sieht es mit dem Computerwissen unserer Kinder aus?

Im ersten Modul meines Programms "Intelligente Senioren" (senioren-medienkompetenz.net) konzentriere ich mich darauf, wie man Technologie zur Lösung alltäglicher Probleme einsetzen kann. Meiner Ansicht nach ist es wichtig, solche

"Alltagskompetenzen" zu entwickeln. Listen erstellen, einkaufen, einen Ausflug organisieren, daran denken, einen Freund oder eine Freundin anzurufen - Dinge, die wir jeden Tag machen und für die zum Beispiel unser Telefon perfekt geeignet ist.

In dem Programm geht es nicht darum, den Menschen beizubringen, wie man ein Tablet oder ein Telefon oder einen Laptop benutzt -, Ziel ist es vielmehr, ihnen Werkzeuge vorzustellen, mit denen sie ein aktuelles Problem lösen können. Unabhängig von der Altersgruppe muss das Lernergebnis Vorrang vor dem eigentlichen Lernprozess haben.

Online-Lernen als Methode

Online-Lernen oder eLearning kann, wie alles, was wirklich online ist, sehr ablenkend wirken. Wie gut können Sie sich online auf etwas konzentrieren? Wie stabil ist Ihre Internetverbindung? Werden Sie abgelenkt, weil Sie den Drang verspüren, etwas anzuklicken? Öffnen Sie eine weitere Registerkarte? Stellen Sie Ihre Kopfhörer ein? Heben Sie die Katze von Ihrer Tastatur herunter? Stellen Sie sich vor, wie das für Kinder sein muss, die eine kürzere Aufmerksamkeitsspanne haben - zumindest bei Schularbeiten. Ihre Aufmerksamkeitsspanne scheint voll funktionsfähig zu sein, wenn es um einen 3-

stündigen Lauf auf Fortnite oder Minecraft geht, scheint aber im Fall von Mathe-Hausaufgaben auf etwa drei Minuten beschränkt zu sein.

Vor der Corona-Krise habe ich viele verschiedene Plattformen genutzt - als Angestellter, Lehrer und Schüler. Ich war an der Erstellung einiger der ersten MOOCs für unsere Universität beteiligt, damals ... 2011, und ich habe viele Kurse zu Udemy, Coursera, Udacity, WebEx, LinkedIn und Co. absolviert.

Seit 2018 nutze ich Zoom - sowohl als Angestellter wie auch jetzt als Lehrer - und Zoom ist immer noch meine bevorzugte Plattform, vor allem wegen der virtuellen Tafel und Co. Ich habe auch andere Systeme benutzt, aber was ich an Zoom am meisten schätze, ist die einfache Bedienung für meine Studierenden.

Cisco, Google, Facetime, What's App, Skype und unzählige firmeninterne Plattformen ... Ich bevorzuge immer noch Zoom - und ich werde nicht dafür bezahlt, dass ich das schreibe. :o) Letztlich geht es darum, möglichst schnell und ohne Ablenkung zum Lernen zu kommen.

Solange wir zu Hause sind, wo wir uns idealerweise entspannen und sicher fühlen sollten, sollte unsere Lernumgebung aus einfachen Werkzeugen bestehen, die sowohl für Lehrer als auch für Schüler leicht verständlich sind.

Online-Ed Learnings

Ich füge hier eine Auswahl von Gedanken ein, die mir Freunde und Kollegen zugeschickt haben. Bitte setzen Sie sich mit mir in Verbindung, wenn Sie mit Ihren Erfahrungen ebenfalls zu meinem Blog beitragen möchten.

Zuerst eine neue und aktuelle Episode von meinen Freunden bei @WPwatercooler - einem wöchentlichen Podcast nicht nur für WordPress-Freunde. TOLLE Gäste und wöchentliche Themen für alle, die Online-Tools benutzen oder mit ihnen arbeiten. Gastgeber ist das unvergleichliche Duo @jasontucker und @YouTooCanBeGuru

In der "Smart Marketing Show" @WPwatercooler haben wir unter anderem darüber gesprochen, dass man sich zunächst über die eigenen Erwartungen klarwerden sollte, bevor man einen Kurs belegt. Geht es Ihnen nur um das Abschluss-Zertifikat? Verlangt Ihr Unternehmen, dass Sie den Kurs machen? Wird mich dieses Wissen weiterbringen?

Wenn es Sie tatsächlich weiterbringt: Macht es Ihnen auch Spaß? Wenn ja, dann werden Sie wahrscheinlich noch mehr solcher Kurse machen wollen. Genau so ist es mir ergangen: Ich musste etwas im Zusammenhang mit meiner Arbeit machen, stellte fest, dass es mir Spaß machte, und habe schließlich mehr darüber gelernt, nur für mich.

Und wenn es einem Spaß macht, dann merkt man, dass man nicht nur für die Prüfung am Ende lernt. Sondern man fängt damit an, Dinge mit diesem neu gefundenen Wissen umzusetzen.
@jasontucker

Ich habe durch Online-Schulungen während des Lockdowns viel gelernt – und ich denke auch, dass virtuelle Sitzungen sehr fokussiert sind, so dass man schneller mehr erreicht. Aber die Interaktion mit anderen Studenten ist wichtig, und das ist es, was in virtuellen Klassen fehlt.
@_leoniethomas

Online-Lernen ist ideal für selbstmotivierte Menschen, die sich einfach an einen Computer setzen und sich etwa eine Stunde lang konzentrieren können.

Als ich auf dem College war, waren die Professoren motiviert. Und die Stimmung in der Klasse, das seitenweise Schreiben von Notizen und die Gruppendynamik waren einnehmend und einprägsam.

Ich betrachte das Online-Lernen als eine Ergänzung. Es ist nicht ideal. Vor kurzem habe ich versucht, die Moz SEO-Grundlagen durchzugehen, und ich fand es so langweilig. Besonders im Vergleich zu ihren Whiteboard Fridays. Kurz gesagt: Online-Lernen funktioniert für einen kleinen Teil der Bevölkerung. Das wird sich nicht ändern.
@YouTooCanBeGuru

Für mich funktioniert der Einzelunterricht mit den Doktoranden viel besser als damals im Büro. Einen Bildschirm zu teilen ist besser, als Dinge auf eine Leinwand in einem Besprechungsraum zu projizieren. Die Folien sehen auf dem Laptop des anderen genauso aus wie auf dem eigenen, und man erlebt keine Überraschungen mit mangelndem Kontrast oder zu kleinem Schriftsatz.

Frustrierend ist es nur, wenn das Internet langsam ist. Der geteilte Bildschirm meiner Studentin wurde z.B. mit ein paar Minuten Verzögerung angezeigt, so dass sie ihr Telefon an ihren Bildschirm halten und stattdessen ihren Bildschirm auf WhatsApp freigeben musste. Ansonsten können Sie, wenn Sie Ihre Programme gut kennen (F5, F8, Shortcuts), eine

Studentin leicht bei ihrer eigenen Datenanalyse oder Strukturbestimmung begleiten, und das mache ich auch.
Andrea Scacioc, Universität Oxford

Konzentrieren Sie sich auf das Lernergebnis.
Lehren Sie, wie man ein Problem löst.

Unsere Lernerwartungen und Lehrpläne müssen an unsere Umstände angepasst werden.

warrenlainenaida.net/2020-06-online-teaching-and-learning

Warum Print im digitalen Zeitalter wichtig ist

Falls Sie wie ich sind, und wie Millionen anderer Menschen, die wie ich sind - und wie Sie – dann haben Sie die letzten Monate oder so im Home Office verbracht. Und Sie haben vielleicht Schuldgefühle, dass Sie die eingesparte Zeit, die Sie normalerweise mit dem Pendeln verbringen, nicht voll ausgeschöpft haben. Wir könnten eine weitere Sprache lernen. Wir könnten jeden Morgen Brot backen.

Während der Corona-Krise ist zu unseren Schuldgefühlen möglicherweise noch der hektische Tagesablauf hinzugekommen: Homeschooling unserer Kinder, neue Wege in der neuen räumlichen Nähe – und Enge – unserer Beziehungen aushandeln und uns fragen, ob wir mit dieser ganzen "Auszeit", von der so viel die Rede ist, nicht etwas Richtiges anfangen sollten.

CONTENT MARKETING : DIGITAL CULTURE : PRINT : READING

Wenn Sie wie ich sind, dann arbeiten Sie auch im Digitalbereich - Websites, Online-Marketing, Programmieren. Und wir würden es nicht wagen, ein Printprodukt zu erstellen, weil das meist über unsere Fähigkeiten hinausgeht. Ich koche, statt zu backen - wenn Sie einen Laib Brot vermasseln, lässt sich das nur schwer verstecken - aber wenn Sie ein Gericht in der Pfanne vermasseln, können Sie wahrscheinlich so tun, als wäre es etwas anderes als das, was Sie geplant hatten. Ich habe größten Respekt vor meinen Kollegen im Printbereich. Sobald sie etwas produziert haben, ist das das Endprodukt. Wenn ich auf einer Website einen Fehler mache, kann ich ihn im Zug korrigieren, indem ich mich einfach einlogge. Alles, was so ... dauerhaft ... ist wie ein Buch oder ein Poster, muss wichtig sein.

Wie wir unsere Zeit verbringen

Viele von uns haben es bereits mit einem Imposter-Syndrom zu tun, und die jüngste Krise hat es noch schlimmer gemacht. Wie ich bereits geschrieben habe, sollte die Zeit zuhause eine Zeit der Entspannung sein. Eine Zeit zum Abschalten. Wir brauchen einen Ort, an den wir uns zurückziehen können. Jetzt, da wir zu Hause arbeiten – und lernen, und lehren, und kochen, und essen, und uns unterhalten - müssen, ist uns das Imposter-Syndrom dorthin gefolgt - und es ist nicht leicht, ihm zu entkommen.

"Nutzen wir unsere Zeit weise? Könnten wir mehr tun? Entspannen wir zu viel oder nicht genug? Was ziehen wir zu unseren Online-Meetings an? Lernen unsere Kinder genug? zu viel? Sollten wir ihnen mehr helfen? Machen wir zu viel frische Pasta? oder nicht genug?"

Einige von uns können von zu Hause ausarbeiten, einige von uns nicht. Einige von uns sehen sich mit Begeisterung Netflix an, andere lernen eine neue Sprache oder melden sich für einige der Tausenden von Online-Kursen ein, die jetzt entweder kostenlos oder zu reduzierten Preisen verfügbar sind. Da ich nicht als Faulenzer dastehen wollte, dachte ich mir, dass dies ein guter Zeitpunkt ist, um meinen schon etwas angestaubten Roman - "The University Club - A Campus Affair" - aus der Schublade hervorzuholen und ihn endlich zu veröffentlichen.

(theuniversityclub.info)

Bücher sind wichtig

Auch wenn Bücher während der Krise nicht als systemrelevant eingestuft wurden (Wein und Schokolade hingegen schon), haben wir in den letzten vier bis sechs Wochen wahrscheinlich viel mehr gelesen als zuvor. Es hat etwas Wunderbares, ein Buch in die Hand zu nehmen und die Seiten umzublättern - anders als bei einem eBook. Oft fallen beim Lesen kleine Schmuckstücke aus den Seiten heraus - ein Lesezeichen, eine Zugfahrkarte, ein Dollarschein, ein Liebesbrief - etwas, das uns an bessere Zeiten erinnert. Das Öffnen einer Flasche Wein kann denselben Effekt haben. Obwohl Wein sich weniger dazu eignet, Andenken aufzubewahren, erinnert uns das Öffnen einer Flasche an Orte und Mahlzeiten, Menschen und Ereignisse, ähnlich wie es bei einem Buch der Fall ist.

Wie Ray Bradbury in "Fahrenheit 451" schreibt, einem dystopischen Roman über eine Gesellschaft, in der Literatur verbrannt wird und verboten ist: "Es ist nichts Magisches in ihnen, rein gar nichts. Die Magie liegt einzig in dem, was in den Büchern steht, wie sie die Flicken des Universums für uns zu einem Kleidungsstück zusammengefügt haben".[1]

1 Fahrenheit 451 Ray Bradbury Ballantine Books 1953; Alle Übersetzungen aus dem Englischen hier und im Folgenden sind eigenständige Übersetzungen durch Margrit Schreier oder Meike Schroeder.

Warum ich einen Roman geschrieben habe

Ich begann "The University Club - A Campus Affair" in den späten 1980er Jahren in London, Ontario.

Ich hatte gerade erst das Internet entdeckt, aber bis zu den Zeiten, zu denen ich Webseiten erstellen würde, war es noch eine ganze Weile hin. In der Zwischenzeit absolvierte ich meine Lehrjahre als Koch und erlebte einige erstaunliche Abenteuer mit einigen außergewöhnlichen Menschen.

Ich habe den Campus-Roman immer mehr als jedes andere Genre genossen, aber ich war noch nie auf eine gastronomische Version gestoßen. Ich machte mich daran, dieses Versehen zu korrigieren.

Zu Anfang habe ich dieses Buch auf einem kleinen Apple Macintosh Classic mit einem winzigen grünen Bildschirm geschrieben. Es wurde auf einer 1,44-MB-Diskette gespeichert, durchlief verschiedene Generationen von PCs und Laptops und lag schließlich seit 2010 unangetastet auf einer externen Festplatte. Es hatte ein Jahrzehnt Zeit zu reifen, bevor es schließlich in diesem Monat 22mal bearbeitet und schließlich veröffentlicht wurde.

Mögen Sie Romane?

Das hoffe ich sehr. Obwohl es sich hierbei um die gleiche Nichtfrage handelt, die man sich nie stellen würde, wenn man ein Haus baut oder ein Kind bekommt – man fragt sich gar nicht erst, ob es anderen gefällt oder nicht.

Wenn Sie ein Autor sind, dann ist das Buch Ihre ureigene Schöpfung, und Sie haben ihre eigenen Gründe, warum Sie diesen Prozess durchlaufen haben. Katharsis, Liebe, Schuld, Lust, Angst ... warum tun wir, was wir tun?

Wenn Sie romantische Komödien mögen, dann wird Ihnen mein Roman gefallen.

Wenn Sie gerne kochen, finden Sie hinten ein Rezept, ein Koch Quiz und viele Küchenszenen.

Wenn Sie Universitäten mögen, spielt die Geschichte meist auf einem Campus - und es gibt überall Fußnoten und Verweise, die am Ende erklärt werden.

Wenn Sie Krimis mögen, gibt es in dem Buch viele Momente, die Ihnen gefallen könnten.

Wenn Ihnen mein erstes Buch gefallen hat, "Art in Chocolate", würden Sie bestimmte Vignetten und

Charaktere wiedererkennen, die hier zur Entfaltung kommen.

Wenn Sie wie ich sind und mein Interesse an Sachliteratur im Roman teilen, gibt es sogar einen Übergang in die Realität - eine der Figuren hat sogar einen Blog und einen Instagram-Account.

Print und Digital ergänzen sich gegenseitig.
So etwas wie Print-Marketing und Digital-Marketing gibt es nicht. Es gibt nur gutes oder schlechtes Marketing. Die beiden müssen verschmelzen.

Mehr Tun. Weniger Schuldgefühle.

warrenlainenaida.net/2020-05-why-print-is-important

Home Office - Das gute Leben?

Bleiben Sie ruhig und ziehen Sie sich an.

Ah, das gute Leben! Im Pyjama arbeiten, am Schreibtisch essen, was man will - habe ich Schreibtisch gesagt? Ich meinte natürlich die Couch, oder das Bett! Kein Blah-Blah von Kollegen, die Ihren Gedankengang stören, kein morgendliches Pendeln ... nur Sie, Ihr Laptop und die Kaffeemaschine. Das Home-Office ist der Himmel, nicht wahr? Es ist auch ein Privileg. So viele Menschen würden gerne zu Hause bleiben. Wenn Sie zu Hause arbeiten können, dann haben Sie großes Glück.

DIGITAL CULTURE : HOME OFFICE : TECH : WORK LIFE

Seien Sie diszipliniert

Derzeit arbeiten viel mehr Menschen von zu Hause aus als normalerweise. In meinem Job kann man von so ziemlich überall arbeiten, solange man Internet hat. Die Telearbeit ist eine der großen Veränderungen in unserer Arbeitskultur, die in den letzten dreißig Jahren stattgefunden hat. Da unsere Welt immer digitaler wird, wird das Arbeiten aus der Ferne wahrscheinlich so lange weitergehen, bis die Büros, wie wir sie kennen, der Vergangenheit angehören.

Ich habe seit den 1990er Jahren immer wieder von zu Hause ausgearbeitet. Ich bin das, was man einen "Home-Office Native" nennen könnte. Ich stehe zum Beispiel früh auf, halte mich an meinen Zeitplan, ziehe mich an (was immer ganz oben auf der Liste der guten Ratschläge steht), habe einen Arbeitsplatz, und ich mache feste Pausen. Ich vermeide es, während der Arbeitszeit die Wäsche zu waschen oder andere Aufgaben im Haushalt zu erledigen. Ich habe sogar Playlists fürs Home-Office, die ich auf Alexa abrufen kann.

Wenn Neulinge in Sachen Home-Office im Pyjama im Büro herumlaufen und vom Bett ausarbeiten, können die ersten Wochen an der Seite erfahrener Home Office Arbeiter etwas angespannt sein.

Die Disziplin im Home-Office kommt nicht von selbst. Wir alle sind es gewohnt, unser Zuhause als einen Ort der Entspannung anzusehen – aber wenn Sie von zuhause ausarbeiten, sollten Sie diese Denkweise schleunigst ändern. Seit kurzem arbeitet auch meine

Frau wegen des Corona-Virus von zu Hause aus - und am ersten Tag lief sie den ganzen Tag lang Schlafanzug herum. Für einen gestandenen Homie wie mich war das einfach nicht richtig, also habe ich sie der Personalabteilung gemeldet...

Die Arbeit von zu Hause aus kann für Anfänger eine amüsante Erfahrung sein, an die man sich erst einmal gewöhnen muss.

Ja, das ist ein echter Job

Manchmal fragen mich meine Nachbarn, "ob ich aufgehört habe zu arbeiten" oder was ich eigentlich mache"? Vermutlich ist das eine berechtigte Frage. Es sieht so aus, als wäre ich nie bei der Arbeit. Manchmal sieht man mich tagsüber Laub harken oder das Gras mähen (wenn ich über eine Idee nachdenke oder mich mit einem schwierigen Problem beschäftige). Die Frage ist gar nicht so merkwürdig - wenn mein Auto immer vor dem Haus steht, wie hätte ich dann zur Arbeit gehen können?

Wer im Home-Office arbeitet, braucht ein gewisses Maß an Tatendrang und Selbstwertgefühl, um den nagenden Zweifel zu überwinden, dass er vielleicht nicht wirklich arbeitet. Vielleicht sind Sie ein Blender, der einfach nur so tut, als würde er arbeiten. Das

Pendeln zur Arbeit, das Sitzen in einem Büroverschlag und das Pendeln zurück nach Hause – all das, was der Arbeit außer Haus seine Gültigkeit verleiht - geht Menschen wie uns ab. Die Insignien der Arbeit fehlen. Es gibt keine Partys im Büro, keinen Small Talk an der Kaffeemaschine (außer mit der Katze, oder jetzt mit meiner Frau), und vor allem keine Zugverspätungen oder Staus.

Ohne die Dekorationen der Arbeit, ohne die Extras, ohne die Staffage, wenn Sie so wollen, haben wir schnell das Gefühl, wir seien der Büroangestellte ohne Kleider. Wir müssen den Kurs halten. Mit anderen Worten versuchen Sie, sich nicht wie ein Hochstapler zu fühlen.

Bleiben Sie in Verbindung

Es ist ironisch. Es ist die Zeit von #stayathome, #WirbleibenZuhause und #bleibtzuhause - in der wir unsere #socialdistance wahren sollten, um die Kurve flach zu halten (#flattenthecurve). In dieser Zeit kommunizieren wir wahrscheinlich viel mehr mit anderen Menschen als sonst. Wir gehen viel mehr auf andere zu und nutzen dafür Twitter, Zoom, Google Hangouts. Unser Social Media Content wird gehaltvoller und an manchen Tagen sogar weniger wütend.

Das ist ein Vorteil, und ich hoffe, dass das auch nach der Krise so bleibt. Ich hoffe auch, dass Unternehmen erkennen, dass Menschen tatsächlich dazu in der Lage sind, von zu Hause aus zu arbeiten - insbesondere Menschen, die im digitalen Bereich arbeiten. Dass wir noch produktiver sind, wenn wir nicht ins Büro pendeln. Und vielfach haben wir schon gesehen, welche Vorteile es für die Umwelt mit sich bringen kann, wenn wir zuhause bleiben: von niedrigeren CO2-Werten in China bis hin zu den Fischen in den Kanälen von Venedig.

Ich habe das Glück, eine großartige Online-Community von Freunden und Kollegen zu haben, die alle von zu Hause ausarbeiten und ihre Kinder unterrichten. Wir schaffen all dies in den gleichen acht Stunden, die wir früher im Büro verbracht haben. *We are hard, we are strong, we work at Home all day long!*

Tipps für das Home-Office

Ich füge hier eine Auswahl von Tipps zum Arbeiten von zu Hause an, die Freunde und Kollegen mir geschickt haben. "Konzentrieren Sie sich auf Ihre Gesundheit." "Sitzen Sie verantwortungsbewusst." "Machen Sie Pausen." "Seien Sie ein guter Mensch." "Iss den Frosch." Tolle Ratschläge, die uns auch dann noch gute Dienste leisten sollten, wenn das Virus wieder verschwunden ist.

@katiedahlhouse
Ich liebe die App 'Focus at Will'. Ich stelle sie auf eine Stunde ein und versuche, in dieser Zeit an einem einzigen Projekt zu arbeiten. Wenn die Stunde vorbei ist? Dann mache ich zehn Minuten Pause; stehe auf und strecke mich, esse eine Kleinigkeit und lasse vielleicht eine Ladung Wäsche durchlaufen. Dann starte ich eine weitere Stunde! @focusatwill

@Kitty_lusby
Ich rate Ihnen, sich einen guten ergonomischen Stuhl zu besorgen. Küchenstühle und Sofas sind beide schrecklich für Ihren Rücken.

@sarahpressler
Machen Sie Pausen und verbringen Sie sie mit den Kindern, oder nehmen Sie sich einfach nur ruhige Zeit für sich selbst. Von zuhause aus zu arbeiten kann sehr anstrengend sein. Die Arbeit kann warten. Ihre psychische Gesundheit und die Gesundheit Ihrer Familie nicht.

@_leoniethomas
Besorgen Sie sich einen ordentlichen Schreibtisch und Stuhl, investieren Sie in die beste Ausrüstung, die Sie sich leisten können, strukturieren Sie Ihren Tag und halten Sie sich daran, schalten Sie den Fernseher nicht ein, essen Sie ordentlich, gehen Sie (mindestens)

einmal am Tag nach draußen, planen Sie digitale Kaffeepausen ein, um die Isolation zu minimieren.

@YouTooCanBeGuru
Legen Sie einen klaren Arbeitsbereich fest. Legen Sie Pausen ein. Essen Sie den Frosch (Anmerkung des Autors: Ich wusste nicht, was das bedeutet. Man hat mir gesagt, es heiße so viel wie: Machen Sie die Dinge als erstes, die Sie besonders ungern tun.).

@FatDogCreatives
Reorganisieren Sie Ihren Arbeitsplatz. Ich habe meinen iMac für große Arbeitsprojekte und auf der anderen Seite meinen Laptop mit Büchern zum Schreiben und um den Unterricht zu organisieren. Dies ist ein guter Zeitpunkt, Ihren Arbeitsbereich zu verändern.

@mbootsman
Machen Sie Pausen. Gehen Sie nach draußen, um den Kopf frei zu bekommen (derzeit mit sozialer Distanz im Hinterkopf). Nehmen Sie eine gute Schreibtisch-/Stuhl-/Arbeitsposition ein. Achten Sie darauf, genügend mit anderen zu kommunizieren; nutzen Sie Ihr Telefon oder Ihre Apps/Software, um mit Menschen zu sprechen. Machen Sie Pausen. Machen Sie Pausen.

@N_Wessinghage
Machen Sie einen Spaziergang im Freien, bevor Sie zu Hause mit der Arbeit beginnen, und machen Sie

während der Arbeit Pausen. Treffen Sie eine Vereinbarung mit Ihrer Familie; lassen Sie sie wissen, wieviel Zeit Sie brauchen. Hängen Sie ein Schild mit der Aufschrift "Ich bin bei der Arbeit" auf. Sprechen Sie mit Ihren Nachbarn, um herauszufinden, wer für die Annahme der Paketlieferungen zuständig ist.

@warrenlainenaida
Bleiben Sie gesund, seien Sie verantwortungsbewusst, essen Sie weniger, lesen Sie mehr, lernen Sie etwas Neues, kochen Sie Ihre gesamte Mahlzeit selbst, konsumieren Sie weniger! Genießen Sie den kurzen Arbeitsweg und jeden guten Moment, den Sie hier haben. Denken Sie daran - nicht jeder kann ohne Schuhe zur Arbeit gehen.

Es ist ein Privileg und eine Verantwortung, dort zu arbeiten, wo man möchte.

Bleiben Sie konzentriert und halten Sie den Kurs - Sie sind kein Imposter!

warrenlainenaida.net/2020-04-home-office-life

Alles über die Customer Journey

David Ogilvy sagte einmal: "Der Kunde ist kein Idiot - er ist Ihre Frau".[1] Und ebenso wenig ist der Weg des Kunden bis zur Kaufentscheidung eine mysteriöse Suche nach dem Gral. Wir alle Unternehmen Customer Journeys - treffen Kaufentscheidungen - jeden Tag, mehrmals, und manchmal sitzen wir in zwei Zügen, die gleichzeitig in verschiedene Richtungen fahren.

Die Customer Journey "bezieht sich auf den Weg des Kunden, über Berührungspunkte (Touch Points), bis hin zur Entscheidung, einen Artikel zu kaufen".

MARKETING : ECOMMERCE : TECH : STORYTELLING

Der Weg des Kunden zur Kaufentscheidung (Customer Journey) hat keinen Anfang und kein Ende - er ist stets präsent. Jemand möchte einen Kaffee

1 Confessions of an Advertising Man David Ogilvy Atheneum Books 1963

oder einen Doughnut - die Menschen wollen etwas - aber jeder kauft anders ein, so dass unsere Wege einzigartig sind. Wir kaufen ein Auto nicht aus einer Laune heraus an der Kasse. Andererseits planen manche Menschen den Kauf ihres Kaffees zum Mitnehmen als Teil ihres täglichen Arbeitsweges.

Sie denken überhaupt nicht darüber nach. Nach dem Kauf, vor dem Kauf, zwischen den Käufen - das alles ist Teil der Customer Journey.

Was ist das eigentlich genau, die *Customer Journey*? Wenn Sie so sind wie ich, taucht dieses Konzept in jedem Meeting und Projektplan auf. Allerdings ist eine Customer Journey nicht dasselbe wie Brot zu backen oder Quantenphysik zu verstehen. Sie ist nicht endlich oder statisch. Vielmehr ist der Weg zur Kaufentscheidung immer einzigartig: für jedes Produkt, jedes Medium, jede Person, jede Minute des Tages.

Unternehmen haben schon lange die "Reise" ihrer Kunden verstanden und wissen, wie man sie mit verschiedenen Taktiken zum Kauf bewegt. Der Einsatz von Smartphones hat hier vieles verändert - jetzt, wo wir jederzeit und überall einkaufen können, geht es mehr um "Mikromomente" als um eine geplante Reise.

Im Zentrum des Ganzen steht eines allein - das Bedürfnis. Ein Bedürfnis zu befriedigen. Ein Problem zu lösen. Wenn Sie das verstehen, verstehen Sie die Customer Journey. Sie verstehen die "Absicht".

Was ist ein Kunde?

eCommerce und das mobile Internet definieren die Customer Journey neu, insbesondere unsere Interaktionen miteinander. Aber Moment - wer sind eigentlich unsere Kunden oder unsere User?

Die Erstellung einer Persona ist der erste Schritt zum Verständnis einer Customer Journey. Wer sind die Kunden? Woher kommen sie?

Kunden sind entweder bereits Kunden, oder potenzielle Kunden, oder Mitarbeiter (unseres Unternehmens), oder sie sind Multiplikatoren (Influencer, Familie, Freunde).

Als Kunde wollen wir grundsätzlich eines von vier Dingen:

- ✓ wir wollen etwas kaufen,
- ✓ wir wollen Informationen,
- ✓ wir wollen unterhalten werden,
- ✓ oder wir wollen kommunizieren - Teil einer Gemeinschaft sein.

Was wir früher in Form von Kundenzufriedenheit erwartet haben, verwandelt sich nun in eine Nachfrage nach Kundenbegeisterung.

Wir haben alle schon vom Marketing-Trichter gehört. Unsere Reise durch diesen Trichter beeinflusst unsere Intentionen und wird seinerseits von ihnen beeinflusst. Traditionell gilt der Marketing-Trichter als linearer Prozess: Wir sehen eine Anzeige; überlegen, ob wir ein Produkt kaufen sollen; kaufen das Produkt und teilen dann unsere Erfahrungen mit anderen.

Mit dem Internet hat sich all das geändert - genauer gesagt, mit dem mobilen Internet. Der Marketing-Trichter hat sich in eine Serie von Marketing-Zyklen verwandelt, wobei Zyklen der Überlegung und des Vergleichs ineinandergreifen. Auch endet unsere Beziehung zu einer Marke nicht einfach beim Kauf. Vielmehr besteht die Verbindung weiter, beispielsweise in Form von Service nach dem Verkauf, in Form von Empfehlungen und indem wir uns in die Lebensgestaltung unserer Kunden integrieren.

Mit einem Telefon in der Hand holen wir ständig Informationen ein, geben Urteile ab, kaufen Produkte und Marken, geben sie zurück, teilen sie, sorgen uns um sie oder hassen sie. Tatsächlich sind wir in vielen Fällen zu unseren eigenen Marken geworden!

OK. Wohin führt das alles?

Wir haben schon darüber gesprochen, dass eCommerce und das mobile Internet den Entscheidungsweg des Kunden neu definieren, insbesondere unsere Interaktionen. Wir brauchen uns nur daran zu erinnern, wie wir vor ein paar Jahren von einem Freund von einem Restaurant gehört haben und vielleicht aufgrund seiner Erfahrungen dort essen gegangen sind. Jetzt können wir diese Entscheidung auf der Grundlage des Instagram-Feeds eines koreanischen Influencers treffen, dem wir vielleicht zufällig folgen.

Der Digitalbereich definiert unsere Kundenerfahrungen neu, die Wertschöpfungskette, die Fulfillment-Prozesse, das Marketing, den Vertrieb und die Kundenbindung. Da unsere Bedürfnisse zunehmend erfüllt werden und wir immer anspruchsvoller werden, verwandelt sich das, was wir früher in Form von Kundenzufriedenheit erwartet haben, in eine Nachfrage nach Kundenbegeisterung.

Die Customer Journey wird von unzähligen Micro Moments[2] beeinflusst - was das Marketing sehr schwierig macht. Was sind Micro Moments, was beeinflusst sie - wie erkennen wir sie? Während eine Kundenreise die Summe der Erlebnisse ist, die Kunden durchlaufen, sind Micro Moments Berührungspunkte, an denen Kunden aus einem Bedürfnis heraus agieren.

Die SEO (Suchmaschinenoptimierung) Ihrer Website, soziale Medien, Mainstream-Medien, Werbung sowohl online als auch offline, sowie der tatsächliche Kontakt mit Menschen, Marken, Gerüchen, Geschmäckern, Jingles usw. in physischen Ladengeschäften oder im Zug, im Bus ... die Berührungspunkte sind allgegenwärtig.

Cross Device und Cross Media Marketing versuchen, bei jeder Kundenreise zur richtigen Zeit am richtigen Ort zu sein - ohne sie durch zu viel Werbung oder Werbung zur falschen Zeit oder am falschen Ort zu ruinieren.

Um die Kundenreise erfolgreich zu verstehen, müssen Sie die richtige Mischung aus Ihren Bezahlt, Verteilt, Eigene und Verdient Media verstehen. Letztlich geht es darum, unsere Kunden und Nutzer so einzusetzen, dass sie zu Botschaftern unserer Marke oder unseres Produkts werden.

2 thinkwithgoogle.com/marketing-resources/micro-moments

Der Schwerpunkt des Marketing-Zyklus liegt darauf, die Bedürfnisse Ihrer Kunden und Nutzer heute so zu bedienen, dass sie Ihnen genug Vertrauen entgegenbringen, um sich auch morgen noch von Ihnen bedienen zu lassen. Mit digitaler Technologie können wir dies auf einfache und überschaubare Weise tun, so dass uns mehr Zeit für die wichtigen Dinge bleibt - Kundenbindung und erhöhte Kundenlebensdauer.

Der Entscheidungsweg der Kunden ist ein endloser Kreis der Bedürfnisbefriedigung.

Verbraucher sollten proaktiver und weniger reaktiv sein.

warrenlainenaida.net/2020-03-all-aboard-the-customer-journey

eCommerce ist kein Onlineshop

Wir sind hier.

Wir leben in einem Zeitalter beispielloser technologischer Veränderungen.

Das Internet und die Geräte, die uns mit ihm verbinden, haben unser Leben tiefgreifend verändert.

Kein anderer technologischer Fortschritt hat die Welt, die Wirtschaft, unsere politischen Systeme, die Bildung oder die Art und Weise, wie wir mit anderen Menschen interagieren, so massiv verändert.

ECOMMERCE : ONLINE SHOPPING : UX : MARKETING

Veränderte Erwartungen, verändertes Verhalten

Schauen Sie sich unser heutiges Leben im Vergleich zu etwa 2007 an - als das iPhone eingeführt wurde. Das ist nur dreizehn Jahre her. Heute gibt es keinen Aspekt unseres Lebens, der nicht auf die eine oder andere Weise mit dem Internet verbunden ist.

Jede Minute loggen sich Hunderte von Millionen von Menschen aus der ganzen Welt ins Internet ein oder verbinden sich über ein intelligentes Gerät mit dem Netz.

Sie sind auf der Suche nach Informationen, Produkten, Dienstleistungen, Unterhaltung, Freundschaft – der Weg zur Befriedigung unserer Bedürfnisse führt heutzutage fast unausweichlich über das vernetzte Web.

Jeder Einzelne sucht online nach etwas, das er gerne tun, erhalten oder kaufen möchte, und in den meisten Fällen tut er dies, anstelle vor Ort eine physische Transaktion vorzunehmen.

Wenn Unternehmen und Organisationen in der Lage sind, diese Personen zu identifizieren, Zugang zu ihnen zu gewinnen und die Trends zu steuern, wenn sie einmal in Gang gesetzt sind, dann wartet der Kunde quasi schon auf sie.

Die uns umgebende Welt der Datenerfassung durch unsere Smartphones und andere intelligente Geräte, unsere Absichten (Internetsuche) und unsere Aufmerksamkeit (soziale Medien) - gemeinsam pflastern und verbinden sie alle die vielen kleineren Straßen, aus denen sich die Autobahn des elektronischen Handels zusammensetzt.

Technologische Entwicklungen bilden das Rückgrat für Geschäfte, die online abgewickelt werden, aber es ist die große Zahl von Einzelpersonen, die online kaufen, suchen, sammeln, Transaktionen durchführen und kommunizieren, die die unermesslichen Mengen an quantifizierbaren Daten liefern, die den eCommerce in die Zukunft führen werden.

Was ist eCommerce?

Was genau verstehen wir also unter eCommerce? Welche Dienstleistung, welches Produkt, welche Technologie oder welche Fähigkeiten meinen wir, wenn wir in unserer beruflichen Weiterbildung oder in unserer Geschäftsplanung über eCommerce sprechen?

eCommerce wird gewöhnlich definiert als der Verkauf oder Kauf von Waren oder Dienstleistungen vermittels elektronischer Transaktionen, die über das Internet oder andere computervermittelte (Online-Kommunikations-) Netzwerke abgewickelt werden.

Ein wichtiges Merkmal des eCommerce ist jedoch, dass es sich nicht wirklich um einen eigenständigen Sektor handelt.

Vielmehr handelt es sich um eine Diversifizierung des Angebots traditioneller Unternehmen vor Ort.

Wir kennen vermutlich alle das B2C-Modell (business to customer) für Bankgeschäfte, Online-Shopping, Online-Buchungen, die längst zu einem akzeptierten Teil unserer alltäglichen Interaktionen geworden sind.

Ein offensichtlich sehr inspirierendes Beispiel ist das "New Retail"-Konzept der Hema-Läden von Alibaba. Hier wird der digitale Einkauf mit dem Einkauf in Läden vor Ort kombiniert, um dem Kunden so ein umfassendes – und ausgesprochen erfolgreiches – Erlebnis zu bieten.

Der eCommerce stützt sich auf Technologien wie mobiler Handel, elektronischer Geldtransfer, Internet-Marketing und Datenerfassungssysteme, um nur einige zu nennen.

An mindestens einem Punkt in einer eCommerce-Transaktion besteht eine Verbindung zum Internet, was jedoch über eine Reihe von technischen Diensten wie E-Mail, Mobilfunk und soziale Medien erfolgen kann.

eCommerce ist nicht nur eine Funktion unseres B2C-Lebens, sondern auch ein wichtiger Teil der B2B-Welt (Business to Business). eCommerce ist ein Teil des Austauschs von Daten, der unzählige Aspekte unserer gegenwärtigen Geschäftstransaktionen ermöglicht und verwaltet.

Wenn wir über eCommerce sprechen, dann denken vermutlich die meisten Leute, dass es dabei um einen Online-Shop geht. Wenn jemand eine Berufsausbildung beginnt, ist sein Fokus wahrscheinlich ziemlich eng. Ich würde dagegen vorschlagen, den Fokus eher weit zu fassen.

Wir wissen, dass die Zukunft des erfolgreichen eCommerce viel mehr als nur ein Online-Geschäft sein wird. Sie wird eine hybride, verschwommene Version dessen sein, was wir heute darunter verstehen.

Und Organisationen, Unternehmen und Schulen werden ihre Geschäftsmodelle und -Strategien ändern müssen, ebenso wie die Art und Weise, wie sie Technologie in ihr Modell integrieren.

Unternehmen, die sich an eBusiness und eCommerce-Praktiken und -Strategien angepasst und sich diese zu eigen gemacht haben, haben es geschafft, in ihren Branchen an der Spitze zu bleiben. Es ist ihnen auch gelungen, ihren Erfolg zu nutzen und sich in einigen Fällen über die gesamte Wertschöpfungskette zu bewegen und so auch in Sektoren vorzudringen, mit denen sie traditionell nicht in Verbindung stehen.

Ein Beispiel für eine solche Disruption findet sich in der Telekommunikationsindustrie. Normalerweise kämpfen Telekommunikationsfirmen mit anderen Telekommunikationsfirmen um Marktanteile. Heute sind Unternehmen wie Skype und WhatsApp in der Lage, traditionelle Telekommunikationsunternehmen im Kampf um Marktanteile herausfordern.

Ein weiteres Beispiel: wie Amazon und Netflix die traditionellen Aktivitäten der Filmproduktion und des Filmvertriebs übernehmen.

Traditionell waren Unternehmen produktorientiert, aber der eCommerce und unsere digital vernetzte Welt haben dies dramatisch verändert.

Die Technologie hat die Machtverteilung verändert: von traditionellen Produkten und Dienstleistungen hin zu einer Konzentration auf Information und Erfahrung - und hier sind Geschwindigkeit und

Transaktionskosten die wahren Messgrößen, an denen wir Erfolg messen können.

Geschwindigkeit des technologischen Wandels

Das Mooresche Gesetz ist die Beobachtung, dass sich die Anzahl der Transistoren auf integrierten Schaltkreisen etwa alle zwei Jahre verdoppelt. Dieses Gesetz wurde 1965 vom Intel-Mitbegründer Gordon E. Moore beschrieben.

Moore machte zwischen 1959 und 1965 sieben Beobachtungen - und er war der Ansicht, dass diese Steigerungen im nächsten Jahrzehnt konstant bleiben würden. Er hatte nicht nur in Bezug auf die nächsten zehn Jahre Recht, sondern seine Befunde haben schon seit mehr als einem halben Jahrhundert Bestand.

Die größte technologische Veränderung für uns sind wohl unsere Smartphones. Jeden Tag werden auf der Welt mehr Telefone verkauft als Babys geboren werden.

50 % der Zeit, die wir online verbringen, sind wir über unsere Mobiltelefone online, und 40 % unserer

Online-Einkäufe tätigen wir mit diesem kleinen Gerät.

Unsere Telefone versorgen uns mit Informationen, Unterhaltung, sozialen Beziehungen, Navigationsressourcen - sie kombinieren Fernsehen, Radio, Kino, Enzyklopädie, Schaufenster ... und ermöglichen es uns über Apps, uns mit unseren anderen Geräten zu Hause zu vernetzen, beispielsweise mit unserem Kühlschrank oder unserem Auto - oder sogar rund um den Globus.

Die unglaublichen technologischen Fortschritte, die wir seit den 1960er Jahren erlebt haben und die in dieses Gerät eingeflossen sind, haben den Preis für einen Gigaflop an Computer-Rechenleistung von Milliarden Euro auf einen Bruchteil eines Cent gesenkt.

Wenn wir dieses Beispiel auf Autos übertragen würden, hätten wir heute ein Auto, das uns vier Cent kostet, nur einmal im Leben Benzin braucht und eine Höchstgeschwindigkeit von 430 000 Stundenkilometern erzielt. [1]

Diese exponentielle Geschwindigkeit und Flexibilität des technologischen Wandels machen das Interessante und zugleich das Anspruchsvolle im Zusammenhang mit den Anforderungen aus, denen wir in unserer digitalen Welt gegenüberstehen.

Digitale Transformation

Wir haben gesehen, wie sich die Technologie exponentiell verändert und wie diese Schnelligkeit und Flexibilität in vielen Fällen die Kosten senkt. Aber wie macht sie das?

Die größte Auswirkung der Informationstechnologie besteht darin, unsere Fähigkeit zur Abwicklung von Geschäften radikal zu verändern. Kurz gesagt, die Technologie senkt unsere Transaktionskosten massiv.[1]

Die Transaktionskosten sind vermutlich die Basis unserer Geschäftsstrategien. Zu wissen, wie viel wir mit einer bestimmten Transaktion verdienen oder nicht. In dem Maß, in dem die Technologie diese Kosten senkt, kann sich auch unsere Planung ändern.[2]

Auf die meisten von uns können die Geschwindigkeit, mit der sich der technologische Wandel vollzieht, und die damit einhergehenden Kosten vermutlich ein wenig abschreckend wirken.

1 Thank you for Being Late: An Optimist´s Guide to Thriving in the Age of Accelerations. Thomas Friedman 2016 Farrar, Straus and Giroux

2 Coursera Digital Transformation Boston Consulting Group, University of Virginia

Das hängt damit zusammen, dass die meisten von uns Geräte benutzen und sich auf Technologie verlassen - oder vielleicht mit Technologie arbeiten müssen -, die wir weniger gut kennen oder in der wir schlechter ausgebildet sind, als uns vielleicht lieb ist.

Der Wandel, der sich jetzt gerade vollzieht, wird uns dazu in die Lage versetzen, einige unserer größten Probleme anzugehen – die Produktion und Verteilung von Nahrungsmitteln, Krankheiten, Umweltverschmutzung, Erschließung erforderlicher Ressourcen.

Gleichzeitig kann und wird dieser Wandel wahrscheinlich eine digitale Kluft in unseren Schulen, Unternehmen und in der Gesellschaft im Allgemeinen entstehen lassen. Wer kann Transaktionen online durchführen – und wer nicht? Wer kann sie mitgestalten - und wer nicht?

Wer ist in der Lage, ein bestimmtes Gerät oder ein bestimmtes System zu benutzen?

Wenn es um die berufliche Aus- und Weiterbildung geht, wird es schwieriger, für morgen zu planen - in welche Kenntnisse sollen wir investieren?

Welche Kompetenzen werden morgen gebraucht? Und welche übernimmt die K.I. (Künstliche

Intelligenz) in fünf Jahren zu einem Bruchteil der Kosten eines Arbeitnehmers?

Im Jahr 2030 sind voraussichtlich weltweit hundertfünfundzwanzig Milliarden Geräte online miteinander vernetzt. Die Dringlichkeit und Unmittelbarkeit des digitalen Wandels ist überall.[3]

Der digitale Wandel ist viel mehr als ein papierloses Büro oder ein Online-Shop.

Worum geht es Ihrer Meinung nach bei der digitalen Transformation wirklich? Insbesondere, wenn wir an die Ausbildung zukünftiger Arbeitnehmer denken?

Wir wissen, dass es bei der digitalen Transformation um Software geht. Aber wir übersehen dabei, dass Zeit und das kreative Potenzial von Menschen, von Angestellten oder Studenten, die wirklich wertvollen Ressourcen sind, dass Software lediglich als Multiplikator für dieses kreative Potenzial dient.

Der wichtigste Teil der digitalen Transformation besteht daher höchstwahrscheinlich darin, Software so einzusetzen, dass dabei bei der größtmöglichen Anzahl an Menschen größtmögliche Kreativität freigesetzt wird.

3 SST Semiconductor Digest, October 2017

Und weil man Zeit nicht kaufen kann, besteht der zweitgrößte Beitrag des digitalen Wandels darin, das Tempo zu beschleunigen, mit dem diese Menschen ihre Erkenntnisse von der Idee bis zur Produktion umsetzen können.[4]

Was sich verändert: Erwartungen

Wir sind uns schon seit einiger Zeit darüber im Klaren, wie wichtig es ist, den Kunden in den Mittelpunkt zu stellen und den Schwerpunkt unserer geschäftlichen Unternehmungen auf das Management unserer Kundenbeziehungen zu legen.

Digitale Medien und Werkzeuge geben uns die Gelegenheit, die Bedürfnisse, Präferenzen und das Kaufverhalten der Kunden auf radikal neue Art und Weise zu verstehen.

Wir als Verbraucher gewöhnen uns an die Schnelligkeit der Technologie, die geringeren Kosten, die Flexibilität und die Vielfalt genauso, wie wir zu Hause einen Lichtschalter umlegen.

Die digitale Technologie hat unsere Erwartungen verändert und damit auch unser Verhalten.

4 The 5 pillars of digital transformation, October 2019, Sutha Kamal

Diese Erwartungen zwingen Unternehmen, Organisationen, Schulen dazu, ihre Wertversprechen zu ändern. Sie stehen vor der Herausforderung, ihre Geschäftsstrategien und Funktionen so umzugestalten, dass sie immer mehr "Wertinnovation" liefern.

Wir wissen, dass die wichtigste Überlegung bei Online-Käufen die Geschwindigkeit und die Bequemlichkeit des eBusiness-Modells ist.

Das nächste wichtige Kriterium für den Kunden ist, dass er schnell zwischen konkurrierenden Artikeln vergleichen kann und den günstigsten Preis erhält.

Ich bin der Meinung, dass die Customer Experience gerade dabei ist, zu einem sehr wichtigen, wenn nicht sogar dem wichtigsten Kriterium für die Kaufentscheidung zu werden. Für mich sieht es so aus, als hätte die Customer Experience das Produkt und den Preis als Hauptunterscheidungsmerkmal für unsere Wertwahrnehmung abgelöst.

Unsere Erwartungen lassen den Unternehmen keine andere Wahl, als zu versuchen, mit noch größeren "Wertinnovationen" an der Spitze zu bleiben.

Nahtlose Übergänge beim Einkaufen, Multikanal-Strategien, digitale Zahlungsoptionen, Smartphone-Dienste, hauseigene digitale Dienste, maßgeschneiderte Lösungen gehören zu diesen Wertinnovatoren.

Die Zukunft sieht schon viel interessanter aus. Und ich komme nicht umhin, mich zu fragen: Wenn unsere Kunden und Nutzer einmal zu 110% mit uns zufrieden sind, wie leicht – oder schwierig – wird es dann sein, sie auf diesem Zufriedenheitsniveau zu halten?

Kunden oder auch Nutzer fordern uns dazu heraus, Technologien so zu gestalten, dass sie mehr als nur ihre Erwartungen erfüllen und bedienen - sie fordern uns dazu heraus, sie nicht nur zufriedenzustellen, sondern ihnen Freude zu bereiten (Customer Delight).

Was sich verändert: Beziehungen

Wenn unsere Erwartungen sich verändern, dann verändert sich auch unser Verhältnis zu Organisationen.

Bisher ging es darum, bei der großen Masse der Kunden Anklang zu finden. Heute dagegen bewegen wir uns sehr zügig in Richtung auf ein ausgesprochen kundenorientiertes Geschäftsmodell.

ECommerce definiert die Customer Journey neu, und zwar speziell unsere Interaktionen mit Kunden oder Nutzern.

Die Daten, die wir aus unseren Interaktionen mit ihnen gewinnen, dienen als Grundlage für zukünftige Produktangebote, für eine Produktdifferenzierung und eine Vielzahl personalisierter Dienstleistungen.

Eine neue, digitale Beziehung. Im Mittelpunkt dieser Beziehung steht der bestehende Kunde (Existing Customer) bzw. die Erweiterung des Kunden - sein Kundenprofil.

Mit dem "Bestehenden Kunden" zu arbeiten bedeutet: keine Kosten bei der Kundenakquise, eine geringere Preissensibilität, eine höhere Wahrscheinlichkeit der Weiterempfehlung und ein (fast) gesichertes Umsatzwachstum.

Im Zuge des derzeitigen digitalen Wandels hängt unsere Beziehung zu unseren Kunden immer mehr davon ab, dass wir den "Bestehenden Kunden" an uns binden, von seiner Akzeptanz und seinem Vertrauen.

Vorausgesetzt, dass das Unternehmen, das liefert, was die Kunden wollen, bevor sie es wollen - und dass das Unternehmen die persönlichen Daten der Kunden schützt und die Kunden darauf vertrauen, dass das Unternehmen die Einkaufsprofile der Kunden und ihre Daten nur für den ausdrücklichen Zweck verwendet, für den sie sie erhoben haben.

Um eine Differenzierung zu schaffen und loyale Kunden zu halten, investieren Unternehmen immer mehr in diesen Beziehungsmarkt.

eCommerce bietet einen effektiven Weg, dies zu erreichen - zum Beispiel durch personalisierte Interaktionen im Rahmen des Kundenkontakts.

Da die Kunden digital immer versierter werden, wird auch die Beziehung dieser Kunden zu den Unternehmen zunehmend differenzierter und das Spiel mit der Kundenbindung zunehmend kompetitiver.

Was sich verändert: Verhaltensweisen

Während der gegenwärtige technologische Paradigmenwechsel manchmal schier überwältigend erscheinen mag, bleibt das zugrundeliegende Thema für den eCommerce identisch: der informierte und anspruchsvolle Kunde.

Digital bedeutet, dass wir – die Nutzer von Dienstleistungen oder von Tools, die Kunden –

immer mehr dazu in die Lage versetzt werden, unsere eigenen Kaufentscheidungen zu treffen.

Das bedeutet, dass Unternehmen und Organisationen mehr tun müssen, als sich nur darauf zu konzentrieren, Produkte und Dienstleistungen stärker zu personalisieren, damit ihnen die Kunden erhalten bleiben.

Aber der Personalisierung sind eindeutig Grenzen gesetzt.

Erstens ist die Personalisierung kostspielig, und zweitens macht es der Datenschutz gerade in der EU schwieriger, die Beziehung mit den Kunden allzu persönlich zu gestalten.

Wie auch immer dieses Szenario weitergeht: Da die Informationen, die den Unternehmen zur Verfügung stehen, immer umfangreicher werden, wird sich der Trend nur noch beschleunigen, und die Kundenorientierung wird für Unternehmen noch stärker in den Mittelpunkt rücken.

Was sich verändert: Geschäftsmodelle

Technologie und globale Szenarien für Unternehmen ändern sich, Unternehmensvorschriften werden neu geschrieben. Es gibt keinen Unternehmenszweig, den die Technologie nicht beeinflusst hat.

eCommerce verändert den Kontext, in dem Verbraucher, Arbeitnehmer und Unternehmen miteinander interagieren.

Wir sehen einen Wandel und einen Übergang von produktions- und produktorientierten Unternehmen zu High-Tech-, Informations- und dienstleistungsorientierten Organisationen.

Erwartungen ändern sich, zeitgleich mit der Notwendigkeit, sich an das technologische Umfeld anzupassen. Wir müssen die Fähigkeit entwickeln, neue Trends zu assimilieren, uns selbst, unsere Produkte, Menschen, Ausbildung und Unternehmen an diese Veränderungen anzupassen, wenn wir überleben wollen.

Warum? Weil der digitale Wandel ständig stattfindet, und zwar mit oder ohne uns. Die Geschwindigkeit, mit der sich diese Anpassung und Veränderung vollziehen, sind für den Erfolg eines jeden Unternehmens verantwortlich.

Wenn wir unsere Geschäftsmodelle anpassen wollen, müssen wir vorausschauend denken und die Technologietrends des eCommerce verstehen.

Traditionell hat es Zeit gekostet, zu planen, zu forschen, Änderungen zu implementieren, Ergebnisse zu erhalten und die Ergebnisse zu analysieren.

Beim eCommerce ist das anders - heute ist der gesamte Prozess gestrafft und beschleunigt, und die Ergebnisse und die Reaktion darauf erfolgen fast unmittelbar.

Trends mit Auswirkungen auf den eCommerce

Angenommen, wir wollten hier in Deutschland ein Unternehmen mit einem eCommerce-Geschäftsmodell - oder einem beliebigen Geschäftsmodell – gründen. Dann hätten wir es nicht nur mit den aktuellen technologischen Trends zu tun, sondern auch mit den Auswirkungen der Globalisierung.

Wenn wir uns das deutsche Berufsbildungsmodell anschauen, wären wir auch gut darin beraten, uns mit einigen der Herausforderungen zu befassen, denen wir hier in der EU gegenüberstehen. Meiner Ansicht nach sind diese Trends durchaus relevant, nicht nur für die EU, sondern im Zusammenhang mit

Globalisierung und eCommerce wahrscheinlich auch für viele andere Bereiche.

Wir sehen uns gleich einer ganzen Reihe von künftigen Herausforderungen gegenüber. Diese drehen sich um fünf zentrale Bereiche - Demografie, Wirtschaft, Technologie, Ökologie (Klima) und Regulierung.

Wie dies auch beim eCommerce der Fall ist, sind diese Trends eng miteinander verflochten. Sie müssen als ein komplexes Netzwerk von Triebkräften des Wandels betrachtet werden, sowohl innerhalb eines dieser Sektoren als auch von außerhalb.

In unserem Unterricht und in unserer Ausbildung müssen wir darauf achten, dass wir nicht eine einzelne Aufgabe oder einen einzelnen Arbeitsstrang in eine Blackbox stecken. Denn so wie die Grenzen zwischen diesen Trends verschwimmen, so verschwimmen auch die Grenzen zwischen den verschiedenen Kompetenzen und Tools.

Digitale Kompetenzen - die eLearning-Kurve

Ich habe in der Vergangenheit schon über die digitale Kluft geschrieben. An einem Ende dieser Kluft findet sich die Herausforderung, sowohl bezüglich der technologischen Trends und der erforderlichen Kenntnisse auf dem Laufenden zu bleiben, als auch, junge Menschen zu finden und auszubilden.

Auf der anderen Seite haben wir eine immer älter werdende Bevölkerung, die die digitale Technologie erst später im Leben kennengelernt haben und deren Medienkompetenz fraglich ist. Für das Bildungswesen und die Wirtschaft sind beides vertikale Märkte mit zunehmendem Trend.

In den letzten fünfzig Jahren mussten wir unsere Unternehmen neu erfinden und die Spielregeln neu schreiben. Alles, was die Wirtschaft betrifft, alles, was die Bildung betrifft, unterliegt einer rapiden Veränderung.

Die digitale Transformation hat ungeahnte Veränderungen der Märkte, Produkte und Organisationsstrukturen sowie der Geschäftsansätze mit sich gebracht.

Wie schon gesagt: Bei eCommerce denken wir natürlich zuerst an Online-Shopping. Die umfassendere Perspektive bezieht sich auf die Arbeitsweise von Organisationen und Unternehmen, auf die Vernetzung vielfältiger Anwendungen und deren Integration, die die Dinge im Hintergrund funktionieren lässt.

Wir sind von aufgabenorientierten Arbeitsabläufen umgeschwenkt über Management-Ressourcenplanung hin zu funktionsübergreifenden Enterprise Resource Planning-Systemen.

eCommerce bedeutet, alle Arbeitsabläufe einer Organisation zu ermöglichen. Es reicht nicht aus, nur einen Online-Shop einzurichten.

Die Customer Journey ist ein endloser Kreis der Bedürfnisbefriedigung.

Wir haben mehr Kontrolle, als wir denken.

Der digitale Wandel findet stetig statt.

warrenlainenaida.net/2019-12-ecommerce-is-not-an-online-shop

Bildung und Lernen in unserer E-Welt

Wie wollen Sie mit den Joneses mithalten, wenn die ihren intelligenten Kühlschrank programmieren können, und Sie es nicht einmal schaffen, Ihren Radiowecker zu programmieren.

DIGITAL TRANSFORMATION : EDUCATION : ELEARNING : EHEALTH

Lernziele im Zeitalter des digitalen Wandels

Ich verbringe immer mehr Tage abseits der praktischen Arbeit der Erstellung von Websites und der Gestaltung des digitalen Marketings.

Anstatt im Büro zu sein, bin ich im Klassenzimmer und unterrichte alles von Beginners WordPress, Coding für Kids, SEO für Kleinunternehmen - bis hin zur Vorbereitung einer Reihe über Medienkompetenz für Senioren und eCommerce Berufliche Lehrplanentwicklung für eine Gruppe von Lehrern aus dem Ausland.

Dieser Wechsel machte mir sehr deutlich, dass es in unserer digitalen Welt mehr als drei Stämme gibt: Jenseits der Nutzer, der Programmierer und der Zuschauer - gibt es die Lehrer und Ausbilder.

Wenn Sie jemals einen Unterrichtsplan erstellt haben, dann wissen Sie, dass es viele Parallelen gibt zwischen der Zeit, die es braucht, etwas herzustellen, und der Zeit, die es braucht, etwas zu benutzen.

Eltern ergeht es zu Weihnachten ähnlich, wenn sie mit ihren Kindern acht Stunden damit verbringen, eine Lego-Raumstation zu bauen – die dann innerhalb von acht Minuten wieder umgeworfen wird.

Disruption versus Innovation

Je schneller wir fahren, desto weniger bemerken wir die Landschaft - oder die Rehe, die die Straße überqueren. Je schneller wir uns verändern und je weniger wir diese Veränderung verstehen, desto weniger sind wir auf die Disruptionen vorbereitet - es sei denn, wir sind sehr gut ausgebildet - und es sei denn, wir verlernen viel von dem, was wir wissen.

Es kommt alles auf den Unterschied zwischen innovativ und disruptiv an. Wenn wir innovativ sind, verbessern wir einen bestehenden Prozess - was meiner Meinung nach Zeit braucht. Um disruptiv zu sein, brauchen wir nur visionär und geschickt genug zu sein, um zu erkennen, wo sich eine Gelegenheit bietet - und dann dort zuzuschlagen.

Wenn ich eine Lehrveranstaltung vorbereite, dann steht die eigentliche Schwierigkeit, in der sich die meisten Länder befinden - nämlich der Mangel an technischen Fachkräften - im Mittelpunkt des Workshops. Wenn Sie wissen, wie viele Stunden ein Tag hat, verglichen mit der Menge an Arbeit, die Sie zu erledigen haben, wird Ihnen das Problem, wie wir da als Gesellschaft mithalten sollen, nicht entgehen.

Die Frage, mit der ich mich heute Nachmittag bei der Vorbereitung meiner Veranstaltung beschäftigt habe, lautet: WAS lehren wir - WEN lehren wir es - und vor allem WARUM? Bereiten wir uns darauf vor, Disruptoren oder Innovatoren zu sein? Und haben wir überhaupt noch die Wahl?

Der technologische Wandel ist nicht linear

Jeder weiß, was exponentielles Wachstum ist, anhand der Geschichte vom Schachspiel und den Reiskörnern. Mit eben dieser unglaublichen Geschwindigkeit des digitalen Wachstums und des technologischen Wandels sind wir heute in unserem

Erziehungswesen, der Bildung, unserer Arbeit und Kultur konfrontiert.

Die meisten von uns, zumindest in meinem Alter, wurden weder in der Schule noch an der Universität für den heutigen Arbeitsplatz ausgebildet. Als ich an der Universität war, gab es noch keine Bankautomaten oder gar CDs. Als ich in der Branche angefangen habe, war Marketing mit Faxgeräten der letzte Schrei. Alles, was ich heute mache, habe ich mir im Laufe der Zeit aneignen müssen.

Selbst wenn wir versuchen, mit den Veränderungen Schritt zu halten, kann es schwierig sein. Dinge, die ich liebe, wie CSS zum Beispiel, muss ich auf Eis legen, um ein neues Framework oder eine neue Programmiersprache zu lernen – nicht so, dass ich sie beherrsche, aber damit ich zumindest meinen Kunden und Studenten erklären kann, was es ist und wie es verwendet wird - oder auch nicht.

Aber wir sind nicht die einzigen, denen es schwer fällt Schritt zu halten. Die Regierung tut sich zunehmend schwer damit, mit der Durchsetzung und Regulierung von allem Schritt zu halten, von E-Zigaretten über Influencer Marketing bis hin zu Glücksspielen. Es dauert eine gewisse Zeit, bis man die Auswirkungen der neuen Technologie versteht, und die Dinge entwickeln sich oft zu schnell, als dass wir eine fundierte Entscheidung treffen oder überlegt handeln könnten.

Alles wird digital

Unser aller Lieblingsbeschäftigung ist vermutlich das Einkaufen. Die digitale Technologie hat es uns ermöglicht, auf die Überholspur des Verbraucherkonsums zu gelangen - mit all den Problemen und Vorteilen, die dies mit sich bringt. Online-Einkaufszentren, Amazon-Prime-Lieferung, Sprachsuche und Bestellung auf Ihrem Smartphone ... sogar der Tante-Emma-Laden kann Google Analytics nutzen, um die Einkaufstrends der Kunden zu verfolgen.

Da unsere Bevölkerung altert (in Deutschland liegt der Bevölkerungsanteil derer, die älter als fünfundsechzig sind, derzeit bei 23%) und die Zahl der erwerbsfähigen Jugendlichen stagniert oder abnimmt, ist auch unsere Gesundheitsversorgung zunehmend von Bedeutung. eHealth bietet alles von Online-Rezepten bis hin zu virtuellen Hausbesuchen. Die Anzahl derer, die tatsächlich im Gesundheitswesen beschäftigt sind, nimmt jedoch ab, und gleichzeitig besteht die Möglichkeit, sie für die digitale Pflege auszubilden.

Wenn die Infrastruktur eines Landes wie Deutschland neben Kolumbien und Albanien als digitales Entwicklungsland[1] eingestuft wird, müssen wir uns fragen, wie viel Geld zur Verfügung stehen muss, um unsere Arbeitskräfte und jungen Menschen in ihrer Ausbildung die Fähigkeiten zu vermitteln, die sie künftig brauchen - sofern wir überhaupt wissen, welche Fähigkeiten das in fünf oder zehn Jahren sein werden.

Wie auch immer - Bildung und Lernen war das Thema, das ich heute Nachmittag etwas aufrühren wollte. Ich weiß, dass es kein neues Thema ist - aber es ist ein sperriges Thema, mit einem klebrigen Ende. Wir sollten uns darüber im Klaren sein, nur für den Fall, dass wir ihm auf unseren Wegen versehentlich begegnen.

1 www.reuters.com/investigates/special-report/germany-digital-gap June 2018

Für Kinder war es schon immer eine Herausforderung, Schritt zu halten. Das Tempo des technologischen Wandels bedeutet, dass sie nicht nur mit den neuesten Trends Schritt halten müssen, sondern auch mit der Nutzung digitaler Tools.

Wenn uns die Geschwindigkeit des technologischen Wandels und seine Bedeutung für grundlegende Dienstleistungen und Erwartungen keine Angst machen, dann verstehen wir ihn nicht wirklich.

warrenlainenaida.net/2019-11-education-and-learning

Sprechen wir über User Experience

User Experience. Sie haben diesen Begriff schon gehört, und wie die meisten von uns verstehen Sie ihn im Sinne von ‚wie Sie die Nutzung einer Website oder einer App auf Ihrem Telefonerleben'. UX (User Experience) bezieht sich darauf, wie wir ein System wahrnehmen, z.B. im Hinblick auf Aspekte wie Nützlichkeit, Benutzerfreundlichkeit und Effizienz. Im Marketing und Vertrieb ist es allgemein anerkannt, dass die User Experience "eine Marke definiert".

SOCIAL MEDIA : COMMUNITY : UX

Ich bin der Ansicht, dass wir über die Bedeutung der User Experience gar nicht groß philosophieren müssen - ich meine sogar, dass eine gute User Experience nichts anderes ist, als aktuelle und korrekte Informationen auf einer Webseite zu finden. Das ist nicht besonders sexy, aber es kann einen großen Unterschied machen.

Wenn es um meine eigene Website und die meiner Kunden geht, bin ich pedantisch und bestehe darauf, dass die Informationen auf der Seite immer auf dem neuesten Stand sind. Wir alle wissen, wie enttäuscht wir sind, wenn wir in der Zeitung über eine Sonderaktion in einer Vinothek lesen - und es sich dann herausstellt, dass wir die Zeitungsausgabe von letzter Woche gelesen haben.

Eine Kollegin von mir hat sich für eine Veranstaltung angemeldet, die (auf der Website der Schule) als "parfümfrei" beworben wurde. Da sie an MCS (Multiple Chemikaliensensitivität) leidet, war dies eine wichtige Information. Nach ihrer Ankunft stellte sie jedoch fest, dass viele der Anwesenden Parfüm trugen. Die Organisatoren der Veranstaltung erklärten, dass sie die Leute zwar ermutigten, kein Kölnisch Wasser etc. zu benutzen, dass es aber nicht zwingend erforderlich sei, dies nicht zu tun. Probieren Sie das aus, indem Sie "nussfreie" oder "fleischlose" Snacks verkaufen und sehen Sie, wie weit Sie damit kommen.

Stellen Sie sich vor, Sie gehen in ein Restaurant, das für laktosefreien Käse wirbt, und bestellen ihn - weil Sie laktoseintolerant sind. Dann stellt sich heraus, dass sie den Käse halb - halb mit normalem Käse vermischen.

Korrekte Informationen auf einer Website sind nicht nur wichtig - sie sind ein Muss.

Ich sage gerne: "Bei der Technologie, im Digitalbereich, im Web ... sollte alles inbegriffen sein". Damit meine ich zweierlei: Erstens, dass der Zugang zu Informationen und Dienstleistungen für alle offen und verfügbar sein sollte. Zweitens sollten diese Informationen vollständig sein. Ja mag sein, vielleicht ist das alles völlig unrealistisch...

Eine nützliche Erfahrung ist eine gute Erfahrung

Haben Sie jemals Dinge auf einer Website gefunden, die sich als falsch erwiesen haben? Wie war Ihre User Experience dabei? Einige der Informationen auf Webseiten, die sich im Nachhinein als falsch herausgestellt haben:

- ✓ Öffnungszeiten - das Geschäft war schon geschlossen, als ich dort ankam
- ✓ Telefonnummer - kein Anschluss unter dieser Nummer
- ✓ Preise - waren im Laden höher
- ✓ Die Speisekarte – die Speisekarte auf der Website vor von der letzten Woche...

- ✓ Es werden Informationen in einer anderen Sprache angeboten - aber die Informationen sind weder eine Übersetzung noch die gleichen Informationen – was soll das?
- ✓ Die Adresse Ihres Unternehmens sollte korrekt sein - das Geschäft ist umgezogen!

Es ist wichtig, dass die Informationen auf Ihrer Webseite auf dem neuesten Stand und korrekt sind, denn Menschen nutzen diese Informationen, oft per Telefon, lokal und sofort. Möglicherweise treffen sie Entscheidungen darüber, ob sie Ihr Restaurant oder Geschäft besuchen - oder Ihre Veranstaltung buchen. Wenn Ihre Öffnungszeiten falsch sind oder Sie kürzlich umgezogen sind - nun, das ist nicht die beste Benutzererfahrung, die ein potenzieller Kunde machen kann. Und wahrscheinlich wird der Kunde anderen Leuten davon erzählen.

Benutzer verlassen sich auf Ihre Website als genaue Informationsquelle. Manchmal ist es vielleicht nur ärgerlich, dass Ihre Website veraltet ist - manchmal kann das für den Nutzer aber auch äußerst kostspielig oder schmerzhaft sein.

Korrekte Informationen auf einer Website sind nicht nur wichtig - sie sind ein Muss.

Sie würden keine falschen Informationen auf ein Schild drucken.
Eine nützliche Erfahrung ist eine gute Erfahrung.

warrenlainenaida.net/2019-10-lets-talk-user-experience

Auch Großeltern können Programmieren

Mit zunehmendem Alter beginnen wir zu verschleißen - einige von uns schneller als andere und auf unterschiedliche Weise. Unser Energieniveau nimmt ab, Funktionen und Fähigkeiten, die wir in unserer Jugend genossen haben, können anfangen, uns im Stich zu lassen. Was in der Jugend ein kleiner körperlicher, emotionaler und geistiger Schluckauf sein mag, kann mit zunehmendem Alter zu einem dringlichen Problem werden.

Digitale Technologien bieten die Möglichkeit, einige unserer verloren gegangenen Kompetenzen zurückzugewinnen, uns viele verlorene Chancen zurückzugeben und so unsere Lebensqualität im Alter zu verbessern. Charlie und ich beschäftigen uns mit der Frage von Senioren und digitalen Tools.

DIGITAL CULTURE : LIFELONG LEARNING : SMART SENIORS : TECH

Das Internet und die digitalen Technologien werden in immer mehr Bereichen des täglichen Lebens immer wichtiger. Damit ältere Generationen von diesen Technologien profitieren können, braucht es mehr als die Kompetenz, Apps auf Smartphones herunterzuladen oder Geld per Online-Banking zu überweisen.

Digitale Unabhängigkeit für Senioren

Charlie, wir wissen beide, wie frustrierend es sein kann, wenn man gelernt hat, mit einem Tool umzugehen – und dann herausfindet, dass es verändert wurde, durch ein Upgrade oder irgendeine andere "Verbesserung". Die Kenntnisse, die Senioren sich in diesem Bereich aneignen müssen, werden noch zusätzlich erschwert: durch die Geschwindigkeit, mit der sich die Veränderung vollzieht, den Fachjargon und oft auch durch die Kosten, die mit einem Zugang verbunden sind (Vorkenntnisse oder Geld). Darüber hinaus haben viele unserer digitalen Kompetenzen etwas mit unserer Arbeit zu tun.

*Ja, diese Änderungen können in der Tat *sehr* frustrierend sein!*

Und nicht nur für Senioren, Charlie. Doch für Senioren, von denen viele in Rente gegangen sind, bevor der Computer in den Arbeitsplatz Einzug hielt, könnte sich die digitale Kluft noch vergrößern. Das ist bedauerlich, denn Online-Anwendungen können die Menschen nicht nur beim Lernen unterstützen und beim Knüpfen von Kontakten, sondern sie können älteren Erwachsenen auch helfen, ihre Unabhängigkeit zu bewahren.

Ganz genau. Vor allem, wenn es um eingeschränkte Mobilität geht, können Online-Anwendungen so viel zur Lebensqualität beitragen. Formulare online einreichen zu können, anstatt einen Brief zur Post zu bringen; mit Freunden in Kontakt zu bleiben; mit Familienmitgliedern und Freunden über Skype zu chatten; Lebensmittel online zu bestellen (obwohl ich die frustrierende Erfahrung gemacht habe, dass genau die Teesorte, die es in den Läden gibt und die ich haben möchte, natürlich nicht per Online-Shopping erhältlich ist - aber das ist nur eine Nebensache...); neue Freundschaften durch Interessen- und Online-Selbsthilfegruppen zu schließen; neue Fähigkeiten zu erlernen; eine Meditationsanwendung zu benutzen... - es gibt so viel da draußen.

Meine Mutter weigerte sich standhaft, den Umgang mit dem Computer zu lernen. Das hat mir immer leidgetan wegen all der Dinge, die sie auf diese Weise verpasst hat, denn sie hätte wahrscheinlich viel Freude daran gehabt.

Andererseits hat sie vielleicht nur gut für sich gesorgt. Manchmal sehne ich mich nach den Tagen von Schreibmaschine und Papier zurück. In dem Maß, in dem immer mehr Technik entwickelt wird, um "unser Leben einfacher zu machen", sind wir herausgefordert, uns auf immer mehr Geräte und immer mehr Optionen einzustellen. Das kann stressig sein.

Technik: Irgendetwas verändert sich immer

Im Zuge des technologischen Wandels werden die Tools, die wir in unserer Jugend benutzt haben, durch neue ersetzt; unser Fernseher wird durch einen Laptop ersetzt, unser Telefon durch ein Smartphone/einen Computer und unsere Einkaufsliste und unser Radio durch einen digitalen Assistenten wie Alexa.

Ja, und es war immer schon so, dass die "alten" Medien und Technologien durch die "neuen" ersetzt wurden - und es gab immer schon Misstrauen gegenüber dieser Entwicklung. Wussten Sie, dass man sich damals, als Bücher zum ersten Mal für die breite Öffentlichkeit zugänglich waren, Sorgen gemacht hat, dass nun die "unteren Klassen" anfangen würden, all diese Liebesromane zu lesen und wörtlich zu nehmen - Kammerzofen, die darauf warten, dass der Märchenprinz sie auf ihrem glänzenden Pferd davonträgt?

Technologische Veränderungen sind in vielerlei Hinsicht positiver Natur (dazu gehört vielleicht auch, dass man auf einem Pferd getragen wird, anstatt zu Fuß gehen zu müssen). Sie helfen uns bei unseren alltäglichen Aufgaben und bringen neue Lösungen für Senioren und andere Hilfsbedürftige hervor. Die Geschwindigkeit des technologischen Wandels, die erforderliche Anpassung und das Lernen sowie die Kosten für den Zugang zu einem Großteil dieser Technologie schaffen jedoch eine digitale Kluft. Diese Kluft zeigt sich nicht nur zwischen den Generationen, sondern auch zwischen den verschiedenen Bevölkerungsschichten.

Ich stimme Ihnen voll und ganz zu, und ich denke, dass diese digitale Kluft bereits ziemlich allgegenwärtig ist. Ich würde hier unterscheiden zwischen "der digitalen Kluft Stufe 1" - Stufe 1 betrifft den Zugang zu und die Bereitschaft zur Nutzung von Computern und anderen digitalen Werkzeugen. Und dann gibt es noch "die digitale Kluft Stufe 2" – und hier werden die Kompetenzen relevant, die Sie angesprochen haben (britannica.com/topic/digital-divide).

Hier gibt es bereits eine große Kluft zwischen denen, die nur die Inhalte nutzen, die im Web existieren, und denen, die selbst Inhalte erstellen können. Hier kommen vermutlich die Programmierkenntnisse ins Spiel, die im Titel dieses Beitrags erwähnt werden. Programmierkenntnisse sind eine wichtige Währung in dieser sich schnell entwickelnden Online-Welt.

Ja, in der Tat. Wir gehen noch einen Schritt weiter - der Zugang hängt nicht nur von Kenntnissen und Bedürfnissen, sondern auch vom Preis ab. Ich sehe eine Zeit voraus, in der hochwertige Technik, zuverlässiges Internet/Wi-Fi, gute Geräte nur zu beträchtlichen Kosten und dann auch nur für einen sehr kleinen Teil der Bevölkerung verfügbar sein werden.

Genauso wie heute, wenn es um qualitativ hochwertige Lebensmittel, Wasser und Lebensqualität geht, wird es immer noch Internet und Wi-Fi, Mobiltelefone, Software usw. für alle geben - aber meiner Ansicht nach wird eine Kluft zwischen unserer Technologie und der anderen Technologie herrschen, ähnlich wie es einen Unterschied macht, ob man bei McDonalds oder in einem Michelin-Restaurant isst. Wenn wir weiterdenken, was das für Gesundheitsversorgung, Bildung, Wohnen, Nahrung und Wasser bedeutet, wird das zu einer sehr beängstigenden, aber sehr wahrscheinlichen Zukunft.

Digitalkompetenz für Senioren

Digitalkompetenz gilt als "eine der Schlüsselkompetenzen für lebenslanges Lernen" (Europäisches Parlament und Rat, 2006). Ohne sie sind wir schlechter dazu in der Lage, uns mit dem aktuellen sozialen, kulturellen und wirtschaftlichen Umfeld auseinanderzusetzen.

Die raschen Entwicklungen im Bereich der elektronischen Gesundheitsdienste, der Telemedizin und der technischen Hilfsmittel werden von bahnbrechenden Experimenten in alltägliche praktische Lösungen umgesetzt. Ebenso wichtig ist, dass digitale Alltagstechnologien wie Computer, Tablets, Smartphones, persönliche Assistenten und Smart Home-Geräte immer allgegenwärtiger werden.

Das Klischee von Senioren, die gegen digitale Entwicklungen sind und nicht dazu bereit oder zu ängstlich sind, sich mit Technik zu beschäftigen, ist nicht länger gültig - aber digitale Technologien müssen sowohl benutzerfreundlich als auch an die spezifischen Bedürfnisse der Benutzer angepasst sein.

Captchas[1] und Sicherheitswörter sind Paradebeispiele für "Technologien ... [die] nicht mit Blick auf ältere Menschen entwickelt werden".

(mashable.com/2011/04/06/baby-boomers-digital)

Das finde ich auch. Ja, es gibt immer noch Senioren da draußen - zum Beispiel meine Mutter, die ich vorhin erwähnt habe -, die überhaupt nicht bereit sind, sich mit digitaler Technologie auseinanderzusetzen. Aber in den kommenden Jahren wird die Generation der Babyboomer diesen Übergang zu Senioren vollziehen - meine Generation.

Die Babyboomer nutzen digitale Technologie schon seit langem und lassen sich gerne darauf ein - solange es ihnen nicht zu schwer gemacht wird. Diese Captchas sind ein gutes Beispiel dafür - sie sind nicht für die ältere Generation gedacht.

Problemlösung - Fokussierung auf bedarfsorientierte Technologien

Bei digitaler Technologie zur Unterstützung von Senioren denken wir zuerst an Smart Homes, große

1 Capcha= Test, mit dem festgestellt werden kann, ob sich ein Mensch oder ein Computer eines Programms bedient

Touchscreens an den Wänden und persönliche Assistenzroboter, die in der Nähe schweben. Die Realität ist jedoch viel weniger Sci-Fi und viel bodenständiger in finanzieller Hinsicht. Wahrscheinlich sind non-smarte Telefone und Fernseher die digitalen Geräte, die Senioren weitaus am häufigsten nutzen.

Um die Dinge möglichst einfach zu machen, sollten Wege gefunden werden, die Vertrautheit der Senioren mit Telefon und Fernsehen zu nutzen - z.B., indem die Funktionen des Fernsehers um eine Online-Verbindung erweitert werden oder indem Senioren lernen, wie man mit Skype oder Zoom telefonieren kann.

Welche Bedürfnisse haben Senioren - und wir auch?

Kommunikation, Ernährung, Medizin, Prävention und Mobilität sind einige Grundbedürfnisse. Wie lassen sich diese Bedürfnisse ganz basal, nur mit einem Computer mit Internetanschluss und einem Browser, möglichst leicht erfüllen?

Um ältere Menschen besser zu verstehen und mehr darüber zu erfahren, wie wir sie unterstützen können, müssen wir nicht nur ihren Zugang zu digitalen Geräten, sondern vor allem ihre Bedürfnisse besser verstehen.

Die Nutzung sozialer Medien ist kein Bedürfnis. Ein Bedürfnis ist es, mit Freunden oder der Familie in Verbindung zu treten. Die Nutzung eines iPhone ist kein Bedürfnis. Ein Bedürfnis ist es, wenn Sie Ihre Tochter anrufen wollen, weil Sie eine Frage haben oder Hilfe brauchen.

Mit anderen zu kommunizieren (E-Mail und Chat), sich neue Kenntnisse anzueignen (MOOCs, YouTube), einzukaufen (Amazon et al.), etwas zu sammeln und zu teilen (Bilder von Enkelkindern in sozialen Medien öffnen und speichern), zu lesen und informiert zu bleiben (Online-Zeitungen) sind einige der vielen Aufgaben, die man im Internet angehen kann.

Barrierefreiheit bedeutet lebenslanges Lernen

Selbst einfache Aufgaben wie das Anklicken von Links und das Verstehen des Unterschieds zwischen der Adressleiste und einem Suchfeld können für ältere Menschen zunächst verwirrend sein. Wenn man zuerst nervös ist, wenn man eine neue Technologie verwendet, oder unsicher, weil man auf die falsche Schaltfläche geklickt hat, dann ist die erste Erfahrung mit dieser Technologie möglicherweise nicht sehr erfreulich.

Ich bin auch der Meinung, dass die Entwicklung bedarfsgerechter Technologie sehr wichtig ist, und dass manche Aufgaben, die auf den ersten Blick einfach aussehen, für einen älteren Menschen, der keine Erfahrung im Umgang mit einem Computer hat, verwirrend sein können. Bei der bedarfsgerechten Technologie scheinen die Lösungen auf der Hand zu liegen, und es wird bereits daran geforscht - zum Beispiel im MIT Age Lab. Aber was diese anderen Fragen betrifft, scheint mir die Lösung weniger offensichtlich zu sein.

Der Unterschied zwischen der Adressleiste und einem Suchfeld zum Beispiel - das ist bereits so sehr Teil der gegenwärtigen Internetarchitektur, dass es nicht realistisch erscheint, sie in irgendeiner Weise zu ändern. Hier scheint es mir wichtig, das digitale Vertrauen und die Kompetenz von Senioren zu erhöhen. Es ist wichtig, dass sie lernen, dass nichts Schlimmes passiert, wenn sie "den falschen Knopf" drücken. Der Computer geht weder in Flammen auf, noch geht er kaputt.

Bildung ist hier die einzige Lösung. Zumindest muss der Zugang zum Lernen gegeben sein. Eines Tages wird jeder wissen, wie man einen Browser öffnet - und selbst das wird sich vermutlich ändern. Wenn

Technik wirklich integrativ sein soll, müssen wir die Senioren zunächst über Kurse an der Volkshochschule erreichen, die Betreuer ausbilden und ihnen Zugang zu Technik in Altersheimen ermöglichen.

Hinsichtlich der Bedürfnisse von Senioren sollten wir uns vor "digitalem Optimismus" in Acht nehmen - Technologie ist einfach ein weiteres Werkzeug, das uns zur Verfügung steht, um das Leben des - zumindest in Europa - größten Teils unserer Bevölkerung zu verbessern.

Technologie muss inklusiv sein

Wie können wir die Beteiligung älterer Mitglieder der Gesellschaft an dem gegenwärtigen digitalen Wandel sicherstellen? Wie können wir sicherstellen, dass der Bereich des Digitalen sowohl inklusiv als auch zugänglich bleibt, so dass ältere Mitglieder der Gesellschaft nicht ausgeschlossen werden?

Um diese Fragen zu beantworten, müssen wir zunächst einmal verstehen, was Teilhabe bedeutet - nämlich die Handlungsfähigkeit und Autonomie der Senioren in unserer Gesellschaft.

Best Practice im digitalen Bereich können nicht von außen diktiert werden. Wir müssen die

Möglichkeiten - und die richtige Unterstützung - haben, um Technologie so zu nutzen, dass sie unser Leben verbessert.

Wir müssen die Tools und die Begeisterung, die Teil des gegenwärtigen digitalen Wandels sind, nutzen, um Neugierde zu wecken, uns für Finanzierung und Zugangsmöglichkeiten einzusetzen und proaktiv zur Teilnahme anzuregen. Neue Tools und neue Wege, Dinge zu tun, sollten nicht durch Kosten oder (fehlende) Bildung eingeschränkt werden - sie sollten für jeden verfügbar und nützlich sein.

Und wenn erst niedrigschwellige digitale Lösungen existieren - die idealerweise mit Blick auf die Bedürfnisse der älteren Generation entwickelt wurden - werden Senioren selbst an der digitalen Welt teilnehmen wollen. Und dann wird ihre Neugierde ihren Teil dazu beitragen, Innovationen voranzutreiben.

Rede- und Informationsfreiheit sind Grundrechte. Im digitalen Zeitalter muss auch der Zugang zu den Tools gewährleistet sein, die eine Teilhabe erst ermöglichen.

Bedarfsorientierte Technologie muss inklusiv sein.

warrenlainenaida.net/2019-10-grandma-and-grandpa-code-too

warrenlainenaida.de/digitale-dienstleistungen/workshops-schulungen/medienkompetenz-fur-senioren

Agile, Design Thinking, Achtsamkeit – Klein starten, um groß zu gewinnen

Geschwindigkeit siegt. Wenn Sie etwas schneller machen können, haben Sie bessere Chancen auf Erfolg. Wenn Sie schneller Ideen entwickeln, schneller produzieren, schneller testen, schneller Kunden gewinnen und schneller Innovationen einsetzen können als Ihre Konkurrenten, werden Sie gewinnen. Aber ist es immer auch das beste Ziel, schnell zu sein und zu gewinnen?

Wie planen und managen wir uns selbst effektiv? Wie planen und managen wir unsere Projekte effektiv? Wie können wir wissen, dass wir das Richtige tun, das Nachhaltige, das, worauf es ankommt?

AGILE : DESIGN THINKING : MINDFULNESS : PROJECT MGMT

Im vorigen Kapitel haben Charlie und ich über die allgegenwärtigen Umwälzungen gesprochen, die neue Technologien mit sich bringen, und wie diese sich in manchen Hinsichten negativ auf die

Gesellschaft, die Wirtschaft und uns selbst auswirken. Soziale Medien, Push-Benachrichtigungen auf unseren Telefonen, Computerspiele, Computerviren, sprechende Kühlschränke, selbstfahrende Autos, Sexroboter ... die Geschwindigkeit des digitalen Wandels nimmt zu und wird immer allgegenwärtiger - wodurch ein Kollektivismus von ‚Likes' und ‚Follows' entsteht, der viele Aspekte unseres Lebens dekonstruiert.

In diesem Kapitel betrachten wir eine viel optimistischere, positivere Seite des digitalen Wandels - die Methoden, die an der Schwelle zu dieser Transformation stehen. Lernen zu scheitern, um erfolgreich zu sein, sich die Zeit nehmen, eine Perspektive zu finden, sich auf den Menschen konzentrieren und authentisch sein. Wie bitte? Im Zeitalter von Social Media und Fans von Robotern? Ja! Nehmen wir uns eine Minute Zeit, um die digitale Überholspur zu verlassen und uns mit Agilität, Design Thinking und Achtsamkeit zu befassen.

Freundliche Anmerkung: Das sind eine Menge Informationen. Vielleicht möchten Sie sich erstmal nur auf eines dieser Themen konzentrieren und morgen auf das nächste - aber wir hoffen, dass Sie trotzdem das ganze Kapitel lesen. Wenn ein Dreieck die stabilste Form ist, dann gibt Ihnen dieses kombinierte Dreiergespann guten Grund zum Optimismus.

Wirklich? Wenn etwas zu gut erscheint, um wahr zu sein, dann ist es das nach meiner Erfahrung meist auch.

Vielleicht kann ich Sie überzeugen, Charlie. Geben Sie mir eine Chance.

Was ist Agile?

Um schnell zu sein, muss man agil (beweglich, rege) sein. Sie können nicht schnell sein, wenn Sie nicht flexibel sind und in Form bleiben, oder wenn Sie nicht in der Lage sind, Hindernisse zu überwinden! Nun, wie macht man das?

Sie haben wahrscheinlich schon von Agile gehört. Wie Blockchain und KI ist Agile ein Begriff, der Ihnen vermutlich mindestens einmal im letzten Monat untergekommen sein dürfte. Aber was bedeutet ‚agil'? Ist das so ähnlich wie Pilates? Kann man es herunterladen? Es ist keine Sekte, oder?

Ich bin froh, dass Sie Pilates hier erwähnen. So wie Sie 'agil' beschreiben, muss ich seit Beginn dieses Kapitels an Gymnastik, Yoga und - ja - Pilates denken!

Naja, agile Techniken stammen aus der Softwareindustrie, nicht aus der Fitnessbranche -

allerdings sind Agile Methoden für Projektmanagement und -entwicklung schon recht alt. Wie viele Aspekte unserer digitalen Welt lässt sich auch das heutige "Agile" auf Innovationen zurückführen, die aus dem Zweiten Weltkrieg hervorgegangen sind, geboren aus der Notwendigkeit. Agile Konzepte lassen sich auch bis ins alte Rom und China zurückverfolgen. Wie es so schön heißt - jedes Design ist nur ein Redesign.

Im Kern macht Agile dasselbe, was Sie und ich tun, wenn zu viel Arbeit ansteht und wir zu wenig Zeit haben - wir machen eine Liste, überlegen, wie viel Zeit jede der Aufgaben in Anspruch nimmt, priorisieren die anstehenden Aufgaben - und fangen dann damit an.

*Das machen Sie tatsächlich? Wahnsinn! Ich werde in solchen Situationen meistens nur nervös, renne wie wild herum, gerate in Panik, mache etwas kaputt - kurzum, bringe alles durcheinander. Ich vermute mal, dass Agile Ihnen dabei hilft, *nicht* in diesen Zustand zu geraten?*

Naja, "Dinge kaputt zu machen", oder zu scheitern, IST eigentlich etwas Positives. Scheitern ist nur ein weiterer Teil der Erfahrungen, die man im Laufe der Zeit macht. Wenn man etwas zum ersten Mal macht, dann kann man auch scheitern. Und daraus lernt man. Und wenn Sie sich Sorgen machen, dass Sie durcheinanderkommen könnten, dann sagen Sie sich, dass Agile eng mit dem PDCA-Prozess verwandt ist - Plan, Do, Check, Act.[1]

Mit PDCA kann man die Dinge in kleinere Schritte unterteilen, die jeder für sich leichter erreichbar sind. Und das hilft Ihnen wahrscheinlich, die Dinge etwas herunterzufahren, damit Sie in Zukunft nicht so durcheinanderkommen.

Agile ist ein iterativer Timebox-Ansatz, der funktioniert, indem er Projekte in kleine Funktionsblöcke zerlegt, sie nach Prioritäten ordnet und dann kontinuierlich in kurzen Zyklen Ergebnisse liefert.[2]

- ✓ Agile ist flexibel, schnell, auf kontinuierliche Verbesserungen ausgerichtet und bietet die Möglichkeit, Veränderungen schnell und einfach zu bewältigen.
- ✓ Im Mittelpunkt von Agile stehen adaptive Planung, Selbstorganisation und kurze Lieferzeiten.
- ✓ Agile ist personen- und ergebnisorientiert. Es ist ein Ansatz, der sich perfekt für unsere digitale Welt eignet.

1 asq.org/quality-resources/pdca-cycle

2 agilenutshell.com

"Projekte in kleine Funktionsblöcke zerlegen" - das klingt für mich nach dem guten alten Ratschlag: Aufgaben in kleinere Teile zerlegen. Wie Sie schon sagten - jeder Entwurf ist nur ein Redesign. Ich frage mich nur, warum es dafür extra einen besonderen Namen braucht?

Die Dinge brauchen einen coolen Namen. Sie wissen schon – wenn man den Dingen einen Namen gibt, dann bringt sie das gleich viel näher. Agile Methoden - wie Scrum, Lean oder eXtreme Programming – unterstützen uns dabei, das richtige Produkt auf die bestmögliche Art und Weise herzustellen.

Ich weiß - was ist schon ein Name? Aber im Ernst - wer hat sich diese Namen ausgedacht? Sie hören sich komisch an. Und sie klingen auf jeden Fall so, als wären sie von einem Haufen Männer erfunden worden. Vielleicht ist das nur ein Vorurteil, aber ich kann mir einfach nicht vorstellen, dass eine Gruppe von Frauen sich einen Namen wie "Scrum" ausdenkt.

Das mag stimmen. Von den siebzehn Personen, die 2001 das Agile Manifest verfasst haben, war nur eine Frau. Aber viele interessante Begriffe wie "Intersektionalität", "Kyriarchat" sowie "Bug" und "Debug" (letzteres in Bezug auf Computersoftware) stammen von Frauen. Aber wahrscheinlich haben Sie Recht, "Scrum" ist sicher ein männliches Wort - denn es kommt vom Rugby.

Namen beiseite, die Vorteile von Agile sind direkt mit seiner schnelleren, leichteren und engagierteren Denkweise verbunden. Kurz gesagt, liefert der Prozess das, was der Kunde will, wenn der Kunde es will. Es geht viel weniger Zeit durch Entwicklungen in der falschen Richtung verloren, und das gesamte System kann schneller auf Veränderungen reagieren.

Wissen Sie, Sie erzählen mir immer wieder von all den wunderbaren Dingen, die Agile (angeblich) ist und tut. Aber jetzt kommen Sie doch mal zur Sache: Was genau ist Agile? Was passiert bei Agile, außer dass größere Aufgabenblöcke in kleinere unterteilt werden?

Die Glückskeks-Version? OK. Agile ist eine Methode, die Menschen dabei helfen kann, Dinge zu erledigen, sie kann Menschen dabei unterstützen, einfühlsamer zu sein (weil sie personenorientiert ist), effektiver zu sein (weil sie ergebnisorientiert ist) und effizienter (weil sie zeitorientiert ist). Und sie kann einem Unternehmen oder einer Gruppe helfen, dies auch in größerem Umfang zu tun.

Das Agile-Manifest

Agile funktioniert, indem es sich mit vier wichtigen Elementen von Projekten und Prozessen befasst.

Diese wurden im 2001 verfassten Agile Manifest kodifiziert. [3]

Das erste wesentliche Element ist, dass Agile "Individuen und Interaktionen über Prozesse und Werkzeuge" stellt. Warum? Weil Menschen effektiver sind.

Zweitens: Agile ist lösungsorientiert und zieht daher "funktionierende Systeme (oder einen funktionierenden Prototyp) einer umfassenden Dokumentation vor". Das bedeutet nicht, dass es keine Dokumentation gibt - es gibt sie -, aber es ist wichtig, als erstes einen Output zu erzeugen, der anschließend einer Testung unterzogen wird. Wie ich schon sagte: Geschwindigkeit siegt.

Drittens: Agile legt Wert auf "Zusammenarbeit mit dem Kunden statt Vertragsverhandlungen". Wenn Sie auf einen Vertrag verweisen müssen, dann läuft offensichtlich etwas mit dem Projekt schief.

Und schließlich ist es für Agile wichtiger "auf Veränderungen zu reagieren, als sich immer an den Plan zu halten". Das bedeutet, dass die Fähigkeit, flexibel, iterativ und offen für veränderte Rahmenbedingungen zu sein, wichtiger und wertvoller ist, als sich an einen Plan zu halten, der

3 agilemanifesto.org

letztlich in einer anderen Realität geschrieben wurde.

Die Dinge verändern sich - Märkte, Kundenwünsche, Wettbewerb. Um schnell zu sein, muss man flexibel sein können.

Ich habe hier ein Problem mit der Art und Weise, wie Sie über Agile schreiben. "Agile schätzt etwas" - das klingt beinahe so, als wäre Agile eine Art Entität, ja sogar eine Person. Aber das ist Agile ja nicht. Das ist eine Form von Reifizierung, von "deus ex machina". Zuerst war da nichts, und jetzt ist da plötzlich "Agile". Warum beschreiben Sie Agile nicht als ein Verfahren, das sich die Leute ausgedacht haben - warum lassen Sie es als etwas erscheinen, das da draußen "ist"?

Zugegeben, es ist ein wenig übertrieben, wie die Gesellschaft sich die „Techie"-Terminologie zu eigen gemacht hat. Aber ich hoffe, dass ich den Wert von Agile als Prozess auch ohne all die sexy Schlagwörter aufzeigen kann. Ich hatte schon gesagt, dass es bei Agile um Menschen und nicht um Prozesse geht. Aber bei Agile als Methode geht es auch darum, das Wichtigste zuerst zu erledigen und sich auf die Dringlichkeit und Wichtigkeit von Aufgaben zu konzentrieren.

Als ich Kellner war, war mir intuitiv klar, dass ich mit einem Kunden nie streiten sollte - dass es besser war, ihm einfach das zu geben, was er wollte.

Problem, Lösung, Mehrwert. Meiner Meinung nach kommt Agile in dieser Hinsicht einer a-priori-Methode so nahe wie irgend möglich - so wie es einer a-priori-Verhaltensordnung entspricht, wenn jemand seinem Gewissen folgt. Niemand muss uns sagen, dass Diebstahl falsch - das wissen und das fühlen wir auch so.

Das Militär, die Polizei, die Feuerwehr und medizinische Teams nutzen Agile jeden Tag im Sinne eines Verfahrens zur Bestimmung der besten Lösung angesichts des Schweregrads der jeweiligen Situation. Wir (sollten) dies im Rahmen unseres Zeitmanagements ebenfalls tun - indem wir Prioritäten setzen und das, was zu tun ist, auf die Menschen abstimmen und auf die Situationen, in denen wir uns befinden - uns also im Grunde auf das Wesentliche konzentrieren.

Wenn Unternehmen (mein jüngstes und aktuelles Beispiel ist hier die Deutsche Bahn) ihren Kunden so schnell wie möglich den größtmöglichen Mehrwert zur Verfügung stellen wollten, würden sie dies wahrscheinlich auf agile Weise tun, ohne dem Verfahren einen formellen Namen zu geben. Sie tun dies nur deshalb nicht, weil sie zu abhängig von ihren eigenen Prozessen und Verfahren geworden sind.

"Agile Menschen begreifen und nähern sich der Welt und den ihnen zugewiesenen Aufgaben anders als weniger agile Menschen".

(internationalc2institute.org/c2-agility)

Agilität und Projektmanagement

Im Projektmanagement nutzt man die "Triple Constraint Pyramide (das Magische Dreieck)" für die Analyse von Projekten. In jedem Projekt gibt es drei mögliche Einflussfaktoren, und um erfolgreich zu sein, müssen Sie wahrscheinlich einen davon ändern. Aber welchen?[4]

Brauchen wir diese "Triple Constraint Pyramid" wirklich? So viele Begriffe, um Agile zu beschreiben ...

Eine Rose mit einem anderen Namen ist immer noch eine Rose ... Die drei Bedingungsfaktoren bei jedem Projekt sind Budget, Umfang und Zeitplan. Welcher dieser Faktoren sich anpassen lässt, wenn es eng wird, hängt davon ab, welchen Projektmanagementprozess man jeweils verfolgt.

Traditionelles Projektmanagement findet sich typischerweise bei großen Projekten mit großen Teams. Agile at Scale (SAFe) wird jedoch auch in sehr zukunftsorientierten Unternehmen wie z.B. Netflix eingesetzt, die sich von der traditionellen

4 pmi.org/learning/library/triple-constraint-erroneous-useless-value-8024

Vorgehensweise entfernt haben. Traditionell bedeutet dabei, einen Schritt nach dem anderen zu machen, eine Aufgabe zu erledigen und dann zur nächsten überzugehen - wie ein Wasserfall.

Während traditionelle Prozesse linear verlaufen, entwickelt sich Agile ständig weiter und interessiert sich mehr für das Ergebnis und die Menschen als für die Prozesse. Beim traditionellen Projektmanagement lässt sich das Budget eines Projekts ändern, weil das Produkt und der anvisierte Zeitpunkt seiner Fertigstellung so gut wie festgelegt sind. Bei Agile geht es dagegen darum, so schnell wie möglich einen Mehrwert zu liefern - und daher wird man stattdessen den Umfang des Projekts verändern.

Hier ist ein Beispiel, das wir alle nachvollziehen können. Angenommen, Sie kochen ein Abendessen für mehrere Personen. Sie haben ein Menü mit fünf Gängen ausgedruckt. Ihnen läuft die Zeit davon, und die Leute werden hungrig. Bitten Sie sie, noch eine halbe Stunde zu warten, oder nehmen Sie einfach nur vier Gänge? Wahrscheinlich letzteres. So einfach ist Agile. Liefern Sie schnell einen Wert.

Wenn die Leute danach immer noch hungrig sind, können Sie immer noch einen weiteren Gang zubereiten. Aber wenn Sie sich verrückt gemacht und die fünf Gänge gekocht hätten, so dass die Leute hätten warten müssen - und wenn es sich dann herausgestellt hätte, dass sie den fünften Gang gar nicht gegessen hätten – dann wäre es Ihnen nicht gelungen, Ihren Gästen einen Mehrwert zu bieten. Und Sie hätten Zeit und Geld verschwendet und sich selbst und Ihre Gäste unglücklich gemacht. Wenn Sie und Ihre Gäste unglücklich sind, haben Sie wahrscheinlich den Zweck Ihres Abendessens verfehlt.

Das ist ein schönes konkretes Beispiel, das ich verstehe.

Vielen Dank, Charlie. Es ist wie Kuchen backen. Warum? Wer? Was? Wann? Und wo? Wie? Wie ich schon sagte, erfüllt alles, was man tut, einen Zweck. Wenn man sich darauf vorbereitet, etwas zu tun, legt man die Richtung (den richtigen Weg zu den richtigen Dingen) auf der Grundlage des Zwecks fest. Der Zweck richtet das Was an dem Wie der Handlung aus, und vor allem an dem Warum.

Das sehe ich ganz genauso. Aber wo kommt in dem Prozess plötzlich der Zweck her? Wer legt den Zweck fest? Gibt es einen Schritt, in dem man seine Absicht festlegt? Für mich sieht es so aus, als könnte der gesamte Agile Prozess - wie im Beispiel beschrieben - gründlich schief gehen, wenn der Zweck nicht klar genug ist.

Oh, jetzt kommen wir gleich zu dem interessanten Teil, der diese Frage beantwortet. Aber um Ihnen schon einmal einen Vorgeschmack zu geben: Der MENSCH legt das Ziel fest!

Einsatz von agilem Denken zum Aufbau, Messen und Lernen

Vielleicht haben Sie schon einmal den Begriff "Minimum Viable Product (MVP)" gehört. Dabei handelt es sich um ein Produkt, das gerade genügend Funktionen hat, um frühe Kunden zufrieden zu stellen und Feedback für zukünftige Produktentwicklungen zu liefern. Das Konzept betont die Bedeutung des Lernens bei der Entwicklung neuer Produkte. Ein wichtiger Teil von Agile ist es, schnell einen Mehrwert zu liefern, und ein MVP macht das möglich.[5]

Noch mehr Terminologie! Nein, ich muss mich hier outen - noch nie davon gehört ... Sie wiederholen immer wieder, dass Agile darauf ausgelegt ist, "schnell einen Mehrwert zu liefern".

Dieser scheint in Agile eingebaut zu sein. Damit eignet sich Agile für bestimmte Kontexte unter bestimmten Bedingungen für bestimmte Zwecke - für

5 agilealliance.org/glossary/mvp

andere dagegen nicht. Warum sollte Geschwindigkeit immer so wichtig sein? Sollte sie es sein? Ich würde argumentieren, dass es auch wertvoll sein kann, auf etwas zu warten.

Hmmm ... in Ordnung - wie wäre es, wenn Sie sich ein MVP als "Muster", "Prototyp" oder "Attrappe" vorstellen? Ich stimme Ihnen zu - Geschwindigkeit ist nicht das Ziel für alles im Leben. Aber in unserer Geschäftswelt, die vom digitalen Wandel geprägt ist, ist Schnelligkeit wichtig, denn 'Schnelligkeit gewinnt'. Die einzige Konstante im Geschäftsleben ist der Wandel, und der Wandel vollzieht sich derzeit immer schneller. Wir müssen einfach schnell sein, um mit dem Wandel Schritt zu halten. Wenn wir ihm voraus sein wollen, müssen wir noch schneller sein. Wie das alte Sprichwort sagt: "Mögest du eine halbe Stunde, bevor der Teufel weiß, dass du weg bist, im Himmel sein".

Die Idee eines MVP setzt ganz wesentlich voraus, dass man ein tatsächliches Produkt herstellt (vielleicht einfach nur eine Landing Page oder ein Tablett mit Sandwiches oder eine Dienstleistung, die zwar automatisiert erscheint, aber hinter den Kulissen vollständig manuell erfolgt), dass man den Menschen dieses Produkt anbietet und ihr Verhalten beobachten und ihr Feedback einholen kann.

Ich verstehe - das Feedback bezieht sich auf die Reaktion derjenigen, für die ein Produkt bestimmt ist.

Ganz genau. Deshalb ist Einfühlungsvermögen so wichtig. Wenn wir wirklich verstehen, was die Menschen brauchen, und nicht, was sie wollen, können wir Probleme besser lösen und einen echten Mehrwert schaffen. Zu sehen, was die Menschen in Bezug auf ein Produkt tun, ist viel zuverlässiger, als die Menschen zu fragen, was sie tun würden. Bauen Sie ein Produkt, testen (beobachten) Sie seine Akzeptanz und lernen (Feedback), um das, was Sie getan haben, im nächsten Wiederholungsschritt zu verbessern.

Ich glaube, jetzt verstehe ich: Statt vorauszuplanen, konzentriert man sich auf eine Kernaufgabe, erstellt ein erstes grobes Beispiel, beobachtet die Reaktionen der Kunden und modifiziert dann den Prototyp.

Agile und Design Thinking

Bevor ich Agile kennenlernte, hatte ich Design Thinking für große Webdesign-Projekte genutzt. Wenn ich daran zurückdenke, fällt mir auf, wie sehr sich Agiles und Design Thinking in zwei wichtigen Bereichen ähneln - im Einfühlungsvermögen und im Team-Empowerment.

Design Thinking versucht uns zu inspirieren, ausgehend von einer abstrakten Idee etwas zu kreieren. Es basiert auf der grundlegenden Überzeugung, dass eine nicht ausgeführte Idee, eine Idee, die nie realisiert wird, keinen Sinn macht - dass das Tun genauso wertvoll ist wie das Denken.

Das Design Thinking hat seine Wurzeln im Participatory Thinking und im User-Centered Design, um nur zwei verwandte Denkschulen zu nennen. Das Hasso-Plattner-Institute of Design an der Stanford University (dschool.stanford.edu) kann wahrscheinlich als die Quelle des modernen Design Thinking gelten.

Design Thinking basiert in wesentlichen Teilen auf Einfühlungsvermögen für diejenigen, für die Sie ein Produkt entwerfen. Es manifestiert sich in einer Reihe von Aktivitäten, beispielsweise der Erzeugung einer Nutzer-Persona. Damit versucht man, eine Erfahrung dessen vorwegzunehmen, was oder wie Ihre Idee letztendlich akzeptiert und genutzt wird.

Wie Agile ist auch die Methode des Design Thinking einfach und iterativ: Einfühlen, Definieren, Entwickeln, Prototypisieren und Testen. Am besten beginnt man beim Einfühlen mit Value Mapping -das Sie dabei unterstützt, sich in die Lage desjenigen zu versetzen, für den Sie eine Lösung entwerfen, und seine Bedürfnisse besser zu verstehen.

Design Thinking bezieht sich darauf, wie wir Probleme erforschen und lösen, während Agile sich darauf bezieht, wie wir uns an veränderte Bedingungen anpassen können. Design Thinking passt sehr gut zum Agilen Manifest (agilemanifesto.org), weil es die folgenden Merkmale aufweist:

- ✓ Interaktiv - stellt den Menschen in den Mittelpunkt; Menschen sind wichtiger als Prozesse
- ✓ Lösungsorientiert - ein funktionierendes, testbares Produkt ist wichtiger als umfassende Dokumentation
- ✓ Kollaborativ - stellt die Zusammenarbeit mit Kunden über Vertragsverhandlungen
- ✓ Anpassungsfähig - passt sich eher Veränderungen an, als einem Plan zu folgen

Bedeutung und neue Ideen entstehen, wenn wir die Dinge erforschen. Unsere Fähigkeit, Bedeutung zu extrahieren, ein Problem zu formulieren und potenzielle Lösungen zu erproben - darum geht es beim Design Thinking. Wenn man ein Problem löst, entwirft man eine Lösung; und diese Denkweise unterstützt uns dabei, darin noch besser zu werden.

Ok, ich kann einige der Ähnlichkeiten zwischen Agile und Design Thinking erkennen. Aber wie genau kann ich die beiden zusammenbringen? Hat das schon jemand gemacht?

Stellen Sie sich das so vor, dass jemand Ihnen schrittweise einen Wunsch erfüllt. Zuerst bekommen Sie einen Cupcake, dann eine ganze Torte, dann eine Hochzeitstorte. Dabei ist es wichtig, sich daran zu erinnern, dass sowohl Agile als auch das Design Thinking den Menschen in den Vordergrund stellen. In einem ersten Schritt können wir Design Thinking einsetzen, um uns in die Personen einzufühlen, die unser Produkt später einmal verwenden - wer sind sie, was brauchen sie, und warum? Nehmen wir an, wir finden heraus, dass Sie, Charlie, Ihre Backrezepte über die Sprachsuche auf Ihrem Telefon abrufen möchten.

Anhand dieser Informationen können wir mit Agile einen Fahrplan erstellen, wie wir Ihnen das Gewünschte liefern können. Denken Sie daran: mit Agile machen wir kleine Schritte, um schnell einen Mehrwert zu liefern.

Zuerst gebe ich Ihnen über eine Website Zugang zu Ihren Backrezepten. Im nächsten Schritt kreiere ich eine App, mit der Sie diese Website von A-Z durchsuchen und nach den beliebtesten Rezepten sortieren können. Und im letzten Schritt integriere ich dann die Sprachsuche. Ich gebe Ihnen unmittelbar Zugang zu den Backrezepten, weil ich weiß, dass ich für die Implementierung der Sprachsuche 4 Wochen brauche - aber ich möchte nicht, dass Sie 4 Wochen warten müssen, bevor Sie überhaupt nach Rezepten suchen können. So arbeiten Design Thinking und Agile zusammen.

Agile und Achtsamkeit

Wenn Sie der Meinung sind, dass Sie Agile im Büro lassen müssen, werden Sie überrascht sein. Die Ansätze und Themen, die Agile innewohnen, finden sich auch im Konzept der Achtsamkeit.[6]

Achtsamkeit ist Ihnen wahrscheinlich schon einmal untergekommen. Achtsamkeit ist eine wichtige Geisteshaltung, die Ihnen hilft, sich durch die Zeiten der Umwälzungen zu manövrieren, in denen wir leben.

Warum überhaupt achtsam sein? Achtsamkeit ist die Fähigkeit, voll präsent zu sein, sich dessen bewusst zu sein, was Sie sind und was Sie tun, und nicht von dem, was um Sie herum geschieht, überwältigt zu werden. Das klingt so, als wäre Achtsamkeit sowohl auf dem Weg zur Arbeit und zurück nach Hause als auch während Ihres Arbeitstages nützlich.

6 mindful.org/what-is-mindfulness

Es gibt viele verschiedene Definitionen von Achtsamkeit. Diejenige, die mir am besten gefällt, ersetzt das "nicht von dem, was um Sie herum geschieht, überwältigt werden" durch "ohne Ihre Erfahrung zu beurteilen, was und wie sie auch immer sein mag". Diese Definition wird von Lehrern wie Jack Kornfield und Tara Brach verwendet, die sagen, dass Achtsamkeit wie ein Vogel mit zwei Flügeln ist: Voll präsent zu sein ist der eine Flügel, und eine nicht wertende Haltung ist der andere. Und mit nur einem Flügel kann der Vogel nicht fliegen. Aber mit zwei Flügeln kann er schweben - und wenn er das tut, ist das Nicht-Überwältigt-Sein nur eine der möglichen Auswirkungen der Achtsamkeit, neben anderen wie Verbesserung des Erinnerungsvermögens, der Konzentrationsfähigkeit und der Emotionsregulation.

Mit Achtsamkeit - welche Definition man auch immer verwendet - können Sie geerdete, taktile, auf gesundem Menschenverstand beruhende, zielorientierte Ansätze entwickeln, die es ermöglichen, sich des gegenwärtigen Augenblicks bewusst zu sein und in ihm zu sein.

"Geerdete, taktile, auf gesundem Menschenverstand beruhende, zielorientierte Ansätze "? Was soll das genau heißen? Und ich verstehe nicht wirklich, wie Achtsamkeit und Agile miteinander zusammenhängen. Wie Sie schon sagten, kann Achtsamkeit in allen Lebensbereichen hilfreich sein,

und dazu gehört auch Agile. Warum sollte Achtsamkeit gerade für Agile relevant sein - mehr als zum Beispiel beim Spielen mit Ihrem Kind, beim Spazierengehen oder beim Kochen?

Das beantworte ich gleich, Charlie. Zuerst wollte ich noch sagen, dass Achtsamkeit ebenso wie Agile tägliches und konzentriertes Üben und Engagement erfordert. Das sollte Sie jedoch nicht abschrecken. Wenn Sie es nicht sofort verstehen, ist das in Ordnung, denn Scheitern und Lernen gehören auch zu Agile. Erinnern Sie sich noch - nur durch Scheitern kann man lernen, Erfahrungen machen, wachsen, Belastbarkeit und Werte schätzen lernen. Wenn wir nie scheitern würden, würden wir uns nie verbessern. Ohne Scheitern gäbe es keine Innovation - denn es gäbe keine Notwendigkeit, sich zu verbessern!

Und hier frage ich mich, ob Achtsamkeit und Agilität zusammenpassen. Wenn Sie meine obige Definition zugrunde legen, ist die nicht wertende Haltung ein wichtiger Teil der Achtsamkeit. Aber das bedeutet, dass eine Erfahrung genauso wichtig ist wie jede andere Erfahrung. "Misserfolg", "Innovation" - diese Begriffe kommen da nicht wirklich ins Spiel. Ich nehme an, man könnte hier auf eine Metaebene gehen und sagen, dass Meditierende auf lange Sicht (sehr langfristig!) lernen, "den Welpen zu trainieren", wie Jack Kornfield es ausdrückt, so dass es eine langfristige Verbesserung der Meditationsfähigkeiten und -erfahrungen geben kann. Aber dennoch ist eine Meditationserfahrung nicht besser oder schlechter als eine andere. Daher frage ich mich, ob die Befürworter von Agile versucht haben, auf den Achtsamkeitswagen aufzuspringen, weil er so beliebt ist - während es eigentlich keine intrinsische Beziehung zwischen den beiden gibt?

Um Ihre vorherige Frage zu beantworten: Ich sehe einen starken Zusammenhang zwischen Agilität und Achtsamkeit. Ich bin der Ansicht, dass es sehr wichtig ist, vor dem Scheitern nicht zurückzuschrecken, sondern neugierig auf unsere Fehler zu sein. Wir sollten die Fähigkeit entwickeln, unser Scheitern zu reflektieren und auf dieser Grundlage überlegt zu handeln, anstatt einfach nur automatisch darauf zu reagieren (Agile lehrt uns, dass Scheitern etwas Positives und Notwendiges ist) - und Achtsamkeitstechniken können uns dabei helfen, diese Fähigkeit in uns selbst zu entwickeln.

Neugierig auf unsere Fehler zu sein - ok, das macht Sinn. Ich verstehe jetzt, wie Achtsamkeit und Agilität zusammenhängen.

Wenn man meditiert, ist man achtsam - man ist im Augenblick präsent. Das ist für mich Achtsamkeit. Das ist nicht so viel anders als das, was ein Agile Coach macht. Er ist nicht in erster Linie Projektmanager, sondern Moderator. Bei Agile nennen wir das "Führen durch Dienen". In dieser Rolle muss man so handeln, wie es für das agile Team am besten ist. Das bedeutet, im gegenwärtigen Moment präsent zu sein: aktiv offen zuhören, was jemand sagt. In jedem agilen Projekt sind der Kunde oder die Interessenvertreter ein Teil des Projekts - sie sind tatsächlich bei den Besprechungen anwesend - und werden aktiv einbezogen und beteiligen sich ebenfalls. Ich denke, auf diese Weise nähern sich die beiden Begriffe wirklich an.

Wie kann ich also achtsam sein?

Achtsamkeit steigert alles, was mit Emotionsregulation, Konzentrationsfähigkeit und Bewusstsein des eigenen Selbst zu tun hat. Es gibt viele Arten von Achtsamkeitspraktiken, die diese Fähigkeiten fördern

- ✓ Journaling
- ✓ Einige Spiele auf Ihrem Telefon
- ✓ Meditation (und Gebet)
- ✓ Am wirksamsten und am weitesten verbreitet ist die Meditation

Keine Achtsamkeit ohne wenigstens Mini-Meditationen - und längere Meditation ist besser. Die Spiele am Telefon sind in der Regel so konzipiert, dass sie zumindest zu Mini-Meditationen führen. Und das

Tagebuch unterstützt Sie dabei, Ihre Erfahrungen zu reflektieren, was ebenfalls wertvoll sein kann. Aber der Kern ist immer die Meditation.

Meditation verbessert Ihre neuronalen Verbindungen und wirkt sich positiv auf Ihre Persönlichkeit aus:

- ✓ Verbessertes Gedächtnis und Konzentrationsfähigkeit
- ✓ Verbesserte Emotionsregulation und -kontrolle
- ✓ Höhere Intelligenz und Kreativität

Agile und Ihre Person

Agile lässt sich nicht nur in der Softwareentwicklung einsetzen, sondern auch bei der Erstellung von Websites, der Herstellung von Schuhen, dem Bau von Autos - so ziemlich bei allem. Und es gibt viele Möglichkeiten, wie die Grundsätze des agilen Denkens Sie unterstützen können.

Die meisten von uns werden nie in die Situation kommen oder vor der Notwendigkeit stehen, die Dinge zu nutzen, zu deren Erzeugung die meisten Projektmanagementprozesse geschaffen wurden. Es kann sich jedoch für Sie lohnen, diese Prozesse auf Ihre eigenen Bedürfnisse zuzuschneiden, um Ihre

Aufgaben effektiver zu bewältigen - sei es das Backen eines Kuchens oder die Leitung Ihrer eigenen Projekte.

Agile, Design Thinking und Achtsamkeitstechniken können Sie dabei unterstützen, sich selbst, Ihren Arbeitsablauf, Ihr Projektmanagement und sogar Ihr gesamtes Unternehmen zu verbessern. Ich möchte Sie gerne dazu ermutigen, sich genauer über Agilität, Design Thinking und Achtsamkeit zu informieren. Es gibt unzählige Online-Kurse und Bücher sowie (da sind wir sicher) jemanden in Ihrer Organisation oder in Ihrem sozialen Umfeld, der Agile und Achtsamkeit bereits praktiziert.

Agile, Design Thinking, Achtsamkeit - so langsam mache ich mir eine Vorstellung davon und fange an zu verstehen, wie sie einzeln und in Kombination nützlich sein können.

Das ist allerdings eine ganze Menge an Informationen. Ich würde vorschlagen, klein anzufangen, mit nur einem der drei, und abzuwarten, wie sich das auf einen Lebensbereich auswirkt. Und das entspricht genau dem Grundgedanken von Agile - oder?

In der Tat. Wenn Sie Ihrem Leben auch nur einen kleinen Aspekt der Agilität, des Design Thinking oder der Achtsamkeit hinzufügen, wird das einen Mehrwert für Ihr Leben ergeben. Die Fähigkeit, sich in Menschen einzufühlen und die Situationen um Sie herum zu verstehen, während Sie sich auf die eine wichtige, dringende Sache konzentrieren, die Sie gerade tun. Das bedeutet, dass Sie schneller und besser werden und dass Sie öfter Erfolg haben.

Klein anzufangen und etwas Großes zu erreichen – das ist das beste Motto in unserer schnelllebigen digitalen Welt.

Menschen sind wichtiger als Tools. Lösungsorientiert. Kollaborativ.

Lernen Sie, wie man Projekte iterativ angeht - und lernen Sie, wie man scheitert.

Seien Sie sich des gegenwärtigen Moments bewusst - seien Sie im gegenwärtigen Moment.

warrenlainenaida.net/2019-09-agile-design-thinking-mindfulness

Liebe in Zeiten digitalen Wandels

Die Vorstellung, dass man einen Roboter mögen könnte und ein Roboter uns, ist auf den ersten Blick vielleicht etwas unheimlich. Aber wer weiß - ist die Liebe zu unserem Smartphone der Vorläufer dafür, dass wir unsere Abende mit einem Androiden verbringen? Das mag wie Science-Fiction erscheinen, aber die Möglichkeit, dass es so sein könnte, bleibt an unsere Einstellung zu Sex und Intimität im Allgemeinen gebunden – die sich ständig verändert - und an den digitalen Wandel, den wir derzeit erleben.

AI : DIGITAL CULTURE : IOT : IOMT : ROBOTS : EHEALTH : TECH

Dass sich Zuneigung zwischen Menschen und Roboter entwickelt – dem sind wir viel näher, als uns bewusst ist. Technologie ist ein großer 'Disruptor'. Ein gewaltiger ‚Disruptor'.

Vielleicht liegt das daran, dass ich kein Technikfreak bin. Aber warum um alles in der Welt sollte Technologie ein Störfaktor sein? Was genau stört?

Wenn ich in einem ICE-Zug sitze und das Wi-Fi wieder einmal nicht funktioniert, dann ist das vermutlich die Störung. Aber Technologie, die funktioniert, trägt dazu bei, dass mein Leben reibungslos abläuft! Oder etwa nicht??

Eine ‚Disruption' entsteht, wenn etwas zusammenbricht. Aber eine ‚Disruption' entsteht auch, wenn Sie etwas nicht so weitermachen können, wie Sie es gewohnt sind. Dann müssen Sie aus Ihrer Komfortzone herauskommen und sich umstellen. Denken Sie beispielsweise nur an das letzte Mal, als Sie Ihr Passwort auf der Arbeit aktualisieren mussten, oder als Ihre Bank die TANs in Papierform nicht mehr akzeptiert hat, oder als Twitter ausgefallen ist.

Was auf der einen Ebene eine Verbesserung sein mag, kann sich auf einer anderen Ebene als Störung manifestieren und die gewohnte Ordnung der Dinge durcheinanderbringen. Manchmal hat es den Anschein, als würden die Störungen einfach immer größer und invasiver. Manchmal scheint es, als hätten wir schon immer ein Smartphone, eine E-Mail, ein Instagram-Konto oder Online-Banking gehabt. Was hat es mit all dieser Technologie in unserem Leben auf sich, und wie können wir beginnen, besser zu verstehen, wohin das alles führt?

Ok, ich werde mich hier von Anfang an outen. Ja, ich habe einen Instagram-Account, aber ich benutze ihn kaum - obwohl man mir gesagt hat, dass ich ihn brauche - zum Branding, um anderen meine Botschaft zu vermitteln und dergleichen. Aber ehrlich gesagt: Meiner Meinung nach fügt ein Posting auf Instagram meiner ohnehin schon endlosen To-Do-Liste nur einen weiteren Punkt hinzu, macht aber für meine Anzahl von Kunden keinen großen Unterschied. Und was das Online-Banking betrifft: Das ist schon praktisch - aber: Ich traue dem nicht!!!

Vertrauen und Akzeptanz sind zwei der größten Probleme, die viele Menschen mit dem technologischen Wandel haben. Dabei ist Vertrauen wahrscheinlich das kniffligste der beiden, denn es geht nicht nur um das *Vertrauen, das geregelt wird* – wie etwa die Erhebung unserer persönlichen Daten – sondern vor allem um das *kontextbezogene Vertrauen*, das wir zu denjenigen haben (oder auch nicht), die im Besitz unserer Datensind. Das bezieht sich vor allem darauf, welche Möglichkeiten es gibt, unsere persönlichen Daten auf Arten und Weisen wiederzuverwenden und zu nutzten, denen wir gar nicht zugestimmt haben.

Wir haben in der Vergangenheit erlebt, wie Vertrauen und Akzeptanz von Technologie in eine Sackgasse geraten sind. Zum Beispiel 1767 mit der Einführung von Spinning Jenny oder 1803 mit dem

Aufkommen der pferdelosen Kutsche. Die Einführung neuer Methoden oder Geräte wird zunächst mit Misstrauen betrachtet und ist immer disruptiv.

Technologische Innovation und Wandel werden bleiben – Cloud Computing, Big Data, das Internet der Dinge, künstliche Intelligenz ... Aber wo führt das hin, und wie wird dies unser Leben verändern?

In diesem Kapitel befassen Charlie und ich uns mit dem digitalen Wandel – worum es dabei geht und was uns erwartet – und wir werden mit Spekulationen über die möglichen Konsequenzen nicht zurückhalten

Warum erwähnen Sie mich jetzt erst, nachdem ich mich mich schon geäußert habe? Erwarten Sie, die Leser, dass ich Ihnen von mir erzähle? Da muss ich Sie enttäuschen, fürchte ich. Männlich oder weiblich oder divers – wer weiß? Und woher wissen Sie überhaupt, dass ich ein Mensch bin? Für Sie ist es nicht wichtig, wer ich bin, sondern was ich tue: Ich bin der Live-Kommentar, der das, was dieser Techie-IT-Social-Media-Typ schreibt, aus einer entschieden nicht-techiehaften und vernünftigen Perspektive betrachtet.

Vielleicht ist es unwichtig, was Sie sind. Vielleicht spielt es nur eine Rolle, dass wir miteinander interagieren. Das ist eine der Ideen, über die wir sprechen werden – die Interaktion von Menschen und Maschine. In diesem Kapitel schauen wir uns an, wie sich der digitale Wandel auf die zutiefst menschliche Erfahrung von Liebe und Verbundenheit auswirkt - gepaart mit der Besessenheit von unseren Handys und der Fülle intelligenter Geräte, mit denen wir interagieren.

Was ist digitaler Wandel?

Wenn Sie an Ihren Geschichtsunterricht in der Schule zurückdenken, dann wissen Sie, dass die industrielle Revolution Queen Victoria, rußige Fabriken und Dampfmaschinen im Angebot hatte. Der digitale Wandel ist die unglaublichste und schnellste Veränderung in Wirtschaft und Gesellschaft, die wir seit damals erlebt haben –wobei wir den Ruß gegen das Plastik in den Ozeanen und Queen Victoria gegen CGI-Influencer wie Miquela Sousa ausgetauscht haben.

Ich habe von diesen CGI-Jungs und -Mädchen gehört. Die sind schon komisch, finden Sie nicht??

Der digitale Wandel ist die dritte Welle von Veränderungen, die durch die Integration von Computern in Wirtschaft und Gesellschaft ausgelöst wurde. Die erste Welle war die Digitalisierung von Informationen – der Wechsel von der analogen zur digitalen Aufzeichnung, Medien und anderen Informationen. Die zweite Welle war und ist in vielen Fällen immer noch die Digitalisierung von Industrie und Organisationen - die digitale Information für uns nutzbar zu machen, z.B. in der Produktion und im Dienstleistungssektor.

Vielen Dank für die Erläuterung. Ich habe mich immer gefragt, was genau der Unterschied zwischen all diesen Dingen ist.

Digitaler Wandel wird meist mit dem papierlosen Büro in Verbindung gebracht, aber der technologische Wandel, den wir derzeit erleben, ist sehr viel mehr. Digitaler Wandel beinhaltet die Integration der digitalen Technologie in unseren Alltag. Sie eröffnet uns das Potenzial, positive, neue Möglichkeiten und Konzepte des Arbeitens, Lebens und Lernens zu kreieren.

Nichts als leere Behauptungen – und keine Belege! Was sind diese positiven neuen Möglichkeiten? Etwa Menschen, die mit ihrem Telefon den Anweisungen auf Google zuhören und dreimal gegen die gleiche Wand laufen – anstatt einfach anzuhalten und nach dem Weg zu fragen?

Manche Dinge ändern sich nie – wie z.B. nach dem Weg zu fragen, anstatt einer Maschine zu misstrauen, die sich vielleicht irrt – und in einem Fluss zu enden. Irgendwie sind wir immer noch sehr neugierig auf diese neue Technologie. Im Gegensatz zu anderen technologischen Revolutionen der Vergangenheit geht der digitale Wandel sehr schnell vonstatten, und es ist schwer, sich einen Überblick zu verschaffen. Wir setzen viel Vertrauen in große Unternehmen wie Facebook, Google, Amazon, Apple …

Das erste iPhone kam 2007 zum ersten Mal heraus. Das ist erst dreizehn Jahre her, und damals gab es keine Apps von Drittanbietern, kein GPS und keine Videoaufzeichnung. Die Geschwindigkeit des technologischen Wandels ist ein Paradigmenwechsel, der eine völlig neue Denkweise erfordert.

Ich gebe es nur ungern zu, aber darin muss ich Ihnen zustimmen.

Wenn man richtig mit ihnen umgeht, eröffnen Big Data und K.I. (künstliche Intelligenz) uns die Möglichkeit, einige unserer größten Probleme anzugehen – Nahrungsmittelproduktion und -verteilung, Krankheiten, Umweltverschmutzung, Bildungslücken, Beschaffung der benötigten Ressourcen. Während die positiven Auswirkungen der Veränderungen im Zuge des digitalen Wandels bereits sichtbar sind, sind sie aufgrund wirtschaftlicher Aspekte (es kann sich beispielsweise nicht jeder ein Elektroauto leisten) nicht auf allen Ebenen der Gesellschaft spürbar. Die Dringlichkeit und Unmittelbarkeit des digitalen Wandels sind jedoch für die meisten von uns bereits spürbar.

Wie wir bereits erwähnt haben, ist eine der größten Herausforderungen für den digitalen Wandel das Vertrauen – Vertrauen in Technologie, Sicherheit, Arbeitsplätze sowie in die Nutzung unserer Daten. Im letzten Jahrzehnt hat der Populismus stark zugenommen, ebenso wie die sozialpolitische Fragmentierung und eine allgemeine Skepsis gegenüber dem Klimawandel, der Technologie am Arbeitsplatz und der Art und Weise, wie wir mittels neuer Werkzeuge wie beispielsweise Social Media miteinander interagieren.

Der technologische Wandel vollzieht sich so schnell, dass wir ihn kaum verstehen können oder darauf vorbereitet sind. Und einige der Wachstumsschmerzen und Spannungen, die wir derzeit erleben, könnten durchaus eine unbewusste Reaktion der Gesellschaft auf diesen Wandel sein.

He, Moment mal! Sie haben wahrscheinlich schon gemerkt, dass ich diesem ganzen Digitalisierungs- und Digitaltransformations-Kram etwas skeptisch gegenüberstehe. Aber wollen Sie ernsthaft behaupten, dass das, was im Weißen Haus, in der Downing Street und an vielen anderen Orten geschieht, auf die Apps auf meinem iPhone zurückzuführen ist?? Ich kann verstehen, dass der digitale Wandel vielleicht etwas dazu beiträgt, aber er ist sicherlich nicht die alleinige Ursache. Und bevor ich dazu bereit bin, auch nur die Möglichkeit in Erwägung zu ziehen, dass der digitale Wandel bei alldem überhaupt eine Rolle spielt, würde ich gerne mehr Belege sehen.

Eine Kultur der Dekonstruktion

Künstliche Intelligenz, Big Data, das Internet der Dinge und die Konnektivität von Menschen mit Geräten – die technologischen Umwälzungen und ihre Folgen sind überall. Der digitale Wandel verändert Gesellschaft und Kultur in vielerlei Hinsicht. Man könnte sagen, dass er auch die traditionellen Normen für soziale Interaktionen dekonstruiert, für Geschäftsabschlüsse, unsere Selbstbestimmung und die Interaktion mit Maschinen.

Wie ich bereits sagte: Warum sollte all dies störend sein? Vielleicht gibt es ein störendes Potenzial – aber gibt es nicht auch ein ebenso großes konstruktives Potenzial? Sicherlich ist es nie die Technologie als solche, die gut oder schlecht ist, sondern die Art und Weise, wie wir sie nutzen?

Der Wermutstropfen bei dieser technologischen Revolution ist wiederum die Geschwindigkeit, mit der sie sich vollzieht, gepaart mit der Tatsache, dass die meisten von uns Geräte benutzen und sich auf Technologien verlassen, von denen wir nicht viel verstehen. Die meisten von uns können ihr Auto wahrscheinlich nicht mehr selbst reparieren, wenn es nicht mehr fährt – und das ist etwas, was die Generation unserer Eltern wahrscheinlich konnte. Da sich dieser Wandel immer schneller vollzieht, laufen wir Gefahr, eine digitale Kluft zu erleben und digitale " Habenichtse" und " Begüterte" zu schaffen, mit Auswirkungen, wie wir sie bereits in Folge der Kluft hinsichtlich Bildung, Einkommen, Rasse und Geschlecht erleben, um nur einige zu nennen.

Auch hier muss ich Ihnen zustimmen...

Wenn wir uns überlegen, in welchem Umfang digitale Interaktionen unsere Transaktionskosten senken, dann denke ich nicht nur an Dollar und Cent – oder Euro – sondern auch an den Wert, den wir unseren Transaktionen miteinander beimessen. Wenn ich beispielsweise einen Brief mit einer WhatsApp-Nachricht oder einer E-Mail vergleiche: Da im digitalen Zeitalter die Kosten für die Interaktion mit anderen gesunken sind – hat sich auch deren Wert vermindert?

Das ist eine wirklich interessante Frage. Ja, einen Brief zu schreiben erfordert so viel mehr Überlegung und Zeit und Mühe. Es gibt einen großartigen Roman darüber, nebenbei bemerkt, einen Roman, in dem es u.a. um die relativen Vorzüge des Briefeschreibens im Gegensatz zum Schreiben von E-Mails geht:

Anne Youngson: Meet me at the Museum.

*Aber damit, dass es so viel leichter ist, mit anderen zu interagieren, ist auch die Schwelle dafür gesunken, so dass heute viel *mehr* Interaktion möglich ist – und irgendwann kommt der Punkt, an dem sich die schiere Quantität und Leichtigkeit in Qualität übersetzt. Mit den niedrigeren Transaktionskosten ist der andere so viel näher gerückt; es ist so viel einfacher geworden, mit anderen Menschen in Kontakt zu bleiben und die Nähe aufrechtzuerhalten, selbst auf räumliche Distanz. Die Soziologin Stefana Broadbent hat sogar einige sehr spannende Untersuchungen dazu durchgeführt, wie diese niedrigeren Transaktionskosten es uns ermöglichen, tiefere Beziehungen mit anderen einzugehen.*

Ja, wenn wir mehr Zeit haben, können wir diese Zeit in unsere Beziehungen investieren – so wie wir die Vorteile unserer Technologie zum Positiven nutzen können. Wenn wir der “dunklen Logik” folgen, dass der derzeitige digitale Wandel die Art und Weise, wie wir nicht nur mit anderen Menschen, sondern auch mit Dingen interagieren, exponentiell verändert, dann werden intime smart Devices (Sexroboter, um ein besseres Wort zu gebrauchen) eines Tages in unserem Haushalt ebenso alltäglich sein wie der intelligente Kühlschrank, der Echo Dot oder das Sexspielzeug in unserer obersten Schublade. Sexspielzeug ist allein in den USA eine 28-Milliarden-Dollar-Industrie, und 65% der Frauen dort besitzen ein solches Sexspielzeug.[1]

Wie sind Sie gerade vom digitalen Wandel auf Sexroboter gekommen??

Wenn Messaging-Apps, Emoticons und Akronyme unsere persönlichen Interaktionen beschleunigt und herabgewürdigt haben, passiert bald dasselbe mit unseren engen persönlichen Beziehungen?

Nein, nein, nein, haben sie nicht - siehe Stefana Broadbent!

Nun, der einfache und in vielen Fällen kostenlose Zugang zu Pornografie im Netz könnte der Vorläufer von VR-Pornografie und Sexrobotern sein. Wie lange dauert es, bis Sexspielzeuge mit KI und Gamification Software ausgestattet sind? Werden sie lernfähig sein und sich an unsere individuellen persönlichen Bedürfnisse anpassen? Wie wirkt sich das aus, wenn wir bei den Kosten für die wichtigste aller Transaktionen sparen – für die Interaktion mit anderen Menschen?

Ich glaube zwar nicht, dass niedrigere Transaktionskosten zwangsläufig unsere Intimität

1 statista.com/statistics/587109/size-of-the-global-sex-toy-market

mit anderen Menschen geschmälert haben, aber ich denke, dass Sie Recht haben, was diese Sexspielzeuge angeht. Das ist schon beängstigend!

Eine Rückkehr aus dem „Uncanny Valley“?

Die Uncanny-Valley-Hypothese befasst sich mit der Beziehung zwischen dem Grad der Ähnlichkeit eines Objekts mit einem Menschen und unserer emotionalen Reaktion darauf. Der Begriff wurde vom japanischen Robotiker Masahiro Mori in einer 1970 erschienenen Arbeit über menschliche Reaktionen auf lebensechte Roboter geprägt.[2] Die Hypothese besagt, dass Roboter, die tatsächlichen Menschen nur unvollkommen ähneln, bei Beobachtern seltsam vertraute (unheimliche) Gefühle hervorrufen. Dabei bezeichnet das „Tal“ eine Abnahme der Affinität des menschlichen Beobachters zu der Nachbildung, während die Affinität üblicherweise mit der Ähnlichkeit der Nachbildung zum Menschen gerade zunimmt. Es kann jedoch sein, dass wir dieses Tal bereits verlassen, ohne uns dessen bewusst zu sein. Roboter müssen nicht unbedingt so aussehen wie wir.

Das stimmt. Erinnern Sie sich noch an die Tamagotchis?

2 web.ics.purdue.edu/~drkelly/MoriTheUncannyValley1970.pdf

Wir sind von der einseitigen Interaktion mit tragbaren Computerspielen zur künstlichen Intelligenz von persönlichen digitalen Assistenten übergegangen – aber unsere Liebesbeziehung zu den Tamagotchis von gestern übertragen wir wahrscheinlich auf diese neue Generation. Wenn wir an Alexa oder Siri denken, dann erleben wir gerade, wie persönliche Assistenten zu persönlichen Gefährten oder sogar Freunden werden. Wir hängen sehr an ihnen, auch ohne, dass sie eine körperliche Form haben. Wenn Sie sich als Teenager niemals in einen Brieffreund oder die Stimme der U-Bahn-Sprecherin verliebt haben, dann beschreibt der Film „Her" dieses Paradox recht gut, bezogen auf uns Erwachsene.

Tatsächlich spielen Kunst und Populärkultur eine große Rolle in unserer anthropomorphen Liebesbeziehung zu einer Vielzahl von Kreaturen, von gelben Minions, über Tiere, animierte Lego-Figuren bis hin zu Robotern. Vermutlich sind wir uns alle darüber einig, dass wir in dem Film über den einsamen Müllroboter große Zuneigung für *Wall-E* und seine Freundin Eve empfunden haben. Wie viele von uns haben um den kleinen Roboterjungen in *A.I.* geweint? Wie viele haben über die Hochzeit von Andrew und Portia in *Bicentennial Man* gejubelt und haben geweint, als sie gestorben sind?

Machines Like Me, A.I. Rising und Ghost in the Shell

erkunden, wie es wäre, wenn Roboter unsere Freunde oder sogar Partner wären.

Die Serien *Westworld* und *Humans* haben uns die vielen möglichen Szenarien der Intimität zwischen Menschen und Robotern vor Augen geführt – nicht nur Sexualität, sondern die Idee von Freundschaft, Liebe und Opferbereitschaft. Möglich wird das dadurch, dass sie so sind wie wir sind – dass sie über Empfindungsvermögen verfügen. Wenn Roboter einmal Gefühle und Rechte haben, wie werden dann unsere Beziehungen zueinander aussehen – werden wir einander nähergekommen sein oder uns weiter voneinander entfernt haben?

Auch das ist eine interessante Frage. Zugleich geht sie genau genommen von dem Gegenteil des Szenarios aus, über das wir vorhin gesprochen haben – das Szenario einer Kultur der Dekonstruktion. Dort ging es um Roboter, die sich zunehmend an unsere Bedürfnisse anpassen – hier geht es um Roboter, die sich zu einer eigenen Spezies entwickeln. Und wer weiß, vielleicht wird beides Wirklichkeit.

Künstliche Intelligenz und Intimität

Die Disruption, über die wir vorhin gesprochen haben, hat das Potenzial für positive und negative Entwicklungen – der persönliche Assistent von gestern wird zum Sexroboter von heute und wird zum Terminator der Roboter-Rechte von morgen. Wie sind wir so weit gekommen, dass uns der Gedanke an künstliche Intimität so anziehend erscheint, während unsere Erwartungen an andere und unsere Kontakte untereinander immer mehr den Bach hinuntergehen? Um Stress zu vermeiden, haben wir uns daran gewöhnt, uns per E-Mail und SMS voneinander zu distanzieren, und wir verwenden immer mehr Emoticons und Akronyme anstelle von Wörtern.

Wir verbringen immer mehr Zeit damit, aus sicherer Entfernung per Telefon miteinander zu sprechen. Wir haben damit angefangen, Gespräche mit Alexa und Siri und Google Assistent über Rezepte und Musik zu führen; und es fällt uns leicht, diese Gespräche um Witze, Musik und die Bitte um Rat zu erweitern.

Anstatt allein zu sein oder uns mit den Schwächen eines anderen Menschen auseinanderzusetzen, geben wir uns lieber mit einem Dialog mit einer Maschine zufrieden, die uns glauben macht, dass sie uns versteht. Wie in vielen Bereichen unseres Lebens tauschen wir die harte Arbeit, die mit Authentizität und Einfühlungsvermögen verbunden ist, gegen Bequemlichkeit ein – und entscheiden uns letztlich dafür, allein zu sein.

Ja, das ist wohl eine andere Art, in einer digitalen Blase (siehe Facebook) zu leben, in der wir uns ständig mit Menschen umgeben, die ähnlich denken wie wir. Das ist schon beängstigend, wenn man bedenkt, dass die Entwicklung eines Ich die Interaktion mit einem Du erfordert - zumindest besagen das viele Theorien der Identitätsentwicklung. Was wird mit uns, mit unserer Persönlichkeit geschehen, wenn wir all die Du's immer mehr auf sicheren Abstand halten, anstatt uns mit immer mehr Versionen unseres Ichs zu umgeben – hört das Ich dann irgendwann ganz auf zu existieren?

Wir sind durchaus in der Lage, Zuneigung für unsere Haustiere, Teddybären, unsere Computer und unsere virtuellen Online-Freunde zu empfinden – und man könnte argumentieren, dass dies alles Erweiterungen von unseren anderen "Ichs" sind.

*Moment, Moment – ein Haustier ist ein Tier, ist ein Lebewesen, das sich nicht einfach an uns anpasst oder in sicherer Entfernung halten lässt. Wie auch jeder weiß, der schon einmal mitten in der Nacht von seiner Katze miauend aus dem Schlaf gerissen wurde, weil sie *jetzt* ein anderes Futter braucht. Dieser Vergleich passt also nicht wirklich!*

Der Vergleich mit einem Lebewesen ist wahrscheinlich nicht so gelungen, da haben Sie Recht. Im Laufe unseres Lebens entwickeln wir jedoch Zuneigung zu Dingen - Spielzeug, Autos, Bücher, Tablets ... Wenn wir erst einmal begriffen haben, wie einfach es ist, sich den eigenen Laptop oder das eigene Smartphone als mitfühlenden Freund vorzustellen, wie weit hergeholt ist es dann, sich vorzustellen, dass wir zärtliche Gefühle für einen Roboter hegen, der darauf programmiert ist, mit uns so zu interagieren, wie es unser Herz begehrt?

Im Ernst? Mein Laptop und mein Smartphone sind in der Tat wichtig für mich, weil ich dort Informationen speichere, die für mich wichtig sind – aber ein Freund? Ok, stimmt, ich ertappe mich gerade dabei, wie ich mich bei meinem Laptop entschuldige...

Nur ein weiteres Gerät oder ein Gerät fürs Leben?

Wenn Kinder geboren werden, entwickeln sie eine Bindung an eine primäre Bezugsperson. Das Ziel dieser Bindung ist Sicherheit. Bis wir das Jugendalter erreichen, haben wir gelernt, dass uns ganz unterschiedliche Dinge Sicherheit geben können, etwa Essen, Sport und Freundschaft. Gefühlsmäßige Sicherheit kann auf verschiedene Weise erreicht werden, oft auch ohne, dass die Bezugsperson körperlich anwesend ist.

Elf zentrale Attribute bestimmen, warum wir uns zu jemandem hingezogen fühlen und uns in ihn verlieben – und uns als Erwachsene an einen langfristigen Partner binden[3] (Aron, et al. 1989).

Einige dieser Eigenschaften, etwa Zeit miteinander zu verbringen, uns auf das Zusammensein zu freuen, das körperliche Erscheinungsbild, das Gemeinschaftsgefühl, dass jemand auch verfügbar ist – wir würden uns schwer tun zu bestreiten, dass diese Attribute auch auf unseren Laptop oder unser Smartphone zutreffen könnten.

Gemeinsamkeitsgefühl? Mein Laptop und mein Smartphone sind Werkzeuge, und ich freue mich darauf, Zeit mit ihnen zu verbringen, - und zwar wegen der Dinge, die ich mit ihnen tun kann - z.B. Texte schreiben und Emoticons an meinen liebsten Menschen zu verschicken – und ich möchte betonen, dass das keineswegs Oberflächlichkeiten sind ;-). Sie helfen mir also dabei, mit einer anderen Person zu interagieren, Zeit mit ihr zu verbringen und ein Gemeinschaftsgefühl mit ihr zu erleben - aber nicht mit dem Gerät!

Nun, Zuneigung bedeutet auch, mit Verlust umzugehen – immer ein wichtiger Punkt, wenn es

3 psychologytoday.com/us/blog/the-mysteries-love/201701/the-11-reasons-we-fall-in-love

um Liebe geht, denn wir alle wissen, wie weh eine Trennung tun kann. Welche Gefühle hegen Sie für Ihr Smartphone? Spüren Sie Zuneigung? Wie würden Sie sich fühlen, wenn Sie es verlieren würden? Unsere Abhängigkeit von anderen Menschen oder von Dingen kann viele Ängste erzeugen.

Ich stimme Ihnen völlig zu, dass Abhängigkeit ein schwieriges Thema ist. Aber nochmals: Ja, es würde mir nahegehen, wenn ich mein Smartphone verlieren würde – aber nicht, weil ich Zuneigung für das Gerät verspüre, sondern wegen der Informationen, die ich auf diesem Gerät gespeichert habe. Ich würde nicht wollen, dass irgendjemand anders Zugang dazu hat, genauso wenig wie ich möchte, dass ein Fremder in meine Wohnung kommt und alle meine persönlichen Papiere und Dokumente und Liebesbriefe aus den Schubladen holt und liest. Es geht nicht um das Gerät, nicht um die Hardware – zumindest für mich ist das so.

Forscher haben festgestellt, dass Liebesgefühlen häufig eine Reziprozität der erlebten Emotionen vorausgeht – also genau das, was wir in den Social-Media-Blasen erleben, in denen wir leben, oder was passiert, wenn wir in einen Spiegel schauen. Oder was passiert, wenn wir in einer Blase leben?

Eine Gesellschaft, deren Mitglieder in sich selbst verliebt sind ...

Bei Technologie geht es um Inklusion, richtig?

Die Zuneigung, die wir für unser Smartphone empfinden, könnte der Vorläufer dafür sein, dass wir unsere Abende mit einem Androiden verbringen - das mag wie Science-Fiction klingen. Aber die Möglichkeit besteht, und ihre Wahrscheinlichkeit steigt oder sinkt in dem Maß, wie sich unsere Einstellung zu Sexualität und Intimität im Allgemeinen verändert.

Dass unsere Einstellung zu Sexualität und Intimität grundsätzlich Veränderungen unterworfen ist, hat sich in anderen Bereichen gezeigt, z.B. an der zunehmenden Akzeptanz von gleichgeschlechtlichen Paaren und Transgender-Personen. Warum sollte unsere Einstellung sich also hinsichtlich der Akzeptanz von Intimität in anderen Bereichen nicht ändern? Die Wahrscheinlichkeit, dass wir intime Beziehungen zu einer Maschine eingehen, hängt eben auch mit unserer Einstellung zu Intimität im Allgemeinen zusammen. Unsere Akzeptanz der sexuellen Präferenzen anderer hat sich in den letzten zehn Jahren dramatisch verändert – warum also nicht auch gegenüber Sex mit einer Maschine?

Eine Gallup-Umfrage aus dem Jahr 2013 hat gezeigt, dass sich die Ansichten über alles, von Polygamie bis zur gleichgeschlechtlichen Ehe, von 55%, die solche

Aktivitäten für moralisch falsch halten, zu 55%, die sie für akzeptabel halten, verschoben haben.[4]

Eine Online-Umfrage von Pollmaker aus dem Jahr 2016 ergab, dass von 4600 Teilnehmern 26% keinen Sex mit einem Roboter haben würden, 11% ein Sexspielzeug bereits für einen Roboter halten, und 63% Sex mit einem Roboter haben würden.

Da würde ich gerne mehr über die Studie erfahren, z.B. wie repräsentativ ihre Stichprobe war. War es eine Online-Umfrage? Sie sind notorisch nicht repräsentativ.

Das heißt: 63% derer, die auf Pollmaker geantwortet haben, könnten sich das vorstellen, aber nicht unbedingt 63% der amerikanischen Bevölkerung. Ich wäre wirklich vorsichtig, wenn es um Schlussfolgerungen aus solchen Umfragen geht.

Verschiedene Umfragen ergeben hier unterschiedliche Prozentsätze – einmal beträgt der Prozentsatz derer, die sich das vorstellen können, 40% ein andermal 9%.

Es ist durchaus möglich, dass ein ähnlicher Prozentsatz von Erwachsenen, die die Anonymität eines Sexspielzeugs akzeptabel finden, auch ein Sexspielzeug akzeptabel finden, das zufällig Arme und Beine hat. Einige Erwachsene (10%) würden

4 news.gallup.com/poll/162689/record-high-say-gay-lesbian-relations-morally.aspx

auch ein Roboterkind adoptieren.

Der digitale Wandel bietet uns neue und positive Möglichkeiten und Konzepte nicht nur für Wirtschaft und Gesellschaft, sondern auch in den Bereichen Technologie, Bildung und Medizin: Beispielsweise Elektroautos, Lieferung per Drohne statt per Auto, Fernunterricht, MOOCs, Ausbildung in virtueller Chirurgie und DNA-Forschung. Hier bietet sich die Chance, einige unserer größten Probleme wie Klimawandel, Krankheiten und die Verbesserung der Lebensqualität in Städten mit hoher Bevölkerungsdichte anzugehen.

Angesichts einer wachsenden und alternden Bevölkerung muss die Technologie unsere sexuelle Gesundheit in der gleichen Weise unterstützen, wie sie auch unsere körperliche und geistige Gesundheitsversorgung unterstützen soll.

Tut sie das? Und was ist mit anderen Aspekten unserer Gesundheit, wie etwa unserer spirituellen Gesundheit?

Nun, die Zuneigung zu einer Maschine hat in den 1950er Jahren in den USA in vielen Städten dazu geführt, dass sog. „drive-in“ Kirchen entstanden sind. Unsere Liebesbeziehung zum Auto hat zur Einführung von voice-activated Befehlen und Reaktionen in unseren heutigen High-End

Fahrzeugen beigetragen. Und, nicht zu vergessen, zur Entwicklung von KIT und David.

Bordelle mit Sexrobotern eröffnen vielleicht die Möglichkeit, Menschenhandel und Prostitution sowie den diesem System innewohnenden Missbrauch zu beenden. Und es heißt auch, dass KI-Geräte sich möglicherweise bei der Behandlung von Vergewaltigern und Pädophilen einsetzen lassen.

*Moment mal – das sind ungeheuer wichtige Fragen, und meiner Ansicht nach sollten wir über die Implikationen noch etwas genauer nachdenken. Wenn Roboter Gefühle entwickeln könnten – welche Vorteile hätten dann Bordelle mit Sexrobotern gegenüber denen, die bereits existieren? Und ja, wenn ich an Sexarbeiterinnen denke, denke ich auch in erster Linie an Menschenhandel und dergleichen. Aber was ist mit Sexarbeiterinnen, die ihren Beruf bewusst wählen? Ich weiß es nicht – ich weiß nicht wirklich genug darüber – ich denke nur, dass wir *wirklich* vorsichtig sein müssen, hier keine Vermutungen anzustellen und voreilige Schlüsse zu ziehen. Das ist für meinen Geschmack etwas voreilig.*

Und KI-Geräte bei der Behandlung von Vergewaltigern und Pädophilen? Das klingt so, als sollten sie ihre Phantasien ausleben, wo sie keinen Schaden anrichten, wo sie andere Menschen nicht beeinträchtigen. Noch einmal: Was wäre, wenn

Roboter Gefühle entwickeln...? Aber abgesehen davon: Würde das nicht bedeuten, diese Phantasien und Triebe zu dulden? Und wie wir aus der neurologischen Forschung wissen: Neuronen, die miteinander feuern, sind auch zunehmend miteinander vernetzt. Wenn wir solche Geräte zur ´Behandlung´ einsetzen würden, würden wir dann nicht diese Phantasien und Triebe den Gehirnen dieser Menschen umso stärker einprägen? Und was passiert, wenn gerade keine Maschinen zur Hand ist...???

Dies ist sicherlich ein gutes Thema für ein ganzes Kapitel – aber ich wollte es ansprechen, um alle möglichen Disruptionen zu benennen, die diese Technologie für uns mit sich bringen kann. Wenn wir an Sexroboter denken, denken wir wahrscheinlich an durchschnittliche Menschen, die ein Bordell besuchen oder eine Sex puppe kaufen.

Menschen mit körperlichen und psychischen Behinderungen haben jedoch ganz anderen Unterstützungsbedarf, wenn es darum geht, ihrer Sexualität Ausdruck zu verleihen. Ein neues Forschungsprojekt am RMIT untersucht zum Beispiel das Design von maßgeschneidertem, inklusivem Sexspielzeug für Behinderte und ältere Menschen.[5]

Das ist sehr interessant, dass darüber geforscht wird – und gleichzeitig sehr traurig. Meiner Meinung nach

5 urevolution.com/sex-toys-for-disabled-people-new

hat jeder Mensch das Recht, seine Sexualität zum Ausdruck zu bringen, solange dies keine negativen Auswirkungen für andere hat. Und haben wir nicht alle "unterschiedlichen Unterstützungsbedarf", wenn es um Sexualität im Allgemeinen geht? Einem behinderten Menschen ein Sexspielzeug zu geben, kommt mir vor, als ob man jemandem mit Demenz einen Roboterhund als Haustier geben würde. Sie werden den Unterschied nicht merken – das scheint der zugrunde liegende Gedanke zu sein. Wie wäre es, wenn wir sicherstellen würden, dass jeder in unserer Gesellschaft andere Menschen hat, mit denen er sich in Bezug auf seine Bedürfnisse identifizieren kann?

Und darin Zeit, Geld und Mühe investieren, anstatt inklusives Sexspielzeug zu entwickeln? Denken Sie nur mal an das Geld, das in die Krankenpflege und in die angemessene Bezahlung von Krankenschwestern und –pflegern investiert werden könnte. Und um auf die Frage des Ausdrucks von Sexualität zurückzukommen: Es gibt Menschen, die als sex surrogates arbeiten – wie wäre es, sie und ihre Ausbildung finanziell zu unterstützen?

Maschinen wie wir

In den 1960er Jahren baute das MIT eine Computer-Psychotherapeutin namens "Eliza". Wie ein Klient beim Psychotherapeuten saß man vor einem

Computerbildschirm und tippte ein, was einen bedrückte. Der Computer wiederholte im Grunde genommen das Eingetippte und gab es in Form einer Frage zurück. Die Leute wussten, dass der Computer nicht verstand, was jemand eingetippt hat. Aber viele Untersuchungen haben gezeigt, dass die Leute schnell ganz in das ‚Gespräch' vertieft waren. Sie saßen stundenlang da und erzählten der Maschine unglaublich intime Details aus ihrem Leben. "Eliza" hat gezeigt, dass Menschen sich dann sicher fühlen, wenn sie sich selbst widergespiegelt sehen.[6]

Und was sagt uns das? Wie viel Angst die Menschen davor haben, beurteilt zu werden, und wie wichtig es für sie ist, sich sicher zu fühlen, wenn sie persönliche Informationen preisgeben. Vielleicht sollten wir uns mehr darum bemühen, eine Gesellschaft zu schaffen, in der es den Menschen leichter fällt, sich sicher zu fühlen – anstatt uns ständig darüber Sorgen zu machen, dass die Technologie eine Gesellschaft egozentrischer Individuen erzeugt. Wie ichvorhin schon gesagt habe: Es geht weniger um die Technologie als darum, was wir mit ihr machen, wie wir sie nutzen.

Ein zunehmender Trend in Fitness-Studios besteht darin, zusammen mit anderen zu trainieren und dabei trotzdem allein zu sein – die Teilnehmer loggen sich in Computersysteme ein, die ihre Daten

6 youtube.com/watch?v=84QouA9Sm4E

aufzeichnen, trainieren aber in Räumen mit anderen Menschen. Wir tauschen Bilder von unseren Erfahrungen per Telefon aus, mit Filter geschönt. Mein Sohn spielt Fortnite mit seinen Freunden, aber das Xbox-System zwingt einen dazu, getrennt zu spielen, da jeder von ihnen eine Konsole benötigt – also spielen sie zusammen – allein.

Wir können Lebensmittel einkaufen, lernen, uns unterhalten lassen, mit Freunden kommunizieren und sogar arbeiten – ohne dabei jemals unser Haus zu verlassen.

Der Film *Surrogates* aus dem Jahr 2009 zeigt eine Zukunft, in der Menschen zuhause bleiben, während sie mit einem Surrogat -Selbst verbunden sind – einem Roboter, der durch die Straßen läuft, zur Arbeit geht, sich verliebt – und er zeigt, was passiert, als ein Mann beschließt, sein Surrogat zu Hause zu lassen. Wir leben zu einer Zeit in der Geschichte des Menschen, wo wir stärker miteinander verbunden sind als jemals zuvor – doch wir verbringen die meiste diese Zeit, in der wir mit anderen verbunden sind, physisch allein – oder schlimmer noch – mit der Familie in einem Raum sitzend, und jeder schaut auf sein eigenes Telefon und nutzt dabei je andere Medien. Entscheiden wir uns dafür, allein verbunden zu sein, oder sind wir zu unfreiwilligen Teilnehmern geworden?

Die Menschen sind im Durchschnitt vierundzwanzig Stunden pro Woche online, doppelt so lange wie vor zehn Jahren, wobei jeder fünfte Erwachsene bis zu vierzig Stunden pro Woche im Internet verbringt. Verbringen wir vierundzwanzig Stunden pro Woche mit unseren engsten Freunden oder der erweiterten Familie?

In seinem Buch *Bowling Alone* erläutert der Harvard-Professor Robert D. Putnam, dass die Technologie *vermittels Fernsehens und Internet die Freizeit der Menschen „individualisiert"* und dass die virtuelle Realität diesen Trend künftig noch weiter fortsetzen könnte.

Soziale Medien, *Co-Working*, *Tribes*, Networking, Brand Identity, Community, Chat –diese Begriffe wiegen uns in dem Glauben, dass wir durch Technik automatisch mit anderen vernetzt und verbunden sind.

Stimmt, da haben Sie recht – das ist wirklich wichtig, dass man sich darüber im Klaren ist.

Die Realität sieht jedoch so aus, dass wir Technik meist allein nutzen. Wenn wir diesen Weg für eine weitere Generation beschreiten, werden wir ein Sexspielzeug, das Arme, Beine und eine Silikonhaut hat, deren Temperatur sich automatisch unseren Präferenzen oder dem Wetter anpasst, kaum noch merkwürdig finden.

Ich muss zugeben, dass ich bei diesem Thema – digitale Sexspielzeuge und Roboter – anfangs etwas skeptisch war: Ist das nicht ein bisschen zu klischeehaft? Gibt es nicht wichtigere Aspekte des digitalen Wandels? Jetzt bin ich mir nicht mehr so sicher. Klischeehaft sind diese Themen schon, aber sie berühren so viele verschiedene Facetten des Themas. Und sie machen die sozialen Auswirkungen der Technologie sichtbar. Auf jeden Fall bin ich froh, dass ich nicht allein darüber nachdenken musste, sondern dass wir uns miteinander ausgetauscht haben! Haben wir das getan? Schaue ich Sie aus dem Spiegel an, oder bin ich "ein Anderer" – und Wer?

Die Vorstellung, dass man einem Roboter gegenüber Gefühlen entwickeln könnte, und dass sie diese Gefühle möglicherweise erwidern, mag auf den ersten Blick etwas unheimlich erscheinen. Aber wenn das Verhalten dieses Roboters völlig mit Zuneigung für einen übereinstimmt, warum sollte man dann daran zweifeln? Das “Uncanny Valley” der wechselseitigen Zuneigung von Menschen/Roboter könnte tatsächlich jener strahlende und aufregende Ort sein, zu dem wir uns unversehens aufgemacht haben, um die Technologie mit offenen Armen zu empfangen, die uns wie ein Liebhaber bereits in ihrer Umarmung gefangen hält.

Wenn wir durch die Digitaltechnik noch isolierter werden - wie viel leichter wird es uns dann fallen, eine Maschine zu lieben, die nach unserem Ebenbild geschaffen ist?

Die fundamentalste Auswirkung der Informationstechnologie besteht darin, dass sie unsere Fähigkeit zur Abwicklung von Transaktionen radikal verändert.

warrenlainenaida.net/2019-08-love-in-the-time-of-digital-transformation

Die digitale Wolke mit einem Silberstreif am Horizont

Was machen wir mit der wachsenden Anzahl von Menschen in ihren Fünfzigern und Sechzigern, die immer noch arbeiten wollen, möchten und können – zu einer Zeit, die traditionell als der Beginn des Ruhestands gilt? Kurz nach dem Umdenken in Kommunikation und Kultur in einer digitalen Umgebung ist noch ein zweiter Paradigmenwechsel erforderlich – eine neue Denkweise in Richtung auf die Akzeptanz und Integration älterer Arbeitnehmer.

LIFELONG LEARNING : DIGITAL NATIVES : DIGITAL IMMIGRANTS

Unsere digitale Gesellschaft entwickelt sich schneller, als die derzeitigen Infrastrukturen sich anpassen oder reagieren können. Zu den technologischen Veränderungen, mit denen wir konfrontiert sind, kommt unsere verlängerte Lebenserwartung hinzu. Ältere Berufstätige hatten es noch nie so schwer, einen Arbeitsplatz zu finden – insbesondere in Bereichen, in denen bis vor kurzem noch keine Ausbildungswege definiert waren (User Experience, UX, und User Interface, UI, sind zwei Beispiele).

Anstatt traditionelle Arbeitsmethoden einfach nur zu verbessern und zu unterstützen, bietet der digitale Wandel Lösungen, die Innovation und Kreativität ermöglichen und damit die Transformation von Unternehmen und Organisationen anstoßen. Das Ergebnis ist eine effizientere und letztlich profitablere Struktur. Wenn wir dieser Gleichung folgen, kann, was auf den ersten Blick wie Minuspunkte erscheint - eine zunehmend älter werdende Erwerbsbevölkerung und unsere verlängerte Lebenserwartung - tatsächlich zu Pluspunkten werden – ein Silberstreif am Horizont hinter dieser Wolke. Das Ergebnis kann eine innovativere und erfolgreichere Gesellschaft sein.

Eine alternde Bevölkerung

Angesichts der demographischen Trends in den Ländern der ‚ersten Welt' werden die Belegschaften in den Unternehmen in den nächsten Jahrzehnten erheblich altern. Eine wachsende ältere Bevölkerung wird viele Herausforderungen mit sich bringen.

Ich arbeite seit dreißig Jahren in Deutschland. Hier liegt die aktuelle Erwerbsbevölkerung der 25-39-Jährigen bei 15,75%, während die Erwerbsbevölkerung der 40-59-Jährigen mit 24,1% fast 10% höher liegt. [1]

Betrachtet man die Bevölkerung Deutschlands insgesamt, so ist die Spanne noch größer.
Im Jahr 2000 waren 35% der Bevölkerung über 50 Jahre alt. Heute sind es 45%.

Die Akzeptanz älterer Mitarbeiter in den Unternehmen von heute und eine Strategie für deren Integration wird es den heutigen jüngeren Mitarbeitern leichter machen, wenn sie selbst über 60 Jahre alt sind. Bis 2050 wird sich der Anteil der über 65-Jährigen an der Weltbevölkerung verdoppeln, von 8% auf 16% – während der Zahl der Minderjährigen deutlich abnehmen wird.

Digitale Eingeborene treffen auf digitale Einwanderer

Als das Internet in den 90er Jahren volljährig wurde, gab es bereits eine große Gruppe von Menschen, die in dieser "Neuen Medien"-Industrie arbeiteten. Diese Pioniere waren damals in ihren Zwanzigern und Dreißigern und sind heute die über 50-Jährigen, die

1 statista.com/statistics/454349/population-by-age-group-germany

sich nun manchmal in der Lage sehen, Arbeit in derselben Branche zu suchen, die sie mit aufgebaut haben. Ironischerweise werden Arbeitnehmer im Alter von 50+ oft an den Rand gedrängt, indem sie als "digitale Einwanderer" angesehen werden.

Wenn nur die Menschen als "Digital Natives" gelten, die mit der Technologie aufgewachsen sind, gereicht dies eben der Generation, die mit dem *Aufbau* dieser Technologie aufgewachsen ist, erheblich zum Nachteil. Die Generation, der über 50-Jährigen hat den Vorteil einer Perspektive vor der Digitalisierung, einschließlich der Fähigkeiten zum Denken und Problemlösen, die denen fehlen, die noch nie ohne digitale Werkzeuge auskommen mussten.

Ältere Mitarbeiter schlagen sich positiv auf den Saldo eines jeden Unternehmens nieder– sie sparen Zeit und Geld. Mit der Alterung der Bevölkerung wächst der Pool an erfahrenen Talenten.

Digitaler und sozialer Wandel

Die letzte industrielle Revolution hat uns die Ludditen beschert. Die Idee eines Grundeinkommens wurde diskutiert, um eine mögliche "Wut gegen die Maschine" von Seiten Arbeitsloser auszugleichen. Wir leiten einen Großteil unseres Selbstwertgefühls aus der Arbeit ab. Sind wir bereit für den

Vorruhestand oder für mehr Freizeit? Vor hundert Jahren betrug unsere Lebenserwartung fünfzig Jahre. Heute beträgt sie siebzig Jahre und weit darüber. Was machen wir mit diesen zusätzlichen Jahren, und wie werden sie finanziert?

Angesichts einer schrumpfenden jüngeren Erwerbsbevölkerung, die für eine zunehmende Bevölkerung im Ruhestand bezahlt, werden nicht nur die staatlichen Rentenkassen in den nächsten zwanzig Jahren schrumpfen, sondern die lokalen Pensionsfonds – die USA erleben dies bereits – sind ebenfalls gefährlich niedrig. Ein wachsender Prozentsatz der Steuergelder fließt in die Renten von Regierungsangestellten, was weniger Einnahmen bedeutet, um laufende Dienstleistungen wie Parks, Bibliotheken und Schulen zu unterstützen, die den jüngeren Arbeitnehmern zugutekommen.[2] Ältere Arbeitnehmer würden weiterhin in die Steuerkasse einzahlen, anstatt sie zu belasten – zumindest für ein paar weitere Jahre.

Diversität am Arbeitsplatz sollte sich nicht nur auf Männer und Frauen, Migranten und Mitarbeiter mit besonderen Bedürfnissen beziehen, sondern auch auf die Mischung von Jung und Alt.

2 reason.org/commentary/city-budgets-bend-under-growing-pension-costs-and-dwindling-revenues

Ein Gewinn für alle

Mehr Diversität am Arbeitsplatz auf der einen Seite, Kosteneinsparungen für Unternehmen und Behörden auf der anderen Seite und aus einer unerwarteten dritten Hand die sozialen, psychologischen und gesundheitlichen Vorteile, die sich aus der Weiterbeschäftigung und Einstellung älterer Arbeitnehmer ergeben.

Ein späterer Ruhestand ist in vielerlei Hinsicht vorteilhaft. Aktive Arbeitnehmer profitieren weiterhin von sozialer und intellektueller Anregung, sie lernen weiter und beteiligen sich weiterhin auf sozialer, politischer und finanzieller Ebene.

Senior-Experten oder heimliche Gewinner?

Wie können ältere Arbeitnehmer von einer Beschäftigung profitieren und positiv zu einem Unternehmen beitragen?

Kosteneffektivität – Es muss weniger Geld für Schulungen ausgegeben werden, wenn Ihre Mitarbeiter über Erfahrung verfügen, die sie im Laufe eines langen Arbeitslebens gesammelt haben – und die sie nun weitergegeben. Ältere Arbeitnehmer sind auch besser mit den jeweiligen „best practices" einer Branche und der bestehenden Technologie vertraut (und sie haben Erfahrung mit früheren Technologie- und Projekt-Iterationen).

Flexibilität – Ältere Arbeitnehmer haben normalerweise weniger Verpflichtungen gegenüber kleinen Kindern zu Hause. Sie sind im Vergleich zu jüngeren Arbeitnehmern flexibler im Hinblick auf Tätigkeitsmuster und Tätigkeitsort.

Erfahrung und Verantwortung – Ältere Arbeitnehmer sind in der Regel zuverlässiger, was den Unternehmen mehr Sicherheit in Bezug auf ihre Mitarbeiter gibt. Weil sie " dass alles schon erlebt haben", kann ihre Erfahrung sowohl Zeit als auch Geld sparen.

Vorbild / Mentoring / Führung – Die Ausbildung jüngerer Mitarbeiter kann intern durch ältere Mitarbeiter erfolgen. Ältere Arbeitnehmer sind auch offener für den Austausch von Ideen und Erfahrungen.

Bei Diversity geht es nicht nur um Hautfarbe oder Geschlecht - es geht auch um Alter, Fähigkeiten und Denkweisen.

Mit zunehmendem Alter unserer Bevölkerung wächst auch unser Reservoir an erfahrenen Talenten.

warrenlainenaida.net/2019-07-the-digital-cloud-with-a-silver-lining

SEO –

Baue sie auf und vielleicht werden sie kommen

Wenn ein Benutzer eine Suchanfrage in eine Suchmaschine wie Google eingibt, erwartet er, dass die Suche Ergebnisse (Websites) liefert, die seine Anforderungen vollständig erfüllen. Angesichts der absolut gigantischen Menge an Informationen im Web (genug Daten, um CDs zu füllen, die, wenn sie gestapelt werden, 222-mal um die Erde passen[1]), der Mehrdeutigkeiten der menschlichen Sprache, der flexiblen Standort- und Geräteverwendung und den oft kurz formulierten oder unvollständigen Suchanfragen, die Benutzer eingeben, kann es sich hier nur um Wunschdenken handeln.

SEO : CONTENT : MARKETING : SEARCH ENGINES : WEBSITES

Hinter jeder Suchanfrage können unterschiedliche Intentionen stehen, und verschiedene Benutzer können je Unterschiedliches darunter verstehen.

1 nodegraph.se/how-much-data-is-on-the-internet

Hinzu kommt, dass Menschen Content je unterschiedlich gestalten, ihre Websites oft kontraproduktiv aufbauen - und nicht zuletzt sind Suchmaschinen unter anderem blind für Absichten.

Wenn Sie Authorial Intent verstehen, dann wissen Sie, dass dieses Problem nicht nur bei den Ergebnissen von Suchmaschinenanfragen auftritt – hier zwinkern sich Print und Digital verschwörerisch zu.

Der Begriff Authorial Intent bezieht sich auf die vom Autor beabsichtigte Interpretation seines Werkes, wie sie im Werk (oder auf der Website) selbst definiert ist. Die Reader Response (bzw. in unserem Fall die User Response) ist die Interpretation des Werkes, wie sie durch die Erfahrung des Lesers mit dem Werk (oder dem Such-Bot, der es durchsucht) ohne den Einfluss der Absicht des Autors definiert ist.

Wenn Sie eine Website haben, wollen Sie wahrscheinlich, dass Sie auch gefunden werden. Vom Volumen her ist das so, als ob Sie versuchen würden, die PDF-Datei zu finden, die Sie auf einer der DVDs Ihrer Sammlung gespeichert haben, die die Erde umkreist. Bei Suchmaschinenoptimierung, SEO, geht es darum, Ihre Website so hoch wie möglich in den Ergebnislisten von Suchmaschinen zu platzieren, damit sie gefunden werden kann. Damit dies geschieht, sind zwei Dinge zu berücksichtigen: Die

Absicht des Nutzers (wonach genau sucht jemand) und die Qualität der Webseite (wie gut die Webseite die Informationen zur Verfügung stellt, nach denen jemand sucht).

Eng mit SEO verbunden sind ihre Familienmitglieder, SEM und SEA. Search Engine Marketing, SEM, bezieht sich auf alle Maßnahmen, die dazu dienen, eine Website im organischen und bezahlten Bereich von Suchmaschinen zu positionieren.

Search Engine Advertising, SEA, bezieht sich auf den Kauf von Werbeflächen, die in den natürlichen organischen Suchergebnissen oder bei Display-Partnern (wie z.B. Ihrer bevorzugten Gaming-Website) erscheinen und die pro Klick für einen Besucher Ihrer Website bezahlt werden.

Wie funktionieren Suchmaschinen?

Wenn Sie Zeit darauf verwenden, Ihre Website für Suchmaschinen zu optimieren, dann ist es hilfreich, wenn man versteht, wie sie genau funktionieren. Suchmaschinen haben vier Basisfunktionen:

- Das Internet zu Durchsuchen ("Crawling')
- einen Index zu Erstellen
- Relevanz und Rankings der Seiten zu Berechnen

- und eine Liste der Ergebnisse zu Erstellen.

Die Arbeit der Suchmaschinen wird dadurch erschwert, dass sie blind sind (sie können das tolle Design Ihrer Webseite nicht sehen, und es ist ihnen egal, wie viel Mühe Sie in die Entscheidung über Ihr Corporate Design einschließlich der passenden Farben investiert haben), und sie müssen den Inhalt Ihrer Website interpretieren - so wie ein Leser die Bedeutung des Gelesenen interpretieren muss.

Suchmaschinen können Webseiten nicht automatisch daraufhin prüfen, wie hochwertig oder bemerkenswert sie sind, und sie können auch nicht all die tollen Inhalte entdecken und sichtbar machen, die im Web verfügbar sind. Das können nur Menschen. Derzeit zumindest.

Wie kann ich Suchmaschinen dabei helfen, meine Website zu finden?

Wenn ein Nutzer eine Suchanfrage eingibt, sucht die Suchmaschine innerhalb von Mikrosekunden nach Websites und Inhalten, von denen sie glaubt, dass sie das sein könnten, was der Nutzer sehen will. Erinnern Sie sich noch einmal an diese beiden wesentlichen Aspekte: Intention des Nutzers (wonach sucht er) und Qualität der Webseite (wie schnell Ihre Website diesen Inhalt zur Verfügung stellt).

Die folgenden Faktoren können eine Suchmaschine dabei unterstützen, IHRE Website in die Ergebnisliste aufzunehmen:

Relevanz: Inwieweit entspricht der Inhalt Ihrer Seite der Absicht des Nutzers, der die Suchanfrage gestellt hat?

Kompetenz: ist Ihre Seite oder Domain eine beliebte Quelle? Sind Sie eine valide Informationsquelle?

Umfang und Nützlichkeit: Erkennt Ihre Seite die Absicht des Nutzers?

Darstellung: Ist Ihre Website professionell, organisiert und gründlich?

Markt: Ist Ihre Website für die spezifische Region der Suchanfrage des Nutzers relevant?

Sprache: Wie gut ist der Bezug Ihrer Website zu dem Markt und der Suchanfrage?

Standort: Inwieweit entspricht Ihre Website den Anforderungen des Nutzers an den Standort oder seiner Suche?

Aktualität: Ähnlich wie die Relevanz – bietet Ihre Website aktuelle Inhalte?

Das sind viele Worte. Können wir jetzt ein paar Zahlen sehen? *

65% aller Suchanfragen im Internet laufen über Google. Vier Milliarden Google-Suchanfragen werden im Durchschnitt jeden Monat durchgeführt.
Eine von fünf Suchanfragen bezieht sich auf lokale Informationen (sehr wichtig für Ihre Website/ Besucher auf Mobilgeräten).

Auf Position 1 in den Suchergebnissen entfallen 42% der Klicks.
Auf Position 2 entfallen etwa 12%.
Auf Position 3 entfallen etwa 8%.
Auf Position 4 entfallen etwa 6% und auf alle weiteren weniger als 5% aller Klicks.

Auf die ersten zehn Ergebnisse in der Suchliste entfallen 90% der Klicks.
Auf die nächsten zehn (Seite 2) entfallen etwa 4%.
Auf Seite 3 entfallen etwa 2% und Seite 4 etwa 1%.
Auf Seite 5 und weitere Seiten entfallen weniger als 1% des gesamten Suchverkehrs.

* Zahlen aus 2019, aber Google liegt unter den Suchmaschinen noch immer weit vorn

Sie haben sich das alles ausgedacht, oder? Was schlägt Google vor?

- Erstellen Sie Ihre Seiten und Ihre Website für MENSCHEN, für IHRE Zielgruppe. Erstellen Sie Ihre Websites nicht für Suchmaschinen.
- Enttäuschen Sie Ihre Nutzer nicht. Versuchen Sie nicht, Suchmaschinen mit gefälschten oder irreführenden Inhalten oder Websites zu täuschen.
- Strukturieren Sie die Inhalte Ihrer Website klar (unter Verwendung einer Hierarchie) und mit Textlinks.
- Jede Seite sollte mit einem Klick über einen Text link erreichbar sein.
- Erstellen Sie eine nützliche, informative, relevante Website.
- Stellen Sie Inhalte zur Verfügung, die klar und prägnant sind.
- Stellen Sie sicher, dass Ihre Website klar und einfach programmiert ist.

Und noch etwas – vergessen Sie den Kontext nicht

Zum Erfolgsgeheimnis für das Verstehen einer Suchanfrage und das richtige Ergebnis trägt neben dem User Absicht und der Qualität Ihrer Seiten auch der Kontext wesentlich bei. Eine aussagekräftige Analyse des User Kontext erfordert es nicht nur, die Ziele des Nutzers zu verstehen, sondern auch sein Verhalten: Was macht er gerade (Essen besorgen? Auto fahren? Ist er in einer Besprechung?), wie fühlt er sich (schlechter Tag? toller Tag? Job verloren? verliebt?), und wozu ist er in der Lage, während er die Suchanfrage stellt (mobil? eine Hand? zwei?) - und es stellt sich die Frage, ob seine Internetverbindung gut funktioniert oder nicht....

Ob die Menschen Ihre Inhalte sehen und darauf reagieren, hängt wesentlich davon ab, ob Sie ihre Ziele und Ihr Verhalten verstehen, und ebenso sehr davon, ob Sie ihnen Ihre Website zugänglich machen – unabhängig davon, ob die Menschen auf ihrem Telefon im Auto oder an ihrem Schreibtisch im Büro suchen.

Wenn der durchschnittliche Besucher 137 Sekunden auf Ihrer Website verbringt, ist es nicht nur eine nette Geste, ansprechende, relevante und konsistente Website-Inhalte zu liefern – es ist eine Notwendigkeit.

SEO ist zur Hälfte Psychologie, zur Hälfte Marketing.

Bei der semantischen Suche geht es darum, nach gelben Fitness-Schuhen zu suchen und auch blaue zu finden. Bei der kontextbezogenen Suche geht es darum, nach Fitness-Schuhen zu suchen und auch Fitness-Snacks zu finden.

warrenlainenaida.net/2019-06-seo-build-it-and-they-might-come

Online-Shopping - Bestellen und liefern lassen

Produktplatzierung mittels VR und AR. Filterlogik der KI-Produktsuche. Social Media Shopping-Feed zum Einkaufskorb. KI-Shopping-Personalisierung. Drohne-Auslieferung. Abonnement-Handel. Voice-Handel. Wenn Sie der Ansicht sind, wir hätten den Zenit unserer Konsumkultur erreicht, dann sollten Sie sich anschnallen. Dieselben technologischen Fortschritte, die uns Facebook ‚pokes' beschert haben, statt uns ein Auto für vier Cent zu schenken, dass zeitlebens nur eine einzige Tankfüllung braucht, ermöglichen es uns auch, einzukaufen, fast ohne nachzudenken. Wenn man bedenkt, wie die meisten von uns tatsächlich einkaufen, ist das ein ziemlich beängstigender Gedanke.

DIGITAL CULTURE : ECOMMERCE : ONLINE SHOPPING : UX

Wann sind Sie das letzte Mal aus dem Einkaufszentrum zurückgekommen oder haben in die von DHL gelieferten Kartons geschaut und gedacht: “Warum habe ich das gekauft?” Das könnte erklären, warum 12%[1] jedes Online-Einkaufs (in Deutschland) zurückgeschickt werden.

Wenn Sie wie ich sind, haben Sie kürzlich online eingekauft. Wenn ich ”kürzlich” sage, meine ich natürlich in den letzten achtundvierzig Stunden. Man muss nur etwa zehn Jahre zurückblicken, um über den ”Trend” des Online-Shopping zu lesen und davon, wie immer mehr Menschenangefangen haben, ihre Bankgeschäfte online zu erledigen.

Ich weiß noch, wie ich mir sagte, ich würde “niemals” online ein Konto eröffnen – weil mir das zu unsicher erschien. Ich weiß auch noch, wie mir ein Freund 1999 Geld direkt auf mein Konto überwies, um einen Fernseher zu bezahlen. Er *überwies tatsächlich innerhalb von Sekunden Geld auf mein Bankkonto*, und zwar mit seinem Desktop-PC. Es war, als würde er mir zum ersten Mal Feuer zeigen.

Jetzt gehen wir natürlich so locker mit dem Online-Handel um, dass wir über unsere Mobiltelefone Bankgeschäfte erledigen, einkaufen, Ferien buchen und sogar mit Aktien handeln. Während wir im Zug sitzen. Kaffee trinken ... und Bilder davon auf Instagram veröffentlichen.

1 ecommercenews.eu/12-of-online-purchases-in-germany-get-returned

Wie viel von dem, was gerade geschieht, ist eine Weiterentwicklung der digitalen Technologie, und wie viel ist der nächste Schritt im Kapitalismus?

Große Erfindungen und Entdeckungen, wie die Entdeckung des Feuers und der Elektrizität oder in diesem Fall des Internets, haben große Auswirkungen auf uns gehabt. So sehr, dass es scheint, dass wir ohne sie nicht mehr leben können – was im Falle von Feuer und Elektrizität wahrscheinlich stimmt. Wir sind jetzt an dem Punkt angelangt, an dem wir die digitale Technologie für unsere Arbeit, unsere Unterhaltung und unsere Konsumgewohnheiten als selbstverständlich ansehen. In Bezug auf Online-Shopping und Online-Handel steigen unsere Erwartungen stetig.

Mit den steigenden Erwartungen steigen auch die Anforderungen an Geschäfte und Dienstleistungen, nicht nur das Niveau ihrer Konkurrenten zu erreichen, sondern die Messlatte noch höher zu legen und etwas Besseres und Anderes anzubieten, um uns mit ihren Angeboten anzulocken zu überzeugen und unsere Aufmerksamkeit zu sichern.

Ein paar Kernpunkte

Unsere derzeitige digitale Einkaufskultur wirft viele Fragen auf, wie zum Beispiel:

- Werden wir zu unserem Nachteil abgelenkt?
- Wie wird sich unser digitaler Konsum auf die Arbeitsplätze von Ladenbesitzern, Bankkassierern, Verkäufern usw. auswirken?
- Was machen wir mit all diesem Zeug (einschließlich Verpackung)? und
- wie viele Ressourcen (Menschen, natürliche und künstliche) sind nötig, um uns mit Online-Shopping zu versorgen?

Hier ein paar Kernpunkte zum Nachdenken:

Jedes Mal, wenn Sie eine andere Tätigkeit unterbrechen, um auf Ihr Handy zu schauen, sich von etwas entfernen, um Ihr Telefon zu überprüfen, dauert es im Durchschnitt 1.395 Sekunden, bis Sie sich wieder auf die Tätigkeit konzentrieren können, die Sie gerade ausgeführt hatten...

weforum.org/agenda/2019/04/the-modern-workplace-is-hopelessly-distracting-and-its-costing-us-time-and-money

Jedes Jahr wird allein in den USA etwa 165 Milliarden Pakete verschickt, wobei die verwendete Menge an Kartons in etwa mehr als 1 Milliarde Bäumen entspricht ...

forbes.com/sites/jonbird1/2018/07/29/what-a-waste-online-retails-big-packaging-problem

Mehr als 100 Millionen Menschen haben sich allein für den Prime Service von Amazon angemeldet. Kunden können diesen kostenlosen Versand nutzen, so oft sie wollen ...

theatlantic.com/technology/archive/2018/04/free-shipping-isnt-hurting-amazon/559052

Aus Kundenzufriedenheit ist
Customer Delight geworden.

Das Problem beim eCommerce sind nicht die Webshops, sondern unsere immer weiter steigenden Erwartungen an Geschwindigkeit, Benutzerfreundlichkeit und niedrige Preise.

warrenlainenaida.net/2019-05-online-shopping-order-it-and-it-will-come

Quo Vadis WordPress

Im letzten Quartal habe ich vier Websites in drei verschiedenen CMS neu aufgesetzt. Die schnellste dieser Sites habe ich natürlich (meist im Zug mit unsicherem Wlan) in WordPress erstellt. Ich sage ‚natürlich', weil eine WordPress-Website einfach zu erstellen und zu warten ist, normalerweise für jede Gelegenheit funktioniert, und die Erstellung sehr günstig ist. WordPress-Sites sind allgegenwärtig, ähnlich wie einfache weiße T-Shirts - und wie ein T-Shirt sind sie einfach, beruhigend und unprätentiös. Wie die Plain White T's es so treffend formulieren: "Don't you worry ... I'm by your side..."[1]

CMS : HTML : WEBSITES : WORDPRESS

WordPress betreibt derzeit etwa 30% aller Websites, die über ein CMS-Backend verfügen – das ist etwa die Hälfte der über eine Milliarde Websites, die heutzutage im Internet zu finden sind. Mehr als 150 Millionen Websites

1 https://www.youtube.com/watch?v=h_m-Bjrxmgl

verlassen sich auf WordPress - was natürlich eine Menge Websites sind.

Meine ersten Websites habe ich in HTML und PHP erstellt, bin dann aber langsam, aber sicher zum CMS gewechselt. Eine Zeitlang fiel es mir leichter, Webseiten einfach ohne CMS zu erstellen – aber schlussendlich muss jemand anderes die Website und den Inhalt pflegen, und daher ist ein CMS notwendig. Jetzt gebe ich Kurse in WordPress – von zweistündigen Crash-Kursen bis hin zu dreitägigen Intensivkursen.

Keine 150 Millionen Websites gleichen einander

Egal, wie viele Websites Sie erstellen, jede ist anders – ähnlich wie wenn Sie WordPress einer neuen Gruppe von Menschen erklären. Sich an ein Skript zu halten ist nicht halb so interessant, wie wenn Sie WordPress seine eigene Geschichte erzählen lassen, was es bei jeder neuen Website ausnahmslos tut.

Der Web-Guru Jakob Nielson hat einmal gesagt: *"If your website doesn't answer a visitor's key question, they will leave."* [2]

Das gilt für alles. Ein Geschäft, ein Buch, eine

2 nngroup.com/articles/author/jakob-nielsen

Website, ein Restaurant – die Leute gehen wieder, wenn sie nicht finden, was sie wollen. Man muss sich stets fragen: "Was wollen wir erreichen?“ Für jeden Besitzer einer Website wird die Antwort auf diese Frage anders ausfallen, und daher wird auch die Website anders sein als alle anderen.

Passen Sie auf, wo Sie hintreten

Wenn Sie mit WordPress vertraut sind, wissen Sie vermutlich, dass im letzten Jahr bestimmte Änderungen eingeführt wurden. Einige dieser Veränderungen sind offensichtlich, andere sind subtiler.

Die erste große Veränderung für mich war die Einführung des Gutenberg-Editors im Jahr 2017. Dieser ersetzte den Classic Editor, der MS Word ähnlich ist. Wenn Sie sich die Zahl der Downloads des Classic Editor-Plugins (über 4 Millionen) ansehen, wird deutlich, dass der neue Editor auf einem holprigen Weg ist. Heute ist der Classic Editor in den “Formatierungs”-Blöcken von Gutenberg enthalten.

Ich finde die Benutzung von Gutenberg extrem nervig; es erfordert viel Mouse-Clicking und -Dragging, und vor allem habe ich das Gefühl, dass der Editor uns als Nutzer für dumm verkauft. Brauchen wir wirklich all diese Drag & Drop-Elemente? Ich bin mir wirklich nicht so sicher.

Alle meine Kunden haben mich gebeten, dass Classic Editor-Plugin zu installieren – und jeder WordPress-Kurs, den ich unterrichte, zeigt sowohl die guten als auch die schlechten Seiten beider Editoren. Bis heute haben sich nur etwa 2% der Studenten überhaupt in die reine Gutenberg-Installation eingeloggt, die ich für sie eingerichtet hatte. Was ich darüber denke: Bitte beleidigen Sie nicht meine Intelligenz. #smileyface.

Eine weitere Entwicklung in WordPress hat mit Werbung und Plugins zu tun. Plugins sind die raffinierten Downloads, die Ihrer Website Funktionalität verleihen – von Kontaktformularen über Bildergalerien bis hin zu SEO-Tools. Alle CMS haben Module und Plugins, aber WordPress bietet Volumen. Zusätzlich zu den mehr als 10.000 verschiedenen Themen, aus denen Sie wählen können, gibt es mehr als 50.000 Plugins. Die meisten Plugins sind kostenlos, einige jedoch kostenpflichtig, und einige Themen werden mit Plugins kombiniert, so dass Sie oft mehr erhalten, als Sie eigentlich brauchen.

Jetpack ist eine solche Plugin-Sammlung und unterstützt in seiner neuesten Version WordPress-Werbung. WordAds ist eine der beliebtesten Alternativen zu Google Adsense. WordAds gehört Automattic (WordPress.com) und ermöglicht es kleinen Verlagen, Werbeeinnahmen auf CPM-Basis (Klicks pro Tausend) zu erzielen.

Natürlich müssen Sie vorsichtig sein. Plugins belasten Ihre Website, werfen potentielle Sicherheitsprobleme auf. Meist sind sie nettes Beiwerk, aber nichts, was man unbedingt haben muss – und braucht es wirklich ein Plugin, um Ihrer Website mehr Werbung hinzuzufügen? Ich glaube nicht.

Wohin des Weges, Teil I

Niemanden freut es, wenn sein weißes T-Shirt grau wird oder einen Tropfen Tomatensoße abbekommt oder nicht mehr richtig passt. Manche Menschen gehen bis zum Äußersten, indem sie ein T-Shirt einmal tragen und es dann wegwerfen – aber das würde dann doch zu weit gehen, sagt mir jedenfalls der "gesunde Menschenverstand". Wenn das T-Shirt an Bequemlichkeit verloren hat, macht sich Unsicherheit breit, und es heißt Abschied nehmen vom T-Shirt.

Für mich hat WordPress an Bequemlichkeit verloren – oder zumindest hat es begonnen, grau zu werden. Ich frage mich, ob es bald ein neues CMS geben wird, glänzend und neu, einfach und tröstlich.

Wir verlassen uns bereits so sehr auf Alexa und Siri, also haben wir vielleicht Platz für eine ... Delilah?

Wenn alles besonders ist, ist nichts besonders.

Wir sollten nur die Tools benutzen, die wir brauchen. Eine Website ist der letzte Ort, an dem man eine Sammlung von Tools finden möchte. Niemand sieht sie. Niemand ist beeindruckt, dass Sie sechzehn verschiedene Hammer haben, wenn ein Schraubenzieher benötigt wird.

warrenlainenaida.net/2019-04-quo-vadis-wordpress

Fallen wir bei HTML 101 durch?

Als ich zur Schule ging, gab es kein HTML, kein Internet, keine Websites, aber es gab BASIC, mit dem wir kleine Spiele programmiert haben – und das hat verdammt viel Spaß gemacht. Wie ich bereits geschrieben habe, ist das Erlernen einer Art von Code, Markup, Programmiersprache, und so weiter, wenn schon nicht essenziell, so doch sehr lohnend. Ähnlich wie Japanisch lernen, auch wenn man nie nach Japan kommt.

CODING : HTML : PROGRAMMING : LIFELONG LEARNING

Die Sprache, jede Sprache, ist der Schlüssel zum Zugang zu anderen Welten – und dieser Zugang (sei es der Zugang zu Wissen, zu Möglichkeiten, zu einer Tür, zu Wahlen, zu frischem Wasser) macht uns frei. Ich erwähne das nur, weil die enttäuschenden Ergebnisse des WebAIM Million-Berichts diese Woche in vielen Kreisen dazu geführt haben, dass die Augenbrauen hoch gingen.

WebAIM Millions automatisierte Analyse der Zugänglichkeit der Homepages für die Top Millionen Websites, die derzeit im Internet verfügbar sind. *webaim.org/projects/million*

Bedenken wurden auf den Websites vieler der einflussreichsten Denker unserer Branche detailliert zum Ausdruck gebracht, einschließlich der Großen, wie Ethan Marcotte und Eric Bailey.

"Wie können wir Robustheit von den fortschrittlichen, staatlich gelenkten Sachen erwarten, wenn wir alle beim Grundkurs in HTML durchfallen?" Eric Bailey

" ... das gehört zu dem Deprimierenden, was ich seit langer Zeit gelesen habe." Ethan Marcotte

Genau wie eine durchschnittliche Website hat auch HTML einen langen Weg zurückgelegt. PHP, JavaScript, jQuery, DHTML, CSS ... während der Programmierung, die Websites zugrunde liegt, oft im Fluss ist, bleibt HTML bestehen. Das früheste verwendete HTML-Beispiel (3. November 1992) kann man heute noch sehen –

w3.org/History/19921103-hypertext/hypertext/WWW/Link.html – und ein einfaches kleines Programmstück ist es außerdem :

```
<title>Hypertext Links</title>
<h1>Links and Anchors</h1>
A link is the connection between one
piece of
```

```
<a href=WhatIs.html>hypertext</a> and
another.
```

Vergleichen Sie ein paar Zeilen Code nach dem Zufallsprinzip von Ihrer eigenen Website und Sie sehen einige „new kids on the block" wie beispielsweise 'classes' und 'divs':

```
<div class="textwidget">
<p>Entry-level user? Is WordPress right
for you?
<a class="workshops" href="/workshops-
coaching/">Start today!</a>
</p>
</div>
```

HTML zu lernen, zu verstehen und korrekt zu schreiben ist nicht nur wichtig für Sie selbst, sondern auch für andere. Wenn Sie etwas erstellen, das nicht funktioniert, ist es für alle schwer zu benutzen. Wenn auf Ihrer Website etwas schief geht, ist es wichtig, dass Sie in der Lage sind, es zu beheben oder zumindest zu verstehen, was schief gegangen ist, damit Sie jemanden informieren können, der es beheben kann.

Ein Tool zu verstehen und zu erlernen ist genauso wichtig wie das Verstehen der Buchhaltung für einen Chefkoch. Wenn Sie nicht verstehen, was Ihr Buchhalter tut, können Sie Ihr Geschäft aufgeben, während Ihr Buchhalter vielleicht auf die Bahamas zieht.

"Die Macht des Web liegt in seiner Universalität. Der Zugang für jeden, unabhängig von einer Behinderung ist ein wesentlicher Aspekt." Tim Berners-Lee

Das Erlernen einer neuen Sprache ist ein Schlüssel zu einer anderen Welt.

Wenn man etwas baut, sollte man in der Lage sein, es zu reparieren, wenn es kaputt geht.

warrenlainenaida.net/2019-03-are-we-failing-html-101

Länger und gesünder leben - lesen!

Es war ein sehr hektischer Monat, und zum ersten Mal seit vielen Jahren scheinen mir die Worte zu fehlen. Normalerweise strömen die Worte aus mir hinaus, gewollt oder ungewollt, und ich schreibe und formuliere nach Belieben. Aber in dieser Woche musste ich einen Projektplan erstellen – und bin gründlich dabei hängen geblieben. Von den achtzehn Stunden, die ich mit Schreiben verbracht habe, habe ich offen gestanden die ersten zwölf Stunden damit verbracht, den Text immer wieder zu verschieben, in neuen Mustern zusammenzusetzen und verschiedene Schriftarten auszuprobieren. Noch nie war ich beim Schreiben so blockiert.

EHEALTH : LIFELONG LEARNING : DIGITAL CULTURE : PRINT

Zusätzlich zu den vielen Dingen, die ich letzte Woche versucht habe zu schreiben, habe ich eine Menge gelesen. Marketingpläne, Artikel, Zeitungsausschnitte und sogar den neuesten Roman von Michel Houellebecq – *Serotonin* (kann ich leider nicht empfehlen). Selbst in unserer digitalen Welt ist der einfache Akt des Lesens immer noch der beste Weg, um Informationen in unser Gehirn zu bekommen. Selbst die "Jungen, Klugen und Digitalen" (immer noch aus Fleisch und Blut) müssen lesen – irgendwann.

Wie viele Stunden haben Sie letzte Woche mit Lesen verbracht? Ich habe in einem Artikel[1] gelesen, dass Amerikaner (warum immer Amerikaner?) durchschnittlich etwa sechzehn Minuten pro Tag zum persönlichen Vergnügen lesen. SECHZEHN MINUTEN. Leute über fünfzig (wie ich) lesen im Durchschnitt viel mehr als Leute, die halb so alt sind (etwa siebzig Minuten), aber vielleicht finden wir das Fernsehprogramm auch nicht so interessant, – wahrscheinlich fahren wir auch mehr mit öffentlichen Verkehrsmitteln als mit dem Auto und müssen die Zeit füllen.

Nicht nur der Akt des Lesens selbst, sondern auch das Mitnehmen einer Zeitschrift oder Zeitung in einer anderen Sprache, bevor man morgens schnell noch den Zug erreicht, könnte Ihr Leben verbessern und verlängern. Da wir in Europa leben, profitieren wir nicht nur von Zugreisen (wenn auch meist mit Verspätung), sondern auch von einem enormen Angebot an Printmedien und mehr als sechzig

1 inc.com/wanda-thibodeaux/heres-how-much-time-people-actually-spend-reading-each-day.html

verschiedenen Sprachen, die uns zur Auswahl stehen.

Warum es schlecht ist, kleine Informationsblöcke auf dem Bildschirm und in der eigenen Sprache zu lesen

Im Jahr 2016 ergab eine Studie aus Yale, dass Menschen, die Bücher — Belletristik oder Sachbücher — nur dreißig Minuten pro Tag über mehrere Jahre hinweglesen, durchschnittlich zwei Jahre länger leben als Menschen, die überhaupt nichts lesen.

Buchleser, die mehr als drei Stunden pro Woche lesen, starben zwischen 2001 und 2012 mit 23% geringerer Wahrscheinlichkeit als ihre Altersgenossen, die nur Zeitung lesen. Überlegen Sie mal – wie viel von unserer Zeit am Bildschirm verbringen wir mit dem Lesen von Nachrichten? Das finde ich ziemlich schockierend, denn ich konsumiere regelmäßig viel mehr Nachrichten als ich Bücher lese.

Viele Studien haben die Vorteile des Lesens für unser Gedächtnis und die kognitive Entwicklung gezeigt. Was ist es am Lesen von Büchern, was unsere Gehirnleistung steigert, was das Lesen von Zeitungen und Zeitschriften nicht tut? Wenn wir auf einem Bildschirm oder auf einer Website lesen, tendieren wir dazu, Informationen nur zu überfliegen. Wenn wir dagegen ein Buch lesen, zwingt dies unser Gehirn dazu, kritisch zu denken und Verbindungen zwischen den einzelnen Kapiteln herzustellen. Wenn wir Verbindungen herstellen, dann tut dies auch unser Gehirn, das buchstäblich neue Nervenbahnen schafft. Mit der Zeit können diese neuronalen Netzwerke schnelleres Denken fördern und quasi ein besseres Abwehrsystem gegen die schlimmsten Auswirkungen des kognitiven Verfallsbilden.

In der Zeit, die wir jedes Jahr mit sozialen Medien verbringen (etwa sechshundert Stunden), könnten wir etwa zweihundert Bücher lesen (etwa fünfhundert Stunden).

Nicht nur das Lesen in unserer Muttersprache– sondern das Erlernen von Worten in einer anderen Sprache versorgt unser Gehirn ebenfalls mit essentieller kognitiver Nahrung. Etwas Neues zu lernen, beispielsweise eine zweite Sprache, gehört zu dem Besten, was Sie in jedem Alter für Ihr Gehirn tun können – das hat eine Vielzahl von Untersuchungen gezeigt.

Eine Studie aus dem Jahr 2013, die in der Fachzeitschrift *Neurologie*[2] veröffentlicht wurde, hat gezeigt, dass Patienten, die zwei oder mehr Sprachen sprachen, durchschnittlich viereinhalb Jahre später an Demenz erkrankten als Patienten, die nur eine Sprache beherrschten.

2 aan.com/PressRoom/Home/PressRelease/1219

Wir lesen sechzehn Minuten am Tag zum Vergnügen,
verbringen aber täglich drei Stunden am Telefon.

warrenlainenaida.net/2019-02-live-longer-and-healthier-read

Modewörter und unser digitaler Diskurs

Wenn Sie wie ich in der prä-digitalen Zeit angefangen haben zu arbeiten, dann fragen Sie sich wahrscheinlich, wie wir es jemals geschafft haben, ohne all die Modeworte zu arbeiten. Die Dinge waren damals einfacher. Wir hatten die nötigen Ressourcen, um unsere Aufgabenzyklen mit unserem IBM-kompatiblen PC durchzugehen. Die Früchte am Baum unserer Arbeit hingen niedrig, wir pflückten sie und versuchten, ein besseres Endergebnis zu erreichen – aber es war meist ein 80-20-Leben. Jede Generation hat ihre Modeworte, aber in den letzten Jahren ist es fast so, als müssten wir uns täglich neu synchronisieren, um zu verstehen, worüber gesprochen wird.

COMMUNICATION : DIGITAL CULTURE : MARKETING : SEO

Ich gebe Ihnen einen Vorgeschmack auf einige der Modeworte, die mir im Laufe meines Tages begegnen:

Digitaler Wandel, Native Advertising, Internet of Things, Big Data, Gender Marketing, Maschinelles Lernen, Algorithmus, Customer Journey, E-Health, Micro-Moments, Geo-Fencing, Up-Cycling ... ups, das letzte ist Foodie-speak für die Verwendung von Lebensmittelausschuss, um Abfall zu reduzieren.

"Unser modernisiertes Modell bietet jetzt homogenisierte inkrementelle Innovation. Wir brauchen eine zeitgemäßer Neukonzeption unserer synchronisierten Anlagenkonzepte. Es ist an der Zeit, dass wir mit unseren interaktiven Managementmatrix-Ansätzen über-effizient werden."

Ja, sicher, aber was soll das eigentlich heißen?

Von der Finanzwelt bis zur akademischen Welt, von der Politik bis zur Kunst, von der Jugendkultur bis zur Religion – wir sind sehr geschickt, wenn es darum geht, spezielle Worte und Ausdrücke zu kreieren, die es anderen außerhalb unserer Subkultur oder unseres Berufs schwer machen, uns zu verstehen. Modewörter sind insofern einzigartig, als sie über dem Jargon stehen; sie kommen zu einer bestimmten Zeit oder in einem bestimmten Kontext in Mode. Heutzutage würden wir sagen, dass diese

Worte *"im Trend liegen"*.

Name ist Schall und Rauch

Menschen, die ungleich weiser sind als ich, haben gesagt, dass es so etwas wie Content-Marketing oder Digital Marketing oder Digital Advertising nicht gibt. Es gibt nur *Gutes* Marketing oder *Gute* Werbung, die diese Praktiken beinhaltet oder (falls sie schlecht sind) eben nicht. Meiner Ansicht nach gilt das genauso für eine digitale Strategie – entweder ist Ihre Strategie gut (und beinhaltet digitale Elemente) oder sie ist nicht so gut und beinhaltet keine digitalen Elemente. Fügen wir hier und da einfach Worte hinzu, um aus etwas Altem etwas Neues zu machen?

Unwissenheit, Angst, Rätselraterei und Diffusion sind nicht nur für eine effektive digitale Strategie wichtig; vielmehr handelt es sich dabei um erste Schritte, die ein Unternehmen (oder eine Person) vor der Umsetzung einer Strategie in Angriff nehmen muss.

Seth Godins hervorragendes Buch *Permission Marketing* von 1999 war für die meisten von uns in der Branche ein Weckruf. Godin hat dieser Marketingtechnik für unser neues Jahrtausend einen neuen Namen gegeben. Zugleich aber haben „Direct Marketers" schon um Erlaubnis gefragt, seit der erste Tür-zu-Tür-Verkäufer in seinem Planwagen an der

Grenze ankam. Zwar ist es nicht immer etwas Neues, aber eine Umbenennung kann oft hilfreich sein, um unsere Leidenschaft neu zu entfachen. Wie viele Eltern schreiben den Namen ihrer Kinderanders als üblich? Oder Menschen die Namen ihrer Haustiere?

Sogar Unternehmen müssen manchmal die Glut anfachen, um den Markt aus seinem Schlaf zu wecken. Google hieß ursprünglich “Back Rub”. Pepsi war ursprünglich “Brad's Drink”. Nike hieß ursprünglich “Blue Ribbon Sports”. Die “Brad's Drink Challenge” könnte allerdings auf dem heutigen Marktplatz der Disruptionen durchaus ein Hit sein.

Unser digitaler Diskurs

Das digitale Zeitalter hat unsere Sprache in vielerlei Hinsicht verändert. Es war der Anlass für eine Fülle neuer Worte, Genres und Stile, und es hat die Art und Weise verändert, wie wir kommunizieren. Schauen wir uns beispielweise nur an, wie Emojis und Emoticons unsere schriftlichen Texte erobert haben und inzwischen bei jungen Menschen schon als verbale Ausdrücke populär geworden sind.

Wenn Sie einst Sprache und Kommunikation studiert haben, erinnern Sie sich vermutlich an Chris Weedon und es ist Ihnen bewusst, dass Sprache zu wesentlichen Teilen unsere Identität formt - dass

Sprache *'der Ort ist, an dem unser Selbstverständnis, unsere Subjektivität konstruiert wird'*[1]. Um die Mentalität der Menschen eines Landes besser zu verstehen, ist es daher unumgänglich, zuerst ihre Sprache zu lernen.

Wenn Sie die Nachrichten verfolgen, dann wissen Sie vermutlich, dass drei Wissenschaftler – James Lindsay, Helen Pluckrose und Peter Boghossian – 20 Pseudo-Artikel voll von modischem Fachjargon geschrieben haben, dass sie daraus lächerliche Schlussfolgerungen gezogen und versucht haben, die Artikel in hochkarätigen Zeitschriften zu platzieren.[2] Ihre Erfolgsquote war bemerkenswert: Nur sechs Artikel wurden abgelehnt.

Das "Sokal Squared"-Experiment hat seine Wurzeln in den späten 1990er Jahren bei Alan Sokal, einem Professor für Physik an der New York University.

Er verfasste ein spielerisches "Credo" voller modischem Fachjargon und reichte es bei *Social Text* ein, einer Fachzeitschrift, die zu jener Zeit ein führendes intellektuelles Forum war. Das Credo wurde veröffentlicht. In diesem Geschehen, das als der Sokal-Schwindel bekannt wurde, sahen viele von uns den Beweis für die Anschuldigungen, die Kritiker

1 Feminist Practice & Poststructuralist Theory Chris Weedon (1997); Alle Übersetzungen aus dem Englischen hier und im Folgenden sind eigenständige Übersetzungen durch Margrit Schreier oder Meike Schroeder.
2 theatlantic.com/ideas/archive/2018/10/new-sokal-hoax/572212/

schon lange gegen die Postmoderne erheben:

Der postmoderne Diskurs sei so bedeutungslos, dass nicht einmal ”Experten” dazu in der Lage sind, zwischen Personen zu unterscheiden, die aufrichtige Behauptungen aufstellen, und solchen, die absichtliches Kauderwelsch verfassen.

Sprache beeinflusst unsere Glaubwürdigkeit, Sprache ist ein Mittel der Kontrolle, sie kann uns zusammen-oderauseinanderbringen. Das bringt uns zu unserer gegenwärtigen misslichen Lage. Wir befinden uns nicht nur an der Schwelle zu einem weiteren Sprachtrend mit seinem einzigartigen Jargon und seinen Modewörtern – wir stehen auch an der Schwelle zu einem technologischen Wandel, dessen Geschwindigkeit und Transformationspotenzial unser menschliches Gehirn nicht erreichen wird oder wirklich verstehen kann.

Worte sind Werkzeuge, mit denen wir kommunizieren. Setzen Sie sie richtig ein. Nicht zu viele, nicht zu wenige.

Wir äußern etwa 120 Wörter pro Minute, könnten aber etwa 400 Wörter pro Minute verstehen.

warrenlainenaida.net/2018-11-buzzwords-and-our-digital-discourse

Content Marketing – Trends seit 1732

Content-Marketing ist eines der vielen digitalen Schlagworte, an denen man heutzutage nicht vorbeikommt. Sie haben bereits den digitalen Wandel, native Advertising, das Internet der Dinge, Big Data, maschinelles Lernen, Algorithmus, Customer Journey, Digital First, E-Health, Micro-Moments, Geo-Fencing und Co. kennengelernt.

Der Begriff "Content Marketing" tauchte 1996 zum ersten Mal auf, aber das Konzept gibt es mindestens seit 1732, als Benjamin Franklin seinen Poor Richard's Almanach mit dem Ziel veröffentlichte, sein Druckgeschäft zu fördern.

COMMUNICATION : CONTENT MARKETING : SEO : STORYTELLING

Vielleicht ist Ihnen nicht bewusst, wie viel Content Marketing Sie täglich sehen oder wie weit die Praxis zurückreicht. Johnson & Johnson begann bereits 1888 damit, Wundbehandlungsanleitungen an Ärzte zu verschicken. 1895 veröffentlichte John Deere die erste Ausgabe von *The Furrow*, einer landwirtschaftlichen Zeitschrift, die gedruckte Werbeanzeigen veröffentlichte. Der Guide Michelin (Michelin-Reifen) begann 1900 als kostenloser Führer, der Autofahrern Informationen über Unterkünfte und Autowartung bot.

Ich habe immer noch ein kostenloses Kochbuch für junge Paare aus dem Jahr 1964, das von der Rogers Sugar Company herausgegeben wurde – zusätzlich zu den vielen Backrezepten gibt es darin eine Einführung über die Bedeutung von Zucker für eine gesunde und wachsende Familie.

Unternehmen haben die "Reise" ihres Kunden (Customer Journey) längst verstanden und wissen, wie sie ihn mit verschiedenen Taktiken zum Kauf bewegen können. In der Vergangenheit wurde Content Marketing in Printmedien, dann im Radio, dann im Fernsehen und heute über Websites und unsere Smartphones praktiziert.

Heute sprechen wir über *Benutzergeschichten, Benutzerpfade, Zielgruppenanalyse* – noch mehr Schlagworte, aber angesichts dessen, dass Ihre Nutzer geräteübergreifendes Multi-Tasking betreiben, ist es wichtiger denn je, diese Begriffe zu verstehen.

Was ist Content-Marketing?

"Content Marketing ist eine Marketingtechnik zur Erstellung und Verbreitung relevanter und wertvoller Inhalte, um ein klar definiertes und verstandenes Zielpublikum anzuziehen, zu akquirieren und zu binden – mit dem Ziel, gewinnbringende Kundenaktionen voranzutreiben". Content Marketing Institute

91% der B2B-Unternehmen und 86% der B2C-Unternehmen geben an, dass sie Content-Marketing einsetzen, eine Branche, die auf 300 Milliarden Dollar geschätzt wird.

Content Marketing nutzt verschiedene Ressourcen (Zeitung, TV-Sendungen, Video, Blog, soziale Medien usw.) für drei Zwecke:

- Interesse an einem Produkt und/oder einer Dienstleistung zu wecken,
- um den Umsatz zu steigern,
- und die Markenidentität und das Vertrauen zu stärken.

Inhalte dürfen nicht nur für bestehende Kunden informativ sein, sondern sollten auch potenzielle Kunden ansprechen.

Bevor ein Unternehmen mit dem Content-Marketing beginnt, ist es wichtig, dass es zunächst recherchiert und versteht, wer seine Zielgruppe ist. Ihre Zielgruppe wird dann in unterschiedliche Segmente unterteilt. Für jedes dieser Segmente können dann Inhalte erstellt werden.

Woher wissen Sie, wo Sie Inhalte veröffentlichen müssen? Sehen Sie sich zunächst alle Kanäle und Plattformen an, die Ihre Zielgruppe besucht. Entscheiden Sie dann, welche Inhalte für die einzelnen Plattformen am besten geeignet sind. Was bei Twitter gut funktioniert, ist vielleicht nicht ideal für Facebook. Was in einem Bordmagazin gut funktioniert, funktioniert vielleicht nicht so gut in Ihrem Blog.

Wenn wir über einen agilen Projektplanungsprozess nachdenken (nächstes Kapitel), dann besteht der zweite Schritt in einer *Anforderungsanalyse*. Die wichtigste Voraussetzung für Content-Marketing ist die, dass der Inhalt unser Publikum anspricht. Heutzutage sind Menschen ausgesprochen versierte und gut informierte Verbraucher. Es heißt, dass wir für jeden Inhalt, den wir erhalten, selbst dreimal so viel recherchieren. Wenn wir wollen, dass unsere Inhalte für unsere Zielgruppe relevant sind, dann müssen wir verstehen, warum wir diese Inhalte schreiben, die Bilder platzieren und sie mit verwandten Informationen verlinken. Wir müssen die Bedürfnisse unseres Publikums verstehen.

Wir sind Sklaven des Zwecks

Alles, was wir tun, jedes Projekt, jede Stunde, die wir auf der Couch oder im Fitnessstudio verbringen, hat immer einen Zweck. Ohne Zweck haben wir nichts. Was ist also der Zweck von Inhalten, und wie können wir dabei effizient und effektiv vorgehen?

Ihr Inhalt sollte das Warum und das Wie Ihres Zwecks (oder des Zwecks Ihrer Marke) beantworten. * Fragen Sie sich selbst: Ist dieser Inhalt für meinen Zweck relevant? Werden Leute, die mein Content-Marketing sehen und über diesen Inhalt meine Website anklicken, plausible Antworten auf ihre Fragen finden? Habe ich ihnen etwas zu sagen?

Im Zusammenhang mit Inhalten sind zwei Begriffe wichtig, die oft synonym verwendet werden:

Inhaltsstrategie (Content Strategy) (Warum Sie Inhalte erstellen, an wen Sie sich wenden und wie Sie Ihre Zielgruppe auf eine Art und Weise unterstützen, wie nur Sie es können) und

Inhaltsplan (Content Plan) (Wie Sie Ihre Strategie umsetzen, wer in Ihrem Team damit befasst ist, und Details wie die Schlüsselthemen, die Sie behandeln, welche Inhalte Sie erstellen, wann und wie Sie Ihre Inhalte weitergeben und spezifische Handlungsaufforderungen (Calls to Action), die in Ihrer Strategie enthalten sind).

Wahrscheinlich werden Sie selbst, der Content Manager oder Content Marketer diese Strategie und den Plan umsetzen – oder vielleicht einfach nur Sie ohne den Titel, indem Sie einfach Ihre Website aktualisieren und eine Facebook-Anzeige erstellen.

Wie verbinden Sie Inhalte mit verwandten Inhalten (Benutzerpfade und Geschichten), teilen Inhalte in einem sozialen Medien- oder Marketingumfeld (die richtige Botschaft an das richtige Medium anpassen) und wie schreiben Sie relevante und nützliche Inhalte, die Menschen dazu bringen, Ihre Website anzuklicken? (Kontext verstehen).**

Die Zukunft des Content-Marketing?

Drei Faktoren sind für den Erfolg eines Unternehmens beim Content-Marketing wichtig. Sie müssen in der Lage sein, die *Fragen und Bedürfnisse ihrer Zielgruppe zu beantworten, ihnen* einen *inhaltlichen Mehrwert zu bieten und Interesse an weiteren Produkten und Dienstleistungen zu wecken*.

Es gibt vier Basistypen von Websites – Websites, die Inhalte anbieten, Websites, die etwas verkaufen (Geschäfte), Websites für B2B und Websites, die Unterstützung anbieten. Der häufigste Grund weshalb Nutzer sich dem Internet zuwenden und hoffentlich dabei auf unsere Webseite stoßen, ist jedoch Information – die Antwort auf eine Frage.

Inhalte gezielt auf verschiedene Plattformen auf verschiedene Nutzergruppen abzustimmen ist heute einfacher und billiger als noch vor einer Generation. Es mag verlockend sein, den gleichen Inhalt auf allen Ihren Plattformen zu platzieren oder zu viele Inhalte zu veröffentlichen, aber da immer mehr Unternehmen immer mehr Inhalte auf immer mehr Kanälen erstellen, ist ein Problem entstanden.

Wir scheinen an eine "Inhaltsgrenze" gestoßen zu sein, was zu einem Content-Marketing-Paradoxon führt – wo wir immer mehr Inhalte kreieren, die sich immer weniger auszahlen. Die Zahlen der Industrie sprechen von einer Zunahme der Inhalte um ein Drittel, aber einem Rückgang des Engagements um fast ein Viertel. Wenn wir eher uninteressante Inhalte auf allen verfügbaren Kanälen veröffentlichen, laufen wir Gefahr, dass das Content-Marketing untergeht – ähnlich wie der Fernsehwerbespot untergegangen ist. Unsere Nutzer könnten "abschalten" und sich irgendwo anders "einschalten".

Was waren das für Symbole, die ich oben gesehen habe?

* Marken-Affinität

Soziale Medien sind nicht einfach nur ein Kommunikationskanal sind, sondern letztlich eine Art Verkaufsraum. Die meisten Produkte kaufen wir, weil wir uns mit der Marke identifizieren. Wir folgen Marken, Influencern, Prominenten usw. und teilen Informationen über sie, weil wir uns zu ihnen hingezogen fühlen.

Wir kaufen wahrscheinlich keinen Starbucks-Kaffee, weil er besser ist als bei anderen Kaffeeketten (das ist er nicht) – wir kaufen diesen Kaffee, weil wir uns mit der Marke identifizieren, als Teil der Philosophie. Die Politik, die Inneneinrichtung, das Logo, die Musik, die Kunden sind Teil eines Markenmixes – und das ist es letztlich, was verkauft wird. Nicht der Kaffee.

Das Gleiche kann wahrscheinlich über so ziemlich alles gesagt werden, von Sportschuhen bis hin zu Müslisorten. Etwas an der Marke spricht uns an. Wenn wir sie kaufen, sagen wir: "Das bin ich."

Soziale Medien sollten nicht nur das fördern und einbinden, was den Kern Ihrer Marke ausmacht, sondern auch die Peripherie – andere Marken, mit denen Sie assoziiert sind. Das können Sponsoren, Partner, Kunden, Mentoren, Markenbotschafter, Produkte, in manchen Fällen sogar Konkurrenten sein. Mehr als alles andere wollen Menschen vor allem wissen, was andere mit Ihrem Produkt machen. Diese Verbindung ist die *Markenbesessenheit*. Es geht nur darum, mit Ihrem Publikum zu sprechen. “Wir wissen, wie Sie leben und was Sie wollen. *Wir verstehen Sie*.”

** Inhaltsstrategie (Content Strategy)/ Benutzerkontext (User Kontext)

Um den Nutzerkontext korrekt zu analysieren, muss man nicht nur die Ziele der Nutzer verstehen, sondern auch ihr Verhalten: Was machen sie (Einkäufe tragen? Auto fahren? in einer Besprechung?), wie fühlen sie sich (schlechter Tag? toller Tag? gefeuert? verliebt?), und wozu sind sie im Moment in der Lage (mobil? eine Hand? zwei?) – und zwar unabhängig davon, wie gut ihre Internetverbindung funktioniert ...

Ob Menschen unsere Inhalte sehen und darauf reagieren, hängt nicht nur davon ab, ob wir ihre Ziele verstehen, sondern ebenso sehr davon, ob wir ihr Verhalten verstehen und dass diese so weit wie möglich mit unseren Inhalten übereinstimmen.

Content Marketing beantwortet unsere Fragen und Bedürfnisse (inwieweit verbessert es mein Leben? wie viel kostet etwas, wo kann ich es bekommen), bietet uns einen Mehrwert im Zusammenhang mit den Inhalten, weckt Interesse an weiteren Produkten und Dienstleistungen.

Wenn Sie tiefer in die Content-Strategie einsteigen möchten, über das reine Content-Management hinaus, dann fangen Sie doch am besten hier an:

abookapart.com/products/the-elements-of-content-strategy

warrenlainenaida.net/2018-10-content-marketing-trending-since-1732

Agile, Waterfall, Adaptive, PERT, LEAN ... und CAKE

Ich werde oft gefragt, wie ich meine Projekte verwalte und welche Methode ich bevorzuge. Vielleicht bin ich im Grunde ein alter „Wasserfaller", aber ich glaube nicht, dass es einen so großen Unterschied zwischen den vielen Methoden gibt – und dem Backen eines Kuchens. Im ersten Schritt muss man ein paar grundlegende Fragen beantworten: Wofür brauchen Sie den Kuchen, WER isst den Kuchen, WOFÜR ist der Kuchen gedacht, WAS ist der Zweck des Kuchens, WIE erfüllt er seine Funktion, WANN wird er gegessen und WO wird er serviert? Schnappen Sie sich einen Kaffee, treffen Sie sich mit Ihren Interessenvertretern und beginnen Sie mit den 6W's.

PROJECT MGMT : AGILE : CAKE : LANDING PAGES : CONTENT

Ich werde dann oft gefragt, wie es mit weiteren Schritten aussieht. Wir haben die 6W's und stehen in den Startlöchern! Naja, es gibt viele Projektmanagementmethoden. Einige mögen Ihren Bedürfnissen entsprechen, andere nicht. Genau wie ein CMS sind sie Werkzeuge, die Ihnen dabei helfen sollen, etwas zu erledigen – deshalb ist es wichtig, sich genau anzuschauen, was Sie tun, wie Ihr Team strukturiert ist und welches Ihre Bedürfnisse sind, bevor Sie sich für ein Werkzeug entscheiden – wählen Sie das Werkzeug, das zum Projekt passt. Sie wollen nicht mit einem teuren Gabelstapler enden, wenn Sie eigentlich nur einen Freund brauchen, der Ihnen dabei hilft, etwas hoch zu heben.

Projektmanagement - Die Arbeit zum Laufen bringen

Hier einige Methoden für das Projektmanagement, von denen Sie wahrscheinlich schon gehört haben: Agil, Wasserfall, Adaptive, PERT, Scrum, Six Sigma, Crystal, Lean ... Manche Verfahren kombinieren mehrere Methoden, manche sind leichter zu verstehen als andere, manche klingen, als würden Sie sich an ein Computerspiel setzen.

Ich will mich nicht auf die prä-digitalen Jahre fixieren, die ich in der Küche verbracht habe, aber ich bleibe noch einen Moment beim Kuchenbeispiel. Und warum? In der Küche lernt man, dass Kochen eine Kunst ist, aber Backen eine Wissenschaft; und wie man auch sagt: *Wissenschaft ist Magie, die funktioniert (Kurt Vonnegut).*

Wie bäckt man also einen Kuchen?

1. Entscheiden Sie, welchen Kuchen Sie backen wollen.
2. Stellen Sie Ihre Zutaten zusammen.
3. Mischen Sie die Zutaten.
4. Backen Sie den Kuchen.
5. Verzieren Sie den Kuchen.
6. Essen Sie den Kuchen.
7. Und? Hat den Leuten der Kuchen geschmeckt?

Mögen Sie keinen Kuchen? Sehen wir uns an, wie Sie (wahrscheinlich) vorgehen würden, wenn Sie eine Website erstellen:

1. Bestimmen Sie den Zweck, die Ziele und die Zielgruppe der Website.
2. Sammeln Sie Informationen über Inhalt und Funktionalität.
3. Layout (Struktur) und Montage (Wireframes).
4. Programmieren. Prüfung.
5. Entwurf / CSS. (4 und 5 erledigt man am besten in einer Schleife. Die meisten Websites werden heutzutage vermutlich im Browser entworfen.)

6. Launch/Start. (Testen habe ich unter Programmieren gefasst ... wenn man die Webseite nicht getestet hat, sollte man sie auch nicht starten)
7. Messung und Wartung.

Sie lesen dies und haben weder vor, eine Website zu erstellen *noch* einen Kuchen zu backen? Hier ist der Ansatz des agilen Projektmanagements – sehr beliebt, sehr nützlich:

- Planung
- Analyse der Anforderungen
- Gestaltung
- Umsetzung
- Prüfung
- Bereitstellung / Veröffentlichung
- (Messung) Ich habe dies als Schritt 7 hinzugefügt, da dies meiner Meinung nach in den 6 Schritten des Agile Approach fehlt.

Sie denken jetzt vielleicht: “Aber ich entwerfe keine Software und baue auch keine Autos – gibt es eine simple Methode, um “einfach etwas zu erledigen”? OK, sehen wir uns den Prozess noch einmal an und beginnen mit Schritt eins – wir denken darüber nach, was wir tun wollen. Dieses Mal wollen wir den Prozess auf eine Aufgabe anwenden, mit der die meisten unter uns es häufig zu tun haben – die

Aktualisierung der Inhalte auf unseren Websites und unseren Social-Media-Kanäle.

Schreiben Sie es, und die Leute werden kommen

Wenn Ihre Website nicht den Bedürfnissen eines Nutzers entspricht, wird dieser gehen. Das gilt für alles. Ein Geschäft, ein Buch, eine Website, ein Restaurant – die Leute gehen, wenn sie nicht das finden, was sie suchen. Sie müssen sich immer fragen: "Was will ich erreichen?"

Lassen Sie uns einen Moment über einen einfachen Nachrichtenbeitrag nachdenken. Mit einem einfachen Nachrichtenbeitrag lassen sich leicht Informationen für unterschiedliche Nutzer bereitstellen. Letztlich ist Information eine Dienstleistung, die Sie auf Ihrer Website anbieten. Information ist der Grund dafür, weshalb Menschen überhaupt auf Ihre Website kommen.

Schauen wir uns einen fiktiven Nachrichtenbeitrag über eine Studentin an, die vor kurzem ihren Abschluss an der County University gemacht hat und dann ein Stipendium für ihre Abschlussarbeit an der State University erhalten hat.

Betty MacKime, die aus Mawovia stammt, schloss 2017 ihr Studium an der County University mit einem M.Sc. ab und arbeitet nun im zweiten Jahr an ihrer Promotion an der State University. Dort konzentriert sie sich auf Bioengineering.

Während sie an der städtischen Universität ihrer Heimatstadt ihr Grundstudium absolvierte, begann Betty zunächst mit dem Studium der Biowissenschaften. Dann entwickelte sie jedoch ein starkes Interesse an den Ingenieurwissenschaften. Nachdem sie ihr Studium mit einem Bachelor abgeschlossen hatte, suchte sie nach einer Möglichkeit, beide Leidenschaften für ihren Master-Abschluss zu kombinieren. Sie entschied sich, hierher an die County University zu kommen, wo sie Biologie studieren und im Bereich Life Science Engineering arbeiten konnte.

Besucher der Website haben Fragen. Jeder Besuchertyp hat andere Fragen. Sie haben den Nachrichtenbeitrag gesehen. Wie kann die Geschichte ihre Fragen beantworten? Wir müssen die Geschichten hinter den Nachrichten erzählen. Hier sind nur drei von vielen möglichen Perspektiven:

Besucher 1: Potenzielle Studentin im Grundstudium

Wie hoch ist der Anteil weiblicher Studierender dort? Warum hat sie sich für die County U entschieden?

Wie ist die politische und kulturelle Situation dort? Wie werden Frauen dort behandelt? Wie sieht der Campus aus? Wie sehen die Einrichtungen aus? Sind sie sicher?

Besucher 2: Potenzieller Geschäftspartner/Supporter

So – State University? Hmm, wer arbeitet noch mit der County U zusammen? Welche Kooperationen gibt es? Welche Sektoren von Wirtschaft, Forschung, Regierung? Was ist unser Karrierepotenzial, und welche anderen Verbindungen können Alumni und Unternehmen über die County U knüpfen?

Besucher 3: Angestellte in der Zulassungsstelle einer anderen Schule

Soll ich die County U unseren Studenten empfehlen? Wer studiert, forscht und lehrt an der County U? Wo kommen die Leute her? Warum haben sie sich für die County U entschieden? Wo waren sie vorher? Wohin gehen sie danach? Welche Verbindungen haben sie zu anderen Institutionen? Welche anderen Programme werden angeboten?

Sollen sie Kuchen essen

Schauen wir uns noch einmal das Kuchenrezept vor dem Hintergrund der Funktion und des Zwecks unserer Website sowie unserer Aufgabe als Content Manager an:

1. Entscheiden Sie, welchen Kuchen Sie backen wollen.
   Lassen Sie uns eine Geschichte über eine erfolgreiche Absolventin der County U schreiben. Diese Geschichte wird unserem Erfolg, unseren Verbindungen, unseren Studienprogrammen in Biologie und unserer Forschung zugutekommen, und wir würden gerne mehr weibliche Studierende anziehen, die sich für Biowissenschaften interessieren
2. Stellen Sie Ihre Zutaten zusammen.
   Haben wir Informationen, die die Fragen unserer Leser beantworten können? Haben wir die 6Ws beantwortet?
3. Mischen Sie die Zutaten.
   Schreiben Sie die Geschichte und verlinken Sie sie mit Informationen auf unserer Website, über die die Leute Zugang zu weiteren Informationen erhalten können. Ergibt sich hier vielleicht die Möglichkeit, eine AdWords-Kampagne zu starten?
4. Backen Sie den Kuchen.
   Verlinken Sie die Geschichte auf relevanten Social-Media-Kanäle. Verlinken Sie sie mit relevanten Abschnitten auf unserer Website –

ein Studienprogramm, Zulassungen, Partner, Fakultät, Forschung…

5. Dekorieren Sie den Kuchen.
   Bilder von Betty, Bilder von der State U, Videos von anderen Studenten aus Mawovia; gibt es irgendwelche Multimedia-Elemente zu den Programmen, die sie studiert hat?
6. Essen Sie den Kuchen.
   Veröffentlichen und werben. Wären State U oder Hauptstadt U daran interessiert, die Geschichte zu bringen?
7. Und? Hat den Leuten der Kuchen geschmeckt?
   Zahlen über alle Plattformen hinweg unter Verwendung von Analytics erfassen. Merken Sie sich die Geschichte für ähnliche Geschichten in der Zukunft– Geschichten über Ehemalige, über Abschlussfeiern, über Messen, auf denen sich die Universität vorstellt... Wie schneidet diese Geschichte im Vergleich zu anderen Geschichten ab? Zieht sie mehr Verkehr an? Weniger Verkehr? Was können wir daraus lernen, um die nächste Geschichte zu verbessern? Wie war der Traffic auf verwandten Seiten? Fragen Sie bei der Zulassungsstelle nach, ob diese Geschichte irgendwelche Auswirkungen auf Bewerbungen aus Mawovia oder verwandten Staaten hatte.

Nur zur Erinnerung

Viele Projektmanagementprozesse wurden für die Erstellung von Software entwickelt, oder für den Bau von Autos – und die meisten von uns werden jemals weder die Gelegenheit haben noch in die Notwendigkeit kommen, diese Dinge zu tun. Es lohnt sich aber um der Effektivität willen, diese Prozesse auf die eigenen Bedürfnisse zuzuschneiden – gleich, um es um das Backen eines Kuchens geht oder um die Leitung Ihrer eigenen freiberuflichen Projekte.

Führen Sie Ihre Besucher durch Ihre Inhalte. Warum sind sie hier? Beantworten Sie ihre Fragen, bevor sie gehen. Besser noch: Geben Sie ihnen Antworten, bevor sie Fragen stellen!

warrenlainenaida.net/2018-09-agile-waterfall-adaptive-pert-lean-and-cake

Ihr Mobiltelefon rettet vielleicht Ihr Leben

Der globale eHealth-Markt hat im Jahr 2017 Einnahmen in Höhe von 41 Milliarden Dollar generiert, die bis 2026[1] auf 220 Milliarden Dollar ansteigen dürften. Die wachsende Nachfrage nach eHealth-Lösungen und -Dienstleistungen, unsere Nutzung von Tablets, Smartphones, Wearables, das Internet der medizinischen Dinge (IoMT), die zunehmende Nutzung großer Datenmengen und die Anforderungen einer alternden Bevölkerung sind nur einige der Faktoren, die das Marktwachstum beschleunigen.

41 Milliarden entsprechen in etwa dem Umsatz der gesamten europäischen Käseindustrie.

1reportbuyer.com/product/5475205

AI : DIGITAL CULTURE : EHEALTH : IOMT : MOBILE : TECH

Was ist eHealth?

Innerhalb des immer größer werdenden Spektrums digitaler Disruption ist künftig mit einem immensen Einfluss von eHealth auf unser Leben zu rechnen. Es gibt zahlreiche Möglichkeiten, wie der digitale Wandel unsere Welt verbessern wird, und es scheint, dass die Gesundheitsdienste bereit sind, von all diesen Möglichkeiten zu profitieren.

Was genau verstehen wir unter eHealth? Oder sollte es besser mHealth heißen? Hier sind einige der populären Begriffe, die in eHealth-Publikationen verwendet werden: iHealth, eHealth, mHealth, Digital Health, Integrated Mobile Health sowie Telemedizin, Tele-Intensivmedizin, Virtuelle Interventionen, Virtuelle Unterstützungsinterventionen und eTherapie.

In den letzten Jahren haben wir den Unterschied zwischen "responsiven", "adaptiven (anpassungs-fähigen)" und "fluid" Websites_diskutiert. Wir haben uns mit "fake news", "Content-Marketing" und "Advertorials" herumgeschlagen. Wenn es um unsere Gesundheit geht, sollten wir schnell und sicher in der Lage sein, Begriffe zu definieren. Es ist von entscheidender Bedeutung, dass wir mit dem Unterschied zwischen Gesundheitsversorgung, medizinischer Versorgung und Selbsthilfe vertraut sind – und dass wir erkennen, welche Websites gut für uns sind und welche nicht.

Die Bedeutung der Definition von eHealth-Terminologie war schon ein Thema, noch bevor das erste iPhone 2007 in die Regale kam. *“1. die Standardisierung von Gesundheitsinformationen ist wesentlich für deren Nutzung und Weitergabe durch Verbraucher, Anbieter, politische Entscheidungsträger und andere". WHO, (118. Tagung 25. Mai 2006)*

Digitale Innovationen im Gesundheitssektor waren auch innerhalb der EU-Gegenstand zahlreicher Diskussionen und politischer Initiativen. Solche Diskussionen und Initiativen gehen auf das Jahr 2004 zurück, als der erste eHealth-Aktionsplan der EU verabschiedet wurde.

Ist das ein Arzt in Ihrer Tasche?

Betrachten wir zunächst die Grundlagen von eHealth, beginnend mit dem, was wir täglich auf unseren Telefonen und Computern erleben – dem elektronischen Austausch von Informationen. Symptome, Behandlungen, Erfahrungen, Ärzte und Medikamente – darüber fand schon früh über Blogs und Gesundheits-Chatrooms ein Austausch statt. Es fällt den Menschen offenbar leicht, sich über Erfahrungen zum Wohle anderer auszutauschen. Da unsere Welt immer mobiler wird, ist der Zugang zu Informationen so einfach geworden wie der Griff zum Telefon in der Tasche. Fitbits, Kalorienzähler, Jogging-Tracker ... mit zunehmender Medienkompetenz ist es einfacher geworden, unsere Gesundheit im Blick zu behalten, aber diese Art des Informationsaustauschs birgt ganz offensichtlich auch das Risiko gezielter Manipulation.

Da manipulierte Informationen keine Erfindung der digitalen Medien sind, hat dies eindeutig auch seine positiven Seiten: Die Menschen sind sich der Notwendigkeit bewusst geworden, jede Information, die sie im Internet finden, zu bewerten. Ärzte sind über gut informierte Patienten traditionell nicht gerade erfreut, aber da unsere Bevölkerung altert und die Ressourcen im Gesundheitswesen immer knapper werden, kann ein sachkundiger und digital mündiger Patient eine notwendige und willkommene Entwicklung sein.

Einige Kliniken haben bereits WhatsApp-Messenger-Dienste für ihre Patienten sowie Online-Termin- und Check-in-Dienste implementiert. Mit der Einführung von Geräten zur Verfolgung von Gesundheitsdaten und einer Akzeptanz von IoMT könnte ein Patient schon bald vom Arzt darüber informiert werden, dass er zu einer Kontrolluntersuchung kommen muss, bevor er sich selbst darüber im Klaren ist.

Unsere Autos haben diese Funktion bereits, ebenso wie unsere Kaffeemaschinen, Waschmaschinen, Kühlschränke ... wenn ein paar Minuten über Leben und Tod entscheiden können, dann klingt die Vorstellung eines Chip, der unter die Haut transplantiert ist, oder eines Algorithmus, der Ihre Krankengeschichte berücksichtigt, schon weniger abschreckend.

Eines der Haupthindernisse für die Entwicklung und Umsetzung im Bereich der elektronischen Gesundheitsdienste ist natürlich Vertrauen – bzw. fehlendes Vertrauen. Medizinische Wearables sind ebenso wenig vor Computerviren geschützt wie unsere Telefone. Unsere medizinischen Aufzeichnungen sind für Hacker genauso zugänglich wie unsere Kreditkartendaten. Die Informationen, die wir im Internet finden, werden offensichtlich durch Suchmaschinen und Werbung beeinflusst. Es gibt mehr als 1,5 Milliarden Websites im Netz. Woher wissen wir, dass das, was wir sehen, die beste oder die vertrauenswürdigste Information ist? Sehen wir die Website, weil die Betreiber viel für Google AdWords ausgegeben haben? Wirbt die Website für ein wissenschaftlich anerkanntes Verfahren, oder sehen wir ein sehr teures Advertorial?

Es ist wichtig, ein gut informierter und digital mündiger Nutzer zu sein. Wir erwarten, dass Informationen aus Social-Media-Portalen mit Vorsicht zu genießen sind. Wie sieht es mit Suchmaschinen aus? Google bemüht sich sicherzustellen, dass Websites, die von Google gelistet werden, auch tatsächlich existieren, und Googles regelmäßige Aktualisierungen der Kernalgorithmen scheinen zu funktionieren.

eHealth in Deutschland

In den letzten 25 Jahren ist es ganz einfach geworden, Gesundheitsdaten zwischen Fachleuten im Gesundheitswesen auszutauschen. Anfangs haben einige Firmen versucht, je eigene anwenderbezogene Standards zu etablieren, aber dies scheint kein Problem mehr zu sein, zumindest nicht in Deutschland. Das deutsche Projekt "Gesundheitskarte" wurde 2003 ins Leben gerufen und zielte auf eine standardisierte Speicherung und den Austausch relevanter Daten. Heute haben wir eine EU-Gesundheitskarte.

Das Projektkonsortium "bIT4health" (better IT for better health), bestehend aus den Firmen IBM Germany, dem Fraunhofer Institute for Industrial Engineering (IAO), SAP-Germany, der Intercomponent Ware und den ORGA-Kartensystemen (jetzt: Sagem Orga) wurde mit der Definition der Telematik-Rahmenarchitektur und der Sicherheitsinfrastruktur beauftragt.

15 Jahre später diskutieren Politiker, Fachleute des Gesundheitswesens und die Wirtschaft immer noch

darüber, in welche Richtung es gehen soll. Ärzte fordern eHealth-Gesetze und, in Zeiten allgegenwärtiger mobiler Dienste, Schnittstellen für Gesundheitsanwendungen. Solche Schnittstellen sicher für Android und iOS zu gestalten, ist immer noch eine Herausforderung. Andere Faktoren wie die hohen Kosten für die Einführung und Wartung von eHealth-Lösungen, der Mangel an qualifizierten IT-Fachkräften, fehlende Rückerstattungsrichtlinien sowie Datenschutz- und Lizenzierungsfragen behindern ebenfalls das Marktwachstum und die Umsetzung.

Das volle Potenzial der Digitalisierung im Gesundheitsbereich befindet sich zumindest hierzulande noch in der Warteschleife, aber es sind durchaus vereinzelte Sonnenstrahlen zu sehen, die durch die Wolken fallen.

eHealth in der EU

Wie im eHealth-Aktionsplan 2012-2020 anerkannt wird, werden die eHealth-Ziele der EU durch eine Reihe von Herausforderungen behindert, wie z.B.: mangelndes Bewusstsein und Vertrauen in eHealth-Tools und -Dienste sowohl bei Patienten als auch bei Angehörigen der Gesundheitsberufe, hohe Anlaufkosten bei der Einrichtung von eHealth-Systemen, unangemessene oder fragmentierte rechtliche Rahmenbedingungen (z.B. fehlende Erstattungssysteme für eHealth-Dienste) und mangelnde Interoperabilität zwischen eHealth-Systemen.

Es sollte auch nicht unerwähnt bleiben, dass die Übertragung jeglicher gesundheitsbezogenen Informationen durch die neuen DSGVO-Regelungen nun schwieriger wird. Bedenken hinsichtlich des Datenschutzes sind wichtig, aber letztlich kann die neue DSGVO sich in der Tat als Hindernis für elektronische Gesundheitsdienste über Grenzen hinweg und zwischen Gesundheitsdienstleistern erweisen.

Die Allgemeine Datenschutzverordnung der EU (DSGVO bzw. GDPR), die am 25. Mai 2018 in Kraft getreten ist und EU-weit einheitliche Datenschutzbestimmungen vorsieht, stellt eine neue Herausforderung für die Entwicklung von eHealth-Lösungen dar. Nach der GDPR dürfen Gesundheitsdaten nur unter begrenzten Umständen verarbeitet werden, z.B. wenn eine betroffene Person ihre ausdrückliche Zustimmung zu einer solchen Verarbeitung gegeben hat, und die Verarbeitung von Gesundheitsdaten muss allgemeinen Datenschutzgrundsätzen folgen, z.B. Datengenauigkeit oder Datenminimierung. Jegliche Daten, die im Rahmen digitaler Gesundheitslösungen erhoben werden, einschließlich Wearables, Apps,

Geräte und andere, werden notwendigerweise gesundheitsbezogene Daten umfassen und daher möglicherweise Bedenken hinsichtlich der Privatsphäre und der Cybersicherheit aufwerfen.

eHealth-Fallstudien

Wie kann der Informationstransfer Patienten helfen? Joerg Geissler, Gründer der Münchner Agentur "die-weboptimierer", erzählt von Formen der Unterstützung für Patienten mit Essstörungen.

"Wie bei vielen Menschen mit psychischen Erkrankungen, ist eine anonyme Suche nach Hilfe über das Internet viel einfacher. Sie kann auch Therapiemöglichkeiten aufzeigen, die außerhalb der eigenen Wohnung liegen - ein Aspekt, der sich bei Essstörungen als hilfreich erwiesen hat. Eine einfache, aber clevere gezielte AdWords-Kampagne setzte Hunderte von Patienten mit einem Spezialisten in Bayern in Verbindung. Seine Klinik wuchs in nur wenigen Jahren von 10 auf 60 Betten."

Weitere Kunden von „die-weboptimierer" sind ein Beispiel für die Internationalisierung des heutigen Gesundheitsmarktes. Die Audentic-AG stellt einen Kontakt zwischen deutschen Zahnärzten mit einem Dentallabor in China her, um die Kosten für ihre Patienten zu senken. Dieses Geschäftsmodell wird derzeit von einer High-Tech-Logistik dominiert, die es ermöglicht, Kostenunterschiede auszunutzen.

Wie dies auch in anderen Branchen bereits Realität ist, hört die Digitalisierung hier nicht auf. Bald werden nicht mehr physische Zahnmodelle, sondern 3D-Daten der Standard für die Informationsübertragung sein. Die Übertragung von Daten an vertrauenswürdige Partner eröffnet ein weiteres großes Feld von Möglichkeiten.

Wenn man sich eine Methode namens VATS (video assisted thorax surgery) ansieht, kann neue Technologie einen Unterschied machen, der Leben rettet. Diese mikroinvasive Technologie eignet sich beispielsweise dafür, Lungenkrebs-Tumore zu entfernen. Heute gibt es in ganz Europa 20 Ärzte, die in diesem Verfahren ausgebildet sind. Während diese Eingriffe früher eine "Handarbeit" für Chirurgen waren, sind heute Schulungen zur Handhabung von Joysticks in Vorbereitung.

Die Caspar-Health Online-Therapieplattform ist darauf ausgerichtet, medizinische Fachkräfte zu unterstützen und so die Kapazität der Gesundheitsversorgung zu erhöhen und die Behandlungsqualität zu stärken. Mit Caspar können Gesundheitsdienstleister Patienten sowohl vor Ort als auch aus der Ferne behandeln. Die Online-Therapieplattform verwendet innovative Therapiekonzepte und bietet ihren Benutzern klinische Übungen, Seminare und Videos zur Patientenaufklärung.

"Caspar ist eine interaktive Plattform. So kann beispielsweise die Rehabilitation nach einem Schlaganfall online durchgeführt werden. Ein Spezialist spricht online mit dem Patienten und stellt sicher, dass seine Anweisungen korrekt befolgt werden. Darüber hinaus bietet die Website eine Reihe von Interviews und Präsentationen, die von qualifizierten Fachärzten und Ärzten durchgeführt werden.

Jeder Patient erhält vom Leistungserbringer im Gesundheitswesen ein Caspar-Konto mit einem auf ihn zugeschnittenen interdisziplinären Therapieplan. Er stellt sicher, dass die Patienten sowohl während als auch nach dem Spitalaufenthalt eine qualitativ hochstehende Betreuung erhalten können."

Was ist von eHealth zu erwarten?

Die künstliche Intelligenz eröffnet nicht nur neue Möglichkeiten für Operationen und eine bessere Diagnose, kann aber auch beim Gesundheitsmanagement und der medizinischen Versorgung von Nutzen sein. Neue Technologien wie Blockchain können uns beim sicheren Austausch unserer Daten unterstützen. Wenn wir in Zukunft zunehmend reifer und sachkundiger in digitalen

Fragen werden, mehr Erfahrung mit digitalen Geräten und dem Online-Informationsaustausch sammeln, dann wird vielleicht die Hoffnung auf eine Verbesserung unserer Gesundheit die möglichen negativen Auswirkungen der Technologie überwiegen.

Unser Gesundheitssystem wird mit einer ständig wachsenden und alternden Bevölkerung auch weiterhin unter Druck stehen – und hier kann IoMT potenziell helfen. Es wird erwartet, dass bis 2025 1,2 Milliarden der 8 Milliarden Menschen auf der Erde über 65 Jahre alt sein werden. Ältere Menschen haben tendenziell mehr Probleme, die das Gesundheitswesen belasten. Da die Lebenserwartung zunimmt, ist zu erwarten, dass die Kosten für die Gesundheitsversorgung ebenfalls entsprechend steigen.

Eines der Haupthindernisse für die Entwicklung und Umsetzung im Bereich der elektronischen Gesundheitsdienste ist, wie schon gesagt, mangelndes Vertrauen. Ein weiteres Hindernis ist das Fehlen eines gemeinsamen Verständnisses vom Wert von Daten und den richtigen Strategien im Umgang mit ihnen. Die Regierung ist langsam und genießt (derzeit) kein großes Vertrauen. Private Unternehmen sehen sich mit Datenschutzgesetzen, Bedenken in Bezug auf Monopolstellungen, staatlicher Kontrolle und wiederum einem Mangel an

Vertrauen in der Öffentlichkeit konfrontiert. Könnten nicht die Universitäten, insbesondere die Universitätskliniken, am besten in der Lage sein, praktische und logische eHealth-Dienste anzubieten?

Universitäten und Universitätskliniken genießen im Vergleich zu staatlichen und privaten Unternehmen zumindest noch größtenteils das Vertrauen der Bevölkerung. Die meisten Spitzenuniversitäten bestehen schon länger als jede Regierungspartei und die meisten Privatunternehmen. Während der universitäre Auftrag in der Vergangenheit auf Lehre und Forschung fokussiert war, erstreckt sich das Mandat einer Universität im einundzwanzigsten Jahrhundert auch auf die Idee des öffentlichen Dienstes.

Universitätssubventionen (unsere Steuergelder) stellen die Finanzierung der Universitäten sicher, und viele unserer eigenen Kinder besuchen eine Universität, wie dies auch viele von uns in der Vergangenheit getan haben. Wann waren Sie das letzte Mal in einer Universitätsklinik? Hatten Sie dabei nicht das Gefühl, dass Sie sich dort in kompetenteren Händen befinden als in einem staatlichen Krankenhaus? Die Universitätsklinik ist für die Erforschung zukünftiger Gesundheitsinstrumente zuständig. Ärzte und Krankenschwestern werden an Universitätskliniken ausgebildet. Patienten werden vor Ort betreut. Hier gibt es einen relevanten, beständigen, verantwortlichen und vertrauenswürdigen Partner, der Informationen, Forschung und Dienste im Bereich der elektronischen Gesundheitsdienste entwickeln und bereitstellen kann.

eHealth bietet viele Vorteile:
Verbesserte Kommunikation zwischen Patienten und Pflegepersonal, bessere Dokumentation, automatisierte Ausstellung von Rezepten und Ausgabe von Medikamenten, schnelles Eingreifen und erhöhte Effizienz.

warrenlainenaida.net/2018-08-your-mobile-phone-just-may-save-your-life

Ist das der digitale Wandel, der hier vor mir steht?

Digitaler Wandel ist die Umgestaltung von geschäftlichen und organisatorischen Aktivitäten, Prozessen, Kompetenzen und Modellen, um die Veränderungen und Möglichkeiten einer Mischung aus digitalen Technologien und deren beschleunigte Auswirkungen auf die gesamte Gesellschaft strategisch und nach Prioritäten geordnet voll auszuschöpfen. Digitaler Wandel ist die Integration digitaler Technologien in unser tägliches Leben.

DIGITAL CULTURE : TECH : DIGITAL TRANSFORMATION

Als ich vor kurzem in Belarus war, war ich erstaunt, wie sehr die Hauptstadt Minsk und die EU-Grenzstadt Brest, wo ich ebenfalls war, die Energie von Berlin und Moskau in den 1990er Jahren widerspiegelten. Trendige Kaffeebars (die in der Tat nicht unter der Abwesenheit von Starbucks leiden, sondern davon profitieren), POS-Hologramme in Supermärkten, Taxi-Apps, Handyshops in Hülle und Fülle, internationale Marken und Unternehmen, flache LED-Ampeln, dynamische lokale Marken und Unternehmen – all das vermischt sich zu einer pulsierenden digitalen Geschäfts- und Technologiekultur. Ich konnte mein Telefon kostenlos aufladen und einen Kaffee genießen, während ich meinem Kind beim Spielen im Kinderbereich der Mall zuschaute, UND ich konnte mit der VISA-Swipe-App auf meinem Telefon fast überall bezahlen. Dies war ein ganz anderes Weißrussland als bei meinem ersten Besuch im Jahr 2007. Tatsächlich ist es ganz anders als das, was ich auch heute noch in Deutschland erlebe. Am meisten fiel mir auf, dass ich bei Reisen in andere Städte, in die ich nach längerer Abwesenheit zurückkam, keine vergleichbare Energie feststellen konnte und mir keine vergleichbare digitale Veränderung des Alltagslebens ins Auge sprang.

In der rund zwei Millionen Einwohner zählenden Stadt Minsk arbeiten heute mehr als 30.000 Technikspezialisten, von denen viele mobile Anwendungen, Software und Spiele entwickeln (Wargaming.net wurde 2008 in Minsk gegründet und ist die Nummer acht unter den Top 10 der Welt der rentablen Spiele). Bereits 2005 begann Weißrussland mit der Umsetzung von Gesetzen zur Förderung seines Technologiesektors. Seit kurzem umfassen diese Gesetze auch Visa, digitale Verträge und Kryptowährungen. Die im High-Tech-Park Weißrussland ansässigen Unternehmen sind von allen Unternehmenssteuern, einschließlich Mehrwertsteuer und Umsatzsteuer, sowie von Zöllen befreit.

Offensichtlich ist nicht alles, was glänzt, Gold in der neuen digitalen Wirtschaft. Die alte Frau, die mich um Geld bat, hat ihr Leben lang für den Staat gearbeitet und hat jetzt eine geringe Rente. Sie muss zusehen, wie die letzte sowjetische Diktatur Europas offen mit dem Kapitalismus flirtet, wie die Anzahl von Mercedes auf den Straßen immer weiter zunimmt und die junge Tech-Schickeria, die nie irgendwelche Entbehrungen kennengelernt hat, im Hilton Matcha-Smoothies trinkt. Wo bleibt da die Fairness? Angesichts dessen, dass 21% der Deutschen an oder unter der Armutsgrenze leben und das Vermögen von Jeff Bezos derzeit bei 131 Milliarden Dollar liegt, kann man sich auch fragen, wo heutzutage in jedem Industrieland die Fairness bleibt?

"Master Builders verbringen Jahre damit, ihren Geist leer zu machen, um auch nur einen flüchtigen Blick auf den Mann da oben zu erhaschen. Und ihr Geist ist so ungeheuer leer, dass da nichts ist, was man daraus entfernen könnte." The Lego Movie 2014.

Mir fällt diese Filmszene ein, weil sie mich an die Leichtigkeit erinnert, mit der Weißrussland (in vielerlei Hinsicht) schnell eine digital-affine Gesellschaft entwickeln konnte, ohne die Wachstumsschmerzen anderer Länder.

Die neue digitale Gesellschaft entwickelt sich schneller, als die derzeitigen Infrastrukturen (Regierung, Bildung, Wirtschaft usw.) sich anpassen oder reagieren können.

Transformation ist mehr als die Gentrifizierung einer Gurkenfabrik und Gleitzeit für arbeitende Väter – sie bedeutet eine völlig neue Denkweise. Deutschland und Japan konnten nach dem Zweiten Weltkrieg neue industrielle und wirtschaftliche Kraftzentren entwickeln, weil es nur noch sehr wenig Infrastruktur gab, die angepasst werden musste.

Silicon Valley? Es war von Anfang an ein Technologiezentrum. Mit überwiegend Orangenbaumplantagen gab es dort nichts zu ersetzen, und Stanford förderte von Anfang an die Entwicklung lokaler Unternehmen im Elektronikbereich. Frederick Terman schuf auf 660 Hektar Land in Stanford einen Industriepark, in dem das Land langfristig an Elektronik- und andere Hochtechnologieunternehmen verpachtet wurde. Hewlett-Parkard und Varian Brothers gehörten zu den ersten Pächtern. Dies verschaffte Stanford

Einkommen und schuf einen High-Tech-Industriecluster[1].

Wir brauchen mehr Orangenbaumplantagen. Ist Syrien, nach dem verheerenden Krieg, ein möglicher Ansatzpunkt? Eine Freihandelszone, digitale Infrastruktur, internationale Investitionen ohne Flagge?

Populismus und soziale Fragmentierung sind nur einige der vielen Manifestationen der Wachstumsschmerzen, die wir verspüren, während der technologische Wandel schneller voranschreitet, als die meisten von uns akzeptieren oder verstehen können. Vor zweihundert Jahren brachten die industrielle und die zweite Agrarrevolution die gleichen Umwälzungen mit sich: Die Einführung von Maschinen holte die Menschen von den Feldern in die Städte und Fabriken. In einer Welt mit einer wachsenden Zahl älterer Menschen und Bevölkerungsgruppen mit geringerem Einkommen wird sich dieser Wandel für Länder, deren Strukturen auf den wohlhabenden Nachkriegsjahren beruhen, als äußerst schwierig erweisen.

Eine erfolgreiche Umgestaltung verlangt mehr von uns als einen weiteren Co-Working-Space und ein paar neue Trend-Hashtags. Der CEO von Bosch erschien auf der Jahreshauptversammlung in einem blauen T-Shirt auf der Bühne. Die Menschen

1 sjsu.edu/faculty/watkins/sivalley.htm

bejubelten dies als ein positives Zeichen des kulturellen und digitalen Wandels. Wir haben den Weg von Dotcom-CEOs in Shorts und T-Shirts schon einmal beschritten. Wenn das, was der Chef trägt, ein Anhaltspunkt dafür ist, wie weit ein Unternehmen auf dem Weg der digitalen Transformation ist, dann haben wir immer noch nicht wirklich begriffen, worum es geht und was passieren wird.

Digitaler Wandel bedeutet die Integration der digitalen Technologie in unser tägliches Leben.

Bestehende Infrastrukturen können diesen Wandel hemmen, so dass sich kleinere, neu gegründete Systeme schneller entwickeln und in einer Weise konkurrieren können, wie es größere, bestehende Systeme nicht können.

warrenlainenaida.net/2018-07-is-that-digital-transformation-i-see-before-me

GDPR. GDPR Überall ...

Am 27. Mai 2019 trat die neue GDPR/DSGVO Datenschutzverordnung vollständig in Kraft, und unsere Websites werden nie mehr dieselben sein. Das Gesetz trat bereits 2016 in Kraft, aber uns wurde eine zweijährige Frist eingeräumt, um unsere Websites auf den neuesten Stand zu bringen. Für viele Menschen kam das Gesetz aus dem Nichts, und die Einhaltung wurde bis zur letzten Minute aufgeschoben - das war so, als würde man eine Hausaufgabe von der zehnten Klasse bis zur Busfahrt in die Schule am Morgen des Schulabschlusses aufschieben.

COOKIES : GDPR : WEBSITES : ANALYTICS : BIG DATA : IOT

Was für ein Monat

Social Media drehte durch, zumindest hier in Deutschland – laut hashtagify.me lag #DSGVO im Mai 2019 auf Platz neun der zehn meistgenutzten Hashtags und hat seine Beliebtheit zwischen März und Juni fast verdoppelt. Auf Englisch war #GDPR jedoch bei weitem nicht populär genug, um in die Top Ten zu kommen ... was möglicherweise etwas über Deutschlands Liebe zu Regeln aussagt könnte.

Inmitten des Stresses waren viele von uns dankbar für die vielen Momente der Ruhe. Wir sollten z.B. alle dankbar sein für die Tracking-Daten auf Websites, die als Cookies bezeichnet werden. Das verdanken wir Lou Montulli, der den Ausdruck während seiner Arbeit bei Netscape geprägt hat.[1] Danke, Lou!

Zwischen den guten Zeiten gab es auch traurige Momente, etwa angesichts der vielen überteuerten und unnötigen Hilfsangebote. Dies war nicht der richtige Zeitpunkt, um vor allem kleinen Unternehmen und Menschen aufzulauern, die realistischen und vernünftigen Rat gebraucht hätten – und keine überhöhten Rechnungen, mit denen ihnen hunderte von Euro aus der Tasche gezogen wurden. Dank gebührt den vielen Checks und Angeboten, die guten Firmen und Berater kostenlos zur Verfügung gestellt haben.

Im Zusammenhang mit personenbezogenen Daten haben wir diesen Monat noch an E-Mails, Websites und vielleicht an persönliche Assistenten wie Alexa gedacht.

1 montulli.org/lou

Vielleicht müssen wir jedoch schon in der nahen Zukunft in ganz anderen Begriffen über Datenschutz nachdenken – das Internet der Dinge beinhaltet nicht nur Kühlschränke, Kaffeemaschinen und Autos, sondern auch andere Dinge, die ganz nach unseren persönlichen Wünschen hergestellt werden.

Wie zum Beispiel Sexroboter. "Safe sex" mit Geräten, die mit dem Internet verbunden sind, stellt den nächsten Schritt in dieser Entwicklung dar.

Shenzhen Atall Intelligent Robot Technology ist eines der führenden chinesischen Unternehmen für Roboter, die mit künstlicher Intelligenz (KI) ausgestattet sind. Unter den verschiedenen KI-Roboterprodukten des Unternehmens ist, das meistverkaufte ein KI-Sexroboter namens Emma. Die multifunktionale Maschine ist mit dem Internet und dem Android-Betriebssystem verbunden.

Der Silberstreifen

Alles in allem war "GDPR-geddon" eine Gelegenheit, das zu tun, was wir normalerweise nicht tun würden – unsere Websites auf dem neuesten Stand zu halten und regelkonform zu gestalten – und zwar nicht nur in rechtlicher Hinsicht, sondern auch im Einklang mit den Bedürfnissen der User unserer Websites. Ist dieses Plugin wirklich nötig? Und wie sieht es mit den Google-Schriftarten aus? Ist ein Kontaktformular so viel notwendiger als eine aktivierte E-Mail-Adresse? Ist dieser Social-Media-Feed nötig, wenn man bedenkt, dass wir höchstens einmal im Monat posten? Warum wirft unsere Website Krümel von sechsundfünfzig Cookies ab, und woher kommen sie? Zumindest können wir die Frameworks und Toolchains überprüfen, die dazu führen, dass unsere Website sich beim Laden (möglicherweise, wahrscheinlich) anstellt wie ein nasses Walross.

Die GDPR-Angst hat uns die Gelegenheit zum Hausputz gegeben – dazu, unsere Websites aufzuräumen, alte Nutzer zu entfernen, Inhalte klarzustellen, unerwünschte Funktionen zu entfernen und in einigen Fällen sogar eine Pause einzulegen, um das gesamte CMS zu überprüfen (was mir in einem Fall sogar einen neuen Kunden bescherte). Dieser Prozess sollte eher monatlich als halbjährlich durchgeführt werden, daher hoffe ich, dass dies für viele Website-Betreiber ein echter Weckruf war.

Ich hoffe auch, dass Website-Besitzer nun allmählich verstehen und zunehmend zu schätzen wissen, was jeden Tag unter der Haube ihrer Website vor sich geht. Wenn Sie ein Auto fahren, muss ich davon ausgehen, dass Sie etwas Erfahrung mit der Wartung Ihres Autos haben. Warum sollte das nicht auch für Ihre Website gelten? Wenn man sich die Finger schmutzig macht, dann führt das manchmal dazu, dass man die Dinge viel mehr zu schätzen weiß.

Sie möchten Mai, begnügen Sie sich mit Juni

Haben Sie die Frist bis 27. Mai verpasst? So etwas passiert. Wichtig ist, dass man zeigt, dass man es versucht hat und dass es einem wichtig ist, und es ist ja erst die erste Juniwoche. Wenn Sie, wie die meisten von uns, eine kleine Website haben, können Sie alle notwendigen Aktualisierungen zur Einhaltung der Frist wahrscheinlich innerhalb von höchstens zwei Stunden vornehmen. Fangen wir also an!

Was habe ich für meine Kunden getan? Was sollten Sie tun, wenn Sie auf einer Antarktis-Expedition waren und gerade zum ersten Mal wieder Ihre Website angeschaut haben?

- SSL – eine sichere https: vs nur http: (in den meisten Hosting-Paketen kostenlos enthalten) Website. Ein Muss.
- Hinweis auf Cookies – da alle Websites Cookies verwenden, ist das so, als ob Ihr Auto Sie fragt, ob Sie sicher sind, dass Sie bremsen wollen ... aber trotzdem. So sieht man auch, welche Cookies Ihre Website überhaupt produziert. Bei der Einwilligung zur Verwendung von Cookies sollte es heißen “Ich bin einverstanden”, nicht “Hab's verstanden”.
- Aktualisieren Sie Ihre Datenschutz- und Impressumsseiten. Auch immer eine gute

Idee, besonders wenn Sie weder das eine noch das andere haben. Am besten hat man beides.

- Verwenden Sie ein Kontaktformular oder können Leute auf andere Weise Daten auf Ihrer Seite eingeben? Dann müssen Sie sich nochmals bestätigen lassen, dass das in Ordnung ist. Sie brauchen auch ein Verfahren, über das Nutzer sich abmelden und alle Daten löschen können, die sie zuvor eingegeben haben. Also ... brauchen Sie wirklich ein Kontaktformular oder ein Newsletter-Formular?
- Google-Analytics? –stellen Sie das gleich vorne in die Einwilligung zur Verwendung von Cookies und fügen Sie ein Opt-out-Cookie ein. Ironisch, aber ...
- Google-Fonts – brauchen wir Google-Fonts? Dies ist ein gutes Beispiel dafür, dass die Dinge immer kostenlos waren, aber irgendwann ist nichts mehr umsonst. Dinge wie externe Schriften müssen lokal gespeichert und aufgerufen werden, von Ihrem eigenen Server aus.
- Social Media. Ja, wir halten es für selbstverständlich, aber ... es ist besser, die Leute darauf aufmerksam zu machen, dass es ein Tracking sowohl von als auch zu Ihrer Website gibt.

Blick nach vorne - Wir haben ein Kurzzeitgedächtnis

Wird die GDPR/DSGVO etwas ändern? Wahrscheinlich nicht für die Websites von uns kleinen Leuten. Die meisten Gesetze sind dazu da, um uns in Sicherheit zu wägen, und nicht, um uns tatsächlich sicherer zu machen. Ich bezweifle, dass Facebook, Google usw. sich große Sorgen machen, noch dass die neue Datenschutzverordnung irgendetwas an ihrer Art der Datenerhebung und -verbreitung ändern wird.

In Deutschland ist das Impressum (in seiner jetzigen Form) seit 2006 erforderlich. Ich erinnere mich an die Hysterie, die entstand, als Unternehmen anfingen, Rechnungen von skrupellosen Firmen zu erhalten, die ihnen die Nichteinhaltung von Vorschriften vorwarfen. Das Impressumsgesetz gibt es in Deutschland jedoch schon seit 1530! (Vorgänger vieler unserer Lieblings-Websites.) Die Strafe für die Nichteinhaltung des Impressumsgesetzes beträgt 50.000 Euro, aber das scheint die meisten Website-Betreiber nicht zu stören. Auf vielen Webseiten steht immer noch nicht die Telefonnummer der für die Website verantwortlichen Person; und ... sie sollte dort stehen.

Fragen, bei denen es um mehr geht als die Website der örtlichen Bäckerei oder des Sportvereins, die unseren Besuch auf ihren Seiten vermerken, oder wie sicher wir uns jetzt bei Facebook fühlen können (hust, hust), sind Gesprächsstoff für Wein- und Gartenpartys. Wie ich Anfang dieses Jahres geschrieben habe, war der Zugang zu Informationen scheinbar immer "frei". Die Antwort der Washington Post auf die Einhaltung der GDPR ist ein neues EU-Premium-Abonnement in Höhe von etwa 100 Dollar pro Jahr ... und das wird die Glocke sein, die die Tore öffnet.

Wie Larry Downes in einem HBR-Artikel schrieb: *"Da die Erhebung und Nutzung von Informationen durch die GDPR teurer wird, ... werden die Verbraucher den Preis dafür bezahlen, sowohl direkt als auch auf andere Weise."*[1]

Wir müssen immer etwas geben, um etwas zu bekommen, auch wenn dieses Etwas aus dem Blickfeld gerät –nichts ist umsonst. Auch wenn die Tracking-Pixel und die personalisierten Anzeigen uns wie ein subtiler Eingriff in unser Leben vorkommen, sollten wir nicht vergessen, dass unsere digitale Kultur nicht erst in dem Moment entstanden ist, als die Computer online gingen.

Unsere digitalen Gewohnheiten, insbesondere unsere Gewohnheiten als Verbraucher, haben ihre Wurzeln sowohl in der Online- als auch in der Offline-

1 hbr.org/2018/04/gdpr-and-the-end-of-the-internets-grand-bargain

Welt und über Verbindungen, die weit in die Zeit vor dem World Wide Webzurückreichen.

Diese Komponenten sind sowohl überzeugend als auch historisch. Und deswegen sollten wir auf das vorbereitet sein, was die Wirtschaft und die Regierung für uns auf Lager haben, wenn wir anfangen uns in Sicherheit zu wiegen, dass unsere Daten “sicher” sind.

Sicherheit ist oft nur ein Kompromiss für Leistung – oder, noch schlimmer, für Kontrolle.

Ist die GDPR/DSGVO für uns als normale Nutzer von Webseiten wertvoll? Bietet sie uns besseren Schutz – oder einfach nur eine stänkere Regulierung unserer Websites? Wird ein Haus allein dadurch sicherer, dass man mehr Schlösser anbringt?

Wenn wir die Sicherheit unserer Nutzer und Online-Kunden gewährleisten, bedeutet dies, dass sie uns mehr vertrauen. Lassen Sie uns dieses Vertrauen nicht missbrauchen.

warrenlainenaida.net/2018-06-gdpr-gdpr-everywhere

Sie möchten einen Online Shop einrichten?

Vor kurzem wurde ich gebeten, bei der Einrichtung eines Online-Shops zu helfen. Ich habe schon über den Aufbau einer Website geschrieben, aber ein Online-Shop wirft weitere interessante Fragen auf. Eine solche Website ist nicht nur eine Informationsquelle, sondern auch ein Ort des Handels und rechtsverbindlicher Transaktionen (über die einfache Datenerfassung Ihres Namens und Ihrer E-Mail-Adresse in einem Formular hinaus).

CMS : ECOMMERCE : ONLINE SHOPS : PROJECT MGMT

Zusätzlich zur Checkliste für die Erstellung einer Website, zum Verständnis Ihrer SEO und wie Sie Ihre Marke und Ihren Markt durch Social Media aufbauen, erfordert Ihr Online-Shop darüber hinaus noch ganz eigene Überlegungen. Doch wie bei jedem Projekt ersparen Sie sich viele Kopfschmerzen zu einem späteren Zeitpunkt, wenn Sie von vornherein alles in einem Flussdiagramm modellieren.

Abgesehen von SEO, Social Media und Marketing sind dies wahrscheinlich die drei wichtigsten Fragen, die Sie sich stellen sollten:

- Was werden Sie verkaufen (und warum)? Wie werden Sie Ihren Kunden einen Mehrwert bieten (sie zurückbringen)***?***
- Wie wird dieser Prozess auf Ihrer Website ablaufen? (Benutzerfreundlichkeit***)***
- *Welches ist die besten Tools für die Erstellung und Verwaltung Ihres Shops?*

Erster Schritt: Was verkaufen Sie?

Einen Hauptkatalog erstellen (Artikel und # der Produkte und Dienstleistungen)

- Varianten von Artikeln und # von Produkten und Dienstleistungen (1)
  Produkte und/oder Dienstleistungen ...
- Varianten von Artikeln und # von Produkten und Dienstleistungen (2)
  Größen, Dauer, Anzahl, Typen ...
- Varianten von Artikeln und # von Produkten und Dienstleistungen (3)
  Wiederkehrende Zahlungen ...

- Varianten von Artikeln und # von Produkten und Dienstleistungen (4) Großbestellungen, Bundle ...

Zweiter Schritt: Skizzieren Sie Ihre Prozesse

Wie alles wird auch ein Online-Shop einen Workflow haben. “Wenn dies geschieht, dann geschieht das ...” Es ist daher sehr wichtig, Antworten auf die Fragen zu haben, bevor Sie mit der Einrichtung Ihres Systems beginnen. Das erspart Ihnen Kopfschmerzen, und Sie können Ihr System leichter einrichten, wenn Sie die Antwort auf “Was wäre, wenn?” kennen.

- Wer ist der rechtmäßige (für alles, was schief geht und für die Zahlung von Steuern verantwortliche) Besitzer des Shops?
- Was ist, wenn jemand mehr will, als wir haben (Rückstände)?
- Rabatte? Verkäufe? Vorbestellungen? Stornierungen?
- Welche Zahlungsmöglichkeiten? Karten, Banküberweisung, PayPal?
- In welcher Sprache verkaufen wir?
- Werden Artikel innerhalb Ihres eigenen Landes oder in andere Länder verkauft?

- Welche Währungen? mehrere? Wechselkurse?
- Wie sieht es mit Steuern und Liefergebühren aus?
- Wer wird Beschwerden bearbeiten?
- Wer kümmert sich um die Rücksendung von Artikeln?
- Wie werden Gelder im Falle von Rücksendungen an Kunden zurückgezahlt?
- Wie werden Bestellungen bearbeitet? mit welchem Spediteur? wird es eine Wahlmöglichkeit geben?
- Einrichtung von Benutzerkonten? Was ist mit anonymen Käufern?
- Was ist mit der Datenerfassung (und mit der GDPR/DSGVO-Datenspeicherung) – Zahlungsinformationen, Adresse, Name, Geburtsdatum, Anschrift?
- Was ist mit Marketing über Empfehlungen, Newsletter, E-Mails?
- Wer wird den Inhalt der Website verwalten, CMS?
- Wie soll der Shop auf Mobiltelefonen dargestellt werden? Wie auf dem Desktop oder anders?
- Ist unser Online-Shop Teil einer aktuellen Website oder etwas Eigenständiges?

Dritter Schritt: Welches System wollen Sie für Ihren Shop verwenden – können Sie es sich leisten / es alleine machen oder mit Unterstützung?

Es gibt einige Optionen für die Einrichtung eines Online-Shops (jeweils mit Vor- und Nachteilen, Gebühren, Entwicklungskosten usw.).

1. Verwenden Sie einen Shop-Anbieter (z.B. Shopify oder Lightspeed)
2. Verwenden Sie ein Shopsystem, das von einem Hosting-Provider (Strato, Wix, 1und1 usw.) angeboten wird.
3. Verwenden Sie ein CMS mit einem Shop-Plugin (z.B. woo commerce mit WordPress)
4. Erstellen Sie das Ganze von Grund auf neu, möglicherweise durch Programmierung einer App (okay, es gibt vier Optionen)

Und natürlich müssen Sie Folgendes berücksichtigen:

- Verfügen Sie über ein Budget für Planung, Entwicklung, Konstruktion und Wartung?
- Server-Installation? Software-Lizenzen, Updates usw.?
- Wie sieht es mit Bildern Ihrer Produkte aus? Wer wird diese erstellen? Verwalten Sie Inhalte, Beschreibungen, Preise usw.?

- Hosting-Kosten, E-Mail-, SSL- und andere Aspekte bezüglich der Website-Sicherheit, Domainnamen?
- SEO-Plan?
- Plan und Budget für Online-Anzeigen?
- Plan für soziale Medien und Verwaltungsbudget?

eCommerce/Online-Shopping sollte auf Ihrem Mobiltelefon die gleiche (gute) Benutzerfreundlichkeit und (gute) Kundenerfahrung bieten wie auf Ihrem Desktop.

Ihr Kunde sollte auch mit Gaststatus bestellen können.

Navigation: einfach, intuitiv - vielleicht nur ein Suchfeld.

warrenlainenaida.net/2018-05-so-you-want-to-build-an-online-shop

Die digitalen 1%

Elysium, In Time, Upside Down – das sind einige der vielen dystopischen Geschichten, in denen sich ein kleiner Teil der Gesellschaft mit Zugang zur besten Technik (und Lebensqualität) gegen den Rest (von uns) stellt, der sich auf veraltete Technik verlässt (und wahrscheinlich in Ghettos lebt). Wahrscheinlich fällt uns die coole Technologie mehr auf als die wachsende Ähnlichkeit zwischen Fiktion und Realität. Wenn wir an die 1% denken, denken wir wahrscheinlich an diejenigen, die das meiste Geld besitzen. Die Realität sieht so aus, dass die 1% künftig die beste Technologie (okay und immer noch das meiste Geld) besitzen werden.

DIGITAL CULTURE : IOT : KIDS : TECH : ELEARNING

Ich habe in früheren Kapiteln über unsere Beziehung zur Technik und zu Gegenständen geschrieben. Im Zuge der Beratung von Kunden zur Aktualisierung ihrer Websites in Übereinstimmung mit der GDPR/DSGVO-Politik der EU – was heutzutage unumgänglich ist - habe ich angefangen, über die Peripherie der Dinge nachzudenken. Deswegen, und weil mein Kind eine Website über die Geschichte der Seuchen erstellen wollte. Die Webseite war der einfache Teil!

Information, Bildung und die Lebensqualität durch Technik, die wir als selbstverständlich ansehen und genießen – wie könnte sich das in Zukunft ändern?

Wenn wir über das Internet der Dinge und die digitale Kultur sprechen, dann gehen wir stillschweigend davon aus, dass wir daran teilnehmen, –dass die Technik *demokratisch* und *inklusiv* ist. Die Geschwindigkeit der technologischen Entwicklung, gepaart mit unserer Erwartung, Zugang zu den neuesten Gadgets zu haben, bedeutet, dass wir uns irgendwann zumindest in den Bankrott treiben könnten, nur um mit den Joneses mitzuhalten.

Unsere Anforderungen - mit einem Telefon zu kommunizieren, die neuesten Filme zu sehen, Informationen im Internet zu finden, beim Training unsere Fortschritte zu verfolgen - wurden schon vor Jahren erfüllt. Genauso, wie unsere Fahrbedürfnisse höchstwahrscheinlich mit unserem ersten Auto erfüllt wurden. Die Art und Weise, in der die Technologie unser Leben verbessert hat, wird heute von all den Extras übertroffen, die wir wollen, aber nicht wirklich brauchen. Wenn Sie daran denken, welche Verbesserungen in den letzten fünfzig Jahren an einem Gartenrechen vorgenommen wurden, und welche Anforderungen Sie an einen Gartenrechen in Ihrem Garten stellen, dann verstehen Sie, was ich meine.

Das Tempo des technologischen Wandels ist atemberaubend. Es ist erst dreizehn Jahre her, dass das iPhone auf den Markt kam. Denken Sie an Ihr erstes Mobiltelefon und Ihren ersten Heimcomputer. Wenn sich die Technik der Autos im gleichen Tempo wie die der Computer weiterentwickeln würde, dann würde ein neuer VW-Käfer heute vier Cent kosten. Die meisten von uns haben das Glück, nicht nur in den Genuss all dieser Geräte zu kommen, sondern auch freien Zugang zu Wasser, Unterkunft, Nahrung, Bildung, Benzin, Strom und Dingen (die wir auch leicht wegwerfen können) zu haben; was aber könnte sich in den nächsten Jahren verändern?

Zugang zu Informationen

Die GDPR/DSGVO-Politik der EU wurde als ein Mittel angekündigt, um uns und unsere Daten vor Missbrauch zu schützen. Diese Politik kann allerdings auch als ein Mittel gesehen werden, um uns in

Zukunft für etwas bezahlen zu lassen, von dem wir es heute gewohnt sind, dass wir es kostenlos erhalten.

Wir müssen immer etwas geben, um etwas zu bekommen. Auch wenn wir das Gefühl haben mögen, dass das tracking-Pixel und die personalisierten Anzeigen einen subtilen Eingriff in unser Leben darstellten, sollten wir nicht vergessen, dass unsere digitale Kultur nicht in dem Moment entstanden ist, als die Computer online gingen. Unsere digitalen Gewohnheiten, insbesondere unsere Gewohnheiten als Verbraucher, haben ihre Wurzeln sowohl in der Online- als auch in der Offline-Welt mit Links, die weit vor dem World Wide Web liegen. Diese Komponenten sind sowohl überzeugend als auch historisch. Wir sollten daher darauf vorbereitet sein, was die Wirtschaft (und die Regierung) für uns auf Lager haben, wenn wir anfangen zu spüren, dass unsere Daten "sicher" sind. Sicherheit ist oft ein Kompromiss zwischen Leistung oder schlimmer noch, zwischen Kontrolle und Leistung.

Bildung

Ich lebe in Deutschland. Wir haben das Glück, dass unser Kind auf eine kleine Schule in einer relativ guten, bürgerlichen Nachbarschaft geht. Aber auch hier erleben wir bereits den wachsenden

Lehrermangel. Die Kinder haben einmal pro Woche Computerunterricht (in der dritten Klasse), aber in den Klassenzimmern wird keine Technik eingesetzt (es gibt keine Tablets oder andere Geräte).

Es heißt, Deutschland müsse jährlich fast 3 Milliarden Euro in Technologie für Schulen investieren, wenn es im globalen Wettbewerb bestehen will. Viele sind der Meinung, dass diese Zahl wahrscheinlich ein Drittel dessen ausmacht, was wirklich notwendig ist. Wichtiger ist jedoch, dass die Zahl der Kinder in der Grundschule von heute 2,8 Millionen auf etwa 3,2 Millionen bis 2030 steigen soll.

Allein in den deutschen Grundschulen könnten bald bis zu 24.000 Lehrer[1] fehlen, eine Entwicklung, die auf die weiterführenden Schulen übergreifen dürfte, die bereits mit einer Welle von Pensionierungen und einem Mangel an jungen Lehrern zu kämpfen haben.

Im Jahr 2016 wurden in Deutschland insgesamt 129,2 Milliarden Euro für Bildung ausgegeben – fünf Milliarden mehr als im Jahr 2015. Deutschland ist ein Land, das viel Geld in Bildung investiert; kein anderes Land in Europa gibt mehr aus. Allerdings sind die Bildungsausgaben in Deutschland nur in absoluten Zahlen hoch.

1 zeit.de/politik/deutschland/2017-07/lehrermangel-steigende-schuelerzahlen-bertelsmann-studie-zehntausende-lehrer-fehlen

In der Europäischen Union *geben nur* die Tschechische Republik, die Slowakei und Italien *einen geringeren Anteil ihres BSP für Bildung aus* als Deutschland.[2]

Eine dystopische Zukunft?

Was hält die Zukunft für uns bereit, wenn wir uns keinen Zugang zu Informationen oder zur besten Technik leisten können? Welche (analogen wie digitalen) Fähigkeiten werden unsere Kinder zum Arbeiten und Leben brauchen? Werden uns die besten/nützlichsten Informationen zur Verfügung stehen? Geeignete Bildungsressourcen? Selbst Zugang zu wichtigen Patches im Gesundheitswesen?

Ich sehe eine Zeit voraus, in der gute Geräte, zuverlässiges Internet/Wi-Fi, gute Technik nur noch zu erheblichen Kosten und dann auch nur noch für einen sehr kleinen Teil der Bevölkerung verfügbar sein werden. Genau wie heute, wenn es um die Qualität von Nahrung, Wasser und Lebensqualität geht. Es wird immer noch Internet und Wi-Fi, Mobiltelefone, Software usw. für alle geben – aber ich glaube, es wird eine Kluft zwischen der Verfügbarkeit von Technologie geben, ähnlich wie es einen Unterschied macht, ob man bei McDonalds oder in einem Michelin-Restaurant isst. Wenn wir

2 goethe.de/en/kul/wis/20925479.html

über Gesundheitsversorgung, Bildung, Wohnen, Nahrung und Wasser sprechen – das wird eine sehr beängstigende, aber sehr realistische Zukunft.

Wir gehen stillschweigend davon aus, dass wir das Recht und die Fähigkeit haben, jederzeit auf das Internet zugreifen zu können. Das könnte uns aber einmal zum Nachteil gereichen.

Eine bargeldlose Gesellschaft mit digitalen Zahlungsmitteln wird den meisten von uns nicht guttun.

warrenlainenaida.net/2018-04-the-digital-1

Jack programmiert. Jill programmiert. Los Kinder los!

Wir ziehen bald in einen anderen Staat um, in dem Latein auf dem Lehrplan steht. Unser Sohn ist recht gut in Sprachen, spricht bereits Englisch, Deutsch und Russisch – aber er ist etwas besorgt, was Latein angeht ("Wo spricht man Latein?"). Niemand würde bestreiten, dass Bildung gut ist, aber es ließe sich darüber streiten, wofür Bildung gut ist. Was bringen wir Kindern bei, und warum?

CODING : HTML : KIDS : LIFELONG LEARNING : PROGRAMMING

Kinder erhielten einst eine grundlegende Schulbildung, damit sie lesen, schreiben und rechnen konnten. Weiter oben auf der Leiter vielleicht eine klassische Bildung oder eine umfassende Allgemeinbildung, die die Sprachen, Literatur und das "*Verstehen der universellen Prinzipien, die die Voraussetzung für die Möglichkeit der Existenz von allem und jedem sind*", beinhaltete. (Wikipedia)

Da unser Leben zunehmend digital ausgerichtet ist, wäre es wahrscheinlich sehr hilfreich, dass Kinder Programmieren lernen, wenn sie die universellen Prinzipien des 21. Jahrhunderts verstehen sollen.

Wir leben in einer technisch gesättigten Welt. Die meisten Kinder unter zehn Jahren kennen wahrscheinlich kein Leben ohne irgendeine Art von digitalem Gerät. Ich bin alt genug, um mich an eine Zeit ohne Computer zu Hause zu erinnern, aber schon in der High School hatten wir Intellivision und einen Tandy-Heimcomputer von Radio Shack. Die Interaktion mit einem Computer zu Hause ist kein neues Phänomen, aber die Geschwindigkeit, mit der sich die Technik in den letzten zehn Jahren entwickelt hat, und die Art und Weise, wie wir miteinander interagieren, ist definitiv neu.

Wie ich in einem anderen Kapitel geschrieben habe, werden Computer nicht so bald verschwinden. Smartphones werden eines Tages durch KI und bildschirmfreie Schnittstellen ersetzt werden. Wie funktionieren sie? Wie werden die Apps in unserer Kleidung funktionieren? Was steckt hinter den Informationen, durch die wir blättern? Wie funktioniert die KI in Alexa?

Um in unserer digitalen Welt zu gedeihen und an ihrer Entwicklung teilzuhaben, werden Programmierkenntnisse von großer Bedeutung sein. Nicht jedes Kind wird Wissenschaftler oder

Schriftsteller– aber wir akzeptieren die Notwendigkeit, Schreiben und Rechnen zu lernen. Wir sollten Kinder darin bestätigen und dazu ermutigen, Programmieren zu lernen – auch wenn nicht alle von ihnen Programmierer werden.

Programmieren fördert viele Fähigkeiten – Kreativität, Konnektivität, Kommunikation, Ausdauer, Zusammenarbeit, Problemlösen ... ganz zu schweigen von dem Nervenkitzel, der entsteht, wenn man Programmzeilen auf einem Bildschirm eingibt, und WOW mein Programm macht etwas! Ganz gleich, ob ein Kind eine Website, ein Spiel oder eine Anwendung zur Überwachung von Hausaufgaben erstellt – der Zugang zu digitalen Werkzeugen, das Verständnis und die Beherrschung dieser Werkzeuge fördern die Fähigkeiten und das Selbstvertrauen, die sie als erwachsene Teilnehmer an einer sich ständig verändernden Welt benötigen.

Es gibt viele kostenlose und familienfreundliche Websites, um online Programmieren zu lernen und die viele weitere Informationen zur Verfügung stellen.

Schauen Sie doch einmal hinein!

codecademy.com
kostenlos programmieren lernen

tynker.com
Programmierkurse auf Englisch

code.org
mehrsprachige Informationen über Programmierkurse

hacker-school.de
Hamburger Computerkurse für Kinder

kidscodecs.com
beanz online Kinder-Computermagazin auf Englisch

repl.it
freie Programmierumgebungen

idtech.com
summer tech campus in den USA

Wir sollten verstehen, wie die Dinge funktionieren. Wenn Computer zu einem integralen Bestandteil unseres Lebens werden, dann sollten wir besser verstehen, wie sie funktionieren.

Wir alle lernen Mathematik, sind aber wahrscheinlich weder Lehrer noch Wissenschaftler. Sie können lernen, zu programmieren, Programme zu verstehen, genießen, was ein Programm tun kann, ohne selbst Programmierer zu werden.

warrenlainenaida.net/2018-03-see-jack-code-see-jane-code-code-kids-code

Vorsicht vor Technologie mit Extras

Wir haben viel mit Menschen sowohl über das für als auch das wider "Alexa" zu Hause oder im Büro gesprochen. Am Black Friday haben wir uns schließlich für den kleinen Echo Dot entschieden. Ich meine, zum halben Preis!

AI : KIDS : TECH : IOT : SMART HOMES : VOICE CONTENT

Alexa hat ein paar Tage gebraucht, um sich einzuarbeiten – ob sie uns einarbeitete oder wir sie, steht natürlich zur Debatte – wir lernen immer noch ... aber im Grunde hat sie innerhalb weniger Tage unser Tablet und unser Radio als Quelle für Musik und Hörbücher ersetzt. Hmmm ... Sie ist schneller als das Telefon oder der Laptop, wenn es darum geht, uns mit allgemeinen Informationen zu versorgen. Unsere Einkaufslisten-App kann von einer Person aktualisiert werden, während die andere schon vor Ort in den Geschäften ist. Wir können mit Sprachbefehl bei Amazon bestellen. Es ist ein interessantes Gadget, aber man spürt schon den Drang nach der nächsten Generation, die Befehle gleich vorwegnehmen kann ... "Sie wirken nachdenklich. Möchten Sie etwas Jazz hören?"

Wir schalten Alexa aus, wenn wir sie nicht brauchen, und ziehen nachts den Stecker. Das ist so, als würden wir die Bediensteten bitten, den Raum zu verlassen, bevor der Portwein serviert wird. Wir geben ihr noch ein paar Wochen Zeit, bevor wir prüfen, ob Amazon damit anfängt, uns Werbung für Dinge zu zeigen, über deren Kauf wir in ihrer Gegenwart einfach nur gesprochen haben. Wir haben einige Befehle erfolglos ausprobiert und fragen uns, warum sie entweder nicht lernt oder warum Amazon nicht in Erwägung gezogen hat, den einen oder anderen Befehl hinzuzufügen. Wir müssen immer noch die Lebensmittel zubereiten, die die Amazon Pantry uns liefert, und die Kinder müssen immer noch zur Schule gehen, um zu lernen. Ich frage mich allerdings, wann wir wohl unsere Fähigkeit verlieren, die Arme zu heben, und wann wir uns einfach auf grundlegende Kommandos verlassen, um zu überleben. PLAY, BUY, STOP, SHUFFLE. Wahrscheinlich ein paar Generationen in der Zukunft, aber nicht außerhalb des Bereichs des Möglichen.

KI zielt darauf ab, unser Leben zu verbessern und uns barrierefreien Zugang zu Informationen zu ermöglichen. Ich denke, für mich stellt sich in Zukunft die Frage: “Informationen von wem, mit welcher Agenda und zu welchem Preis?” Der ‚Supreme Dalek‘ lag dieses Jahr unter dem Weihnachtsbaum, und nachdem wir Alexa mit einer Flut von Trivialitäten erschöpft hatten, habe ich sie gefragt, wer der Supreme Dalek eigentlich ist? Ihre Antwort: “Papst Franziskus wurde am 17. Dezember 1936 geboren ...”

Wir sollten nicht vergessen, dass die KI von uns lernt. Sie ist ein Spiegel dessen, wer wir sind und was wir tun. Wir sind selbst schuld.

Ein Werkzeug sollte uns bei einer Aufgabe unterstützen – es sollte uns dabei nicht ersetzen. Werden Sie nicht zu faul.

warrenlainenaida.net/2018-01-beware-of-technology-bearing-gifts

Marketing schläft nie

Versuchen Sie herauszufinden, wie Sie am besten mit Studieninteressierten kommunizieren können? Nutzen Sie E-Mail oder soziale Medien? Bevorzugen Sie telefonischen Kontakt, Messaging oder das Briefeschreiben? Wie können Recruitment-Fachleute in diesem sich schnell verändernden und stark wettbewerbsorientierten Umfeld ihre Ziele am besten erreichen?

RECRUITING : MARKETING : HIGHER ED : SMARTPHONES

Heute sind wir fast immer mit unseren Telefonen in Kontakt. Studien haben ergeben, dass 90% von uns mit ihren Smartphones aufwachen und schlafen gehen. Dieser Grad der Ablenkung ist ein zweischneidiges Schwert; Information ist für Studierende jederzeit zum Greifen nah, und sie sind rund um die Uhr Zielscheibe von Werbung. Wir müssen versiert genug sein, um den Bewerbungszyklus der Studenten und die vielen neuen Wege ihrer Suche nach Informationen mit unseren Marketing- und Kommunikationsmitteln und -techniken in Einklang zu bringen.

Es gibt vier Stufen für studentisches Marketing und Kommunikation, ähnlich wie bei jedem anderen Verkaufskanal auch:

Pläne & Ziele: Sie wissen schon ziemlich genau, was sie studieren und worüber sie forschen wollen. Google Search und Internetportale für Studienprogramme sind hier zwei der ersten Schritte.

Prüfung der Merkmale: Wo sollten sie sich einschreiben? An welcher Universität? Die Websites von Universitäten, soziale Medien, Bewertungen durch Studierende und Erfolgsgeschichten sind ein wichtiger nächster Schritt, um sie dabei zu unterstützen, ihre Optionen zu filtern.

Anfragen: Ausführlichere Informationen finden Sie auf der Website von Universitäten, bei Hobsons und auf Student Fairs. Es ist Zeit für ein Interview und einige detailliertere Antworten, bevor eine Entscheidung getroffen wird.

Wussten Sie schon? Meiner Ansicht nach verläuft die Markenbekanntheit parallel zu den oben genannten drei Schritten. Es geht hier nicht um spontane Jeanskäufe. Während die künftigen Studierenden noch mit ihrer Informationssuche und ihrem Entscheidungsprozess befasst sind (die auch noch weitergehen können, nachdem sie sich schon an einer Universität eingeschrieben haben) kann ein Banner auf einer Konferenzwebsite, eine Anzeige in einer führenden Zeitschrift zum richtigen Zeitpunkt oder Werbung für eine Publikation einen Studenten auf Sie aufmerksam machen, der Ihre Institution vielleicht vorher noch nicht kannte (es stehen über 25 000 Universitäten zur Auswahl).

Es stimmt zwar, dass neue Marketingmethoden und Kommunikationstechnologien bei Zulassungen an vorderster Front stehen müssen, aber die traditionellen Marketingmethoden haben immer noch ihren Wert. Ihr Schwerpunkt muss auf dem Image und dem Branding der Institution sowie auf der Botschaft liegen. Stellen Sie sicher, dass Sie den Wert Ihres Campus "verkaufen" und denken Sie daran, dass Marketing nicht aufhört, auch wenn ein Student einmal eingeschrieben ist.

Dieser archivierte Artikel ist sechs Jahre alt, aber immer noch lesenswert:

theguardian.com/education/2014/may/18/universiti es-turn-to-ad-man

Ihr Kunde ist kein Idiot – er ist ein potenzieller Student.

Finden Sie die Verbindung zwischen ihren Interessen und ihrer Karriere.

Marktübergreifende Botschaft.

warrenlainenaida.net/2017-10-marketing-never-sleeps

(Anti-) Social Media

Der dritte Platz der deutschen Rechtspartei AfD bei der letzten Wahl hat viele Menschen verblüfft. Geschichten in den Medien, in denen gefragt wurde, wer für die AfD gestimmt hat, spiegelten diejenigen in den USA nach der Wahl von Donald Trump zum Präsidenten wider. Fast so, als sei hier etwas geschehen, was niemand hätte vorhersehen können. Als hätten die Menschen eine kalte Dusche getroffen. Angesichts dessen, dass wir in unserem Leben fast ständig online und vernetzt sind, ist es schon interessant, dass wir in einer solchen Blase leben.

DIGITAL CULTURE : SOCIAL MEDIA : TARGET GROUPS : AI : BIG DATA

So vernetzt wir auch sind, machen uns soziale Medien einfach weniger sozial und introvertierter in unseren sozialen Netzwerken und unseren Überzeugungen? Führen all die Tools und der Zugang zu Informationen letztlich dazu, dass wir weniger gut vorbereitet und weniger informiert sind?

Es gibt viele Artikel, die sich mit dieser Frage befassen – vom Scientific American bis zum Wall Street Journal. Dies erinnert uns auf ironische Weise daran, dass wir dazu neigen, uns mit Werkzeugen und Gadgets zu umgeben, die wir nicht wirklich brauchen, und sie reichlich ungeschickt zu benutzen. Viele von uns haben eine Küche oder eine Garage voller Geräte, die wir nie wirklich benutzen, und unsere Smartphones (und wir haben oft mehr als eins) haben mehr Rechenleistung, als nötig ist, um (wie man uns sagt) einen Menschen zum Mond zu transportieren. Wir haben die Werkzeuge, wir haben die Technologie, aber wir nutzen sie immer noch auf sehr primitive Art und Weise – wenn wir sie denn überhaupt (alle) brauchen.

Ich habe darübergeschrieben, wie soziale Netzwerke in vielerlei Hinsicht dazu dienen, unsere Überzeugungen und Vorurteile zu stärken – anstatt uns offener zu machen für neue Ideen und eine vielfältigere und friedlichere Welt zu schaffen. Nur wenige unter uns folgen und ‚liken' Menschen oder Accounts, die andere Bilder oder Ansichten oder Lieder enthalten als die, die auch wir mögen oder denen wir anhängen. Die Algorithmen lernen sehr schnell, uns nur das zu zeigen, was wir sehen wollen. Soziale Medien werden schnell zu einem Spiegel, und was wir sehen, das glauben wir, und so verhält es sich mit unserer Welt.

Soziale Medien und der aufmerksamkeitsbasierte Markt, der sie antreibt, können unser politisches System ganz erheblich beeinflussen. Digitale Kräfte haben das politische System in vielerlei Hinsicht auf den Kopf gestellt und könnten, wenn sie unkontrolliert bleiben, sogar die Demokratie, wie wir sie kennen, obsolet machen.

Vielleicht sollten wir die verfügbaren Instrumente nutzen, um uns der Welt um uns herum zu stellen, anstatt sie zu nutzen, um uns vor ihr zu verstecken. Dann überrascht es uns auch nicht, wenn die Zombie-Apokalypse kommt – wir werden aufgeklärt und vorbereitet sein. Empfangen Sie die Veränderung mit offenen Armen!

Je mehr wir von Menschen umgeben sind, die so sind wie wir, desto weniger sind wir in der Lage, diejenigen zu akzeptieren, die anders sind als wir. Wir reden von Vielfalt und Inklusion, aber wir leben in sehr begrenzten und engen sozialen Blasen.

warrenlainenaida.net/2017-09-anti-social-media

Konversation ist die Königsdiziplin

Erinnern Sie sich noch an das Leben, bevor es das Internet und mobile Geräte gab? Erinnern Sie sich an Kommunikation ohne Emoticons? Wie wäre es, einen Brief an den Redakteur zu schicken und ihn bearbeiten zu lassen, bevor er eine Woche später in der Lokalzeitung erscheint? Das Radio auszuschalten und zur Arbeit zu fahren, ohne ein Telefon oder Navi zu hören? Erinnern Sie sich daran, wie es war, als Sie Propaganda noch nicht mit den Nachrichten verwechselt haben oder als Sie Freunde mit anderen Ansichten als Sie selbst hatten? Dann haben Sie am Dienstag ein großartiges Frühstückstreffen mit eben solchen Leuten verpasst. Ich hoffe, Sie können beim nächsten Mal dabei sein.

DIGITAL CULTURE : COMMUNICATION : SOCIAL MEDIA

Auf der Agenda stand am vergangenen Dienstag neben einer guten Auswahl an Croissants und Kaffee das Thema Kommunikation. Soziale Medien. Wie Konversation heutzutage abläuft.

Unter einem Gespräch versteht man im Allgemeinen eine interaktive Kommunikation zwischen zwei oder mehr Personen. In unserem digitalen Zeitalter könnte eine dieser Personen ein Roboter sein. Tatsächlich könnten sie beide Roboter sein, und eine dieser Personen könnte eine Gruppe aus Tausenden von Menschen sein.

Beim Thema ‚Gespräche' sollten wir nicht nur an Gespräche zwischen Menschen denken. Ein Gespräch/Kommunikation kann auch zwischen einer Anzeige und einem Verbraucher stattfinden. Wie dem auch sei, ein erfolgreiches Gespräch erfordert drei Dinge – *etwas von Wert* und *Interesse* für alle Beteiligten, *Nähe* zu demjenigen, mit dem wir uns unterhalten oder in Verbindung treten wollen, und - ganz besonders wichtig - die *Technik und Etikette*, die erforderlich ist, damit eine Verbindung zustande kommt und wir auch in der Zukunft Gespräche führen können.

Jeder ist ein Experte

Heutzutage scheint jeder etwas zu sagen zu haben, und dank des Internets haben sie eine Plattform, auf der sie es sagen können. Wie dieses Kapitel, das Sie jetzt lesen. Es ist schon erstaunlich, Zugang zu einer Plattform zu haben, insbesondere zu einer, die in Sekundenschnelle den Globus umspannt und potenziell Millionen von Menschen erreicht. Vor nicht allzu langer Zeit brauchte man, wenn man so viele Menschen so schnell erreichen wollte, Zugang zu Radio oder Fernsehen oder vielleicht zu einer globalen Zeitung. Nicht jeder hatte Zugang zu solchen Medien. Heute hat so ziemlich jeder Zugang zu diesen Medien.

"Es gibt zwei Arten von Wissen. Entweder wir kennen uns selbst mit einem Thema aus, oder wir wissen, wo wir Informationen darüber finden können." Samuel Johnson

Über unsere Telefone oder unsere Computer haben wir Zugang zu unglaublichen Mengen an Informationen, die wir früher nur in der Bibliothek gefunden haben. Und nicht in jeder Bibliothek. Früher mussten wir jahrelang studieren, um etwas zu wissen. Jetzt brauchen wir das nicht mehr. Das sollten wir natürlich immer noch tun, hoffentlich, aber viele von uns greifen einfach auf Informationen aus dem Internet zurück und nutzen sie. Aber wenn etwas so einfach zu beschaffen ist, welchen Wert hat es dann wirklich? Wir können unsere Gedanken per Mausklick mit Millionen von Menschen teilen. Der Arbeitsaufwand ist sehr gering. Wir können dann das, was wir sagen und denken, von potenziell

Millionen ‚Likes' und Herzchen aus der ganzen Welt validieren lassen.

"Zwischen den Anfängen der Zivilisation und 2003 wurden 5 Exabyte an Informationen erschaffen, aber heutzutage wird dieselbe Menge an Informationen alle zwei Tage erschaffen." Eric Schmidt, Google[1]

Das globale Dorf ist immer online

Wir haben jetzt die Nähe und den Zugang zu so ziemlich jedem Menschen auf der Welt, rund um die Uhr, und diese können so ziemlich alles sagen, was ihnen gefällt, direkt bei uns zu Hause. Oft vielleicht noch im Bett, ein Ort, an dem wir normalerweise nur sehr wenigen Menschen nahe sind und Zugang zu ihnen haben. Das ist ganz schön nah! Aufgrund dieser Nähe haben wir keinerlei Bedenken, zu sagen, was immer wir wollen, und wir gehen sogar so weit, zu diesem Zweck in eine spezielle Rolle zu schlüpfen oder sogar ein falsches Profil anzulegen.

Wenn man eine Arbeitsstelle oder andere soziale Kreise verlässt, verliert man oft den Kontakt zu den Menschen dort. Social Media und das Internet sind jedoch immer dabei. Nähe beeinflusst unsere Beziehungen, und zwar derart, dass mit zunehmender physischer und psychischer Nähe zu

1 ds.cs.umass.edu/eric-schmidt-google

anderen Menschen auch die Sympathie zunimmt (und sich somit auch unsere Komfortzone erweitert) *(Schneider, Gruman, & Cotts, 2012).*

Auch wenn uns das nicht besonders gefällt, was uns begegnet, oder wenn wir uns nicht ganz sicher bei dem sind, was wir sagen, sind wir im Umgang mit sozialen Medien und dem Internet oft sehr mutig – ganz im Gegensatz dazu, wenn wir anderen Menschen direkt gegenüberstehen.

Es ist nicht sonderlich schwierig, die Informationen, auf die wir zugreifen, und das Wissen, über das wir verfügen, zusammenzustellen und weiterzugeben. Werden diese Informationen dadurch bedeutsamer, dass andere sie “ liken” und wiederum mit anderen teilen? So können “fake news” funktionieren. So funktionieren unsere Kreise innerhalb der social media. Es gibt nur wenige Menschen, die sich mit Informationen und Beziehungen umgeben, die im Widerspruch zu dem stehen, was sie glauben.

Was wir "wissen", wird rund um die Uhr durch soziale Medien und Informationen unserer eigenen Wahl verstärkt, die unsere Überzeugungen und Vorurteile weiter verfestigen. Computer ermöglichen es uns, unsere Realität zu definieren und zu verstärken; und unsere Welt geht mit unseren Überzeugungen mit.

Der Beginn einer wunderbaren Beziehung

Mittels Printmedien, Radio, Fernsehen, Internet sowie zwischen unserer Familie, unseren Freunden und Kollegen fließt ständig Information. Unsere Aufmerksamkeit wird immer wieder durch Versuche abgelenkt, "ein Gespräch zu beginnen", wie z.B. über die beste Kaffeesorte, den besten Platz zum Abendessen, den besten Weg zum Flughafen oder die jüngsten politischen Auswirkungen. Mit dem Aufkommen sprachgesteuerter Geräte (Voice Controlled Devices, VCDs) haben wir außerdem damit begonnen, auch mit Maschinen Gespräche zu führen. Der Informationsfluss scheint nicht nachzulassen.

Erfolgreiche Menschen und Unternehmen wissen, wie man kommuniziert. Sie stellen eine Verbindung mit uns her, selbst wenn wir jeden Tag mit endlosen Botschaften bombardiert werden. Wir wollen hören, was sie sagen, also nehmen wir uns die Zeit, ihnen zuzuhören. Wir können in unserem Privat- und Berufsleben zu guten Kommunikatoren werden und wertvolle Gespräche mit Kunden, Kollegen und unseren Kreisen in den sozialen Medien führen. Ohne ein echtes Gespräch kommt keine Verbindung zustande.

Die *Entwicklung von Fertigkeiten und das Verständnis für die Etikette, die für ein gutes Gespräch notwendig ist*, sind ein entscheidender Teil dessen, was wir jeden Tag tun und lernen (sollten). Zu lernen, effektiv zu kommunizieren, ist Teil unserer Sozialisation. Märkte, Beziehungen, Marken – all dies erfordert gute Gespräche, um zu überleben.

Dass wir *etwas zu kommunizieren haben, dass von Wert und Interesse* ist, ist genauso wichtig wie die Art und Weise, wie wir kommunizieren. Was wollen die Menschen wissen? Wie wird es deren Leben und Ihres verbessern?

Wir brauchen *die Instrumente, mit denen wir die Beziehungen und unser Engagement* mit den Menschen fortführen können, mit denen wir sprechen. Nicht nur Software und Hardware, sondern Strategie, Einfühlungsvermögen, Fokus ...

Ohne ein echtes Gespräch kommt keine Verbindung zustande. Unsere Kommunikation wird nur zum Geplänkel. Geplapper. Lärm. Wie eine Bannerwerbung, die wir vielleicht auf einer überladenen Seite sehen, die wir aber niemals, niemals, anklicken würden.

Wünschen Sie ein Gespräch? Überlegen Sie sich, was die Leute wissen wollen. Wie wird das, was Sie sagen, deren Leben und Ihr Leben verbessern?

Wir haben Zugang zu kostenlosen Werkzeugen, die das Potenzial haben, jeden auf dem Planeten in Sekundenschnelle zu erreichen. Respektieren Sie das. Weniger Geschwätz.

warrenlainenaida.net/2017-08-conversation-is-king

Ich klicke, also bin ich

Kürzlich erzählte uns ein Freund, dass es ziemlich beängstigend ist, wenn man Artikel auf der einen Plattform angeschaut hat und dann plötzlich auf der nächsten Plattform Werbung dafür angezeigt bekommt. Irgendwie ist das beunruhigend.

AI : CLICKBAIT : IOT : MOBILE : DIGITAL CULTURE : ECOMMERCE

Das Pixel-Tracking ist eine von vielen Möglichkeiten, wie Websites den Nutzern das wiederholt zeigen, was sie auf einer anderen Website sehen, in der Hoffnung, dass sie es anklicken.

Wenn wir immer mehr Dinge besitzen, die mit dem Internet verbunden sind, werden unsere Besitztümer die Fähigkeit haben, Informationen über unsere Vorlieben und Bedürfnisse zu liefern, und diese Informationen den Informationen hinzufügen, die wir selbst zur Verfügung stellen. Das Internet der Dinge (Internet of Things, IoT) trifft auf die Welt des Conversational Commerce trifft auf Permission Marketing, so dass wir uns eines sehr baldigen Tages keine Gedanken mehr darüber machen müssen, dass Firmen auf der Grundlage unserer Internet-Suchhistorie Artikel bewerben – sie werden uns liefern, was immer unser Kühlschrank oder unser Auto *für* uns bestellt. Wir nutzen das Internet jedoch nicht nur zum Einkaufen und zur Interaktion, sondern wir nutzen es für uns allein.

Ein Artikel aus dem *Atlantic Magazine* mit dem Titel *Advertising That Exploits Our Deepest Insecurities. What are the implications of ads that know our search histories?*[1], beschäftigt sich mit der Frage, wie Menschen Suchmaschinen nicht nur für die Suche nach Informationen nutzen, sondern einfach um Fragen zu stellen, von denen sie wissen, dass (Google) keine Antwort darauf haben kann (ähnlich dem "Eliza"-Projekt des MIT in den 1960er Jahren).

Warum sind wir so sehr daran interessiert, mit einem Computer zu kommunizieren? Was werden Unternehmen mit all diesen persönlichen Informationen anfangen, die wir freigiebig eintippen oder, im Falle von Alexa und Siri, wenn wir sie laut als Fragen formulieren?

Die digitale Kultur ist nicht in dem Moment entstanden, als Computer online gingen. Unsere digitalen Gewohnheiten, insbesondere unsere

1 theatlantic.com/technology/archive/2017/06/advertising-that-exploits-our-deepest-insecurities/532038/

Gewohnheiten als Verbraucher, haben ihre Wurzeln sowohl in der Online- als auch in der Offline-Welt mit Links, die weit vor dem World Wide Web liegen.

Diese Komponenten sind sowohl überzeugend als auch historisch, und sie haben einen starken Einfluss darauf, wie wir uns heute vernetzen und handeln.

Social Media, Preference History, Tracking-Technologie, Chat-Bots usw. haben ihre Ursprünge lange vor dem Internet und bevor viele von uns überhaupt geboren waren.

In den 1960er Jahren entwickelte der MIT-Informatiker Joseph Weizenbaum eine Computer-psychotherapeutin namens "Eliza". Wie in einer therapeutischen Sitzung saßen die Teilnehmer vor einem Computerbildschirm und tippten ein, was sie bedrückte. Der Computer wiederholte im Grunde genommen das, was eingetippt wurde, in Form einer Frage an sie zurück. Die Leute wussten, dass der Computer nicht verstand, was eingetippt wurde, sie saßen aber stundenlang davor und erzählten der Maschine unglaublich intime Details aus ihrem Leben. "Eliza" zeigte, dass es den Menschen Sicherheit gab, durch die persönlichen Reflexion und Rückspiegelungen.

Hypernormalisation, 2016, Auszug aus dem Transkript von Chris Adams.

(springfieldspringfield.co.uk/movie_script.php?movie =hypernormalisation)

Wir machen uns vielleicht glauben, dass wir uns selbst dafür entscheiden, etwas anzuklicken und dass wir individuell sind. Aber ein Blick auf die Anzahl der CK One Parfümflaschen in den Regalen sollte ausreichen, um diese Idee zu zerstören. Unzählige Studien haben gezeigt, dass wir in Wirklichkeit Sozialkonformisten sind. Und unsere Individualität ist nichts anderes als der Wunsch, unsere Persönlichkeit auszudrücken, was, wie sich herausstellt, gar nicht so einzigartig ist. Etwas, was die Madison Avenue seit Jahrzehnten weiß.

Lifestyle-Marketing tauchte erstmals in den 1970er Jahren auf und reduzierte uns sehr schnell auf verschiedene Persönlichkeitstypen. Lifestyle Branding (Apple, Starbucks, Nike etc.) übernahm von da an die Führung. Die Menschen sind sehr fügsam. Wir lassen uns gerne dazu manipulieren, uns für die Dinge zu entscheiden, die uns ein gutes Gefühl vermitteln, uns zu einem Teil der "In-Crowd" oder "Keep up with the Joneses" machen.

Hier sind einige "ziemlich beängstigende" Fragen, die wir uns stellen könnten:

- Basiert der Clickbait, der uns angezeigt wird, auf dem, was wir sehen *wollen*, oder auf dem, was wir sehen *sollen*?

- Zeigen uns Algorithmen Informationen, die ein Spiegelbild unserer selbst sind, oder werden wir zu dem, wozu die Algorithmen uns machen wollen?
- Klicken wir etwas an, weil es uns wirklich gefällt, oder weil es dort platziert wurde, weil wir daraufklicken werden?

Wenn wir uns mit einem Produkt oder einer Marke identifizieren, hat dies einen therapeutischen Wert. Es trägt dazu bei, unser Selbstbild zu verbessern. Das ist grundlegende Verbraucherpsychologie.

Da immer mehr unserer Entscheidungen über Einkäufe oder den Austausch von Informationen im Internet getroffen werden, entscheiden wir uns oft ohne weiter nachzudenken für ein Opt-in, und Unternehmen sammeln noch mehr Informationen über uns und unsere Kontakte, mit denen dann Entscheidungen darüber getroffen werden, was wir auf ihren Websites sehen und was nicht. Unsere Konnektivität wirft Fragen des Vertrauens und der Sicherheit auf.

Jahrzehntelang waren wir Unternehmen gegenüber äußerst freigiebig mit Informationen über unsere Gewohnheiten und Wünsche, aber die Geschwindigkeit, mit der die Technologie diese Informationen nutzen und weitergeben kann, mag uns in der Tat überwältigend erscheinen. Werden wir

Zeugen einer schönen neuen Welt in der nahen Zukunft oder lassen wir die beängstigende Version zu uns hinein? Und steht die Richtung, in der wir uns bewegen, überhaupt noch zur Diskussion?

Was wir anklicken, ist eine passable Repräsentation dessen, wer wir sind und was wir anklicken wollen.

warrenlainenaida.net/2017-07-i-click-therefore-i-am

Unsere Beziehung zu (technischen) Dingen

"Technologie. Alle haben so viel Angst davor, das Nächste zu verpassen, dass sie sich nie die Mühe machen, das, was jetzt da ist, zu reparieren/optimieren. Ich las diesen Tweet von Luke Wroblewski ein paar Tage, nachdem das Team die gleiche Art von Gespräch während einer Projektsitzung geführt hatte. Wir überlegten gerade, was wir behalten und was wir aus einer Website herauswerfen sollten. Der Kunde wollte einen richtigen Frühjahrsputz, und er wollte etwas Neues - etwas Frisches. Das Problem mit dem Neuen ist, dass es bald alt wird. Wie man so schön sagt: "Es ist wirklich nichts falsch daran, einfach nur ein Bologna-Sandwich zu essen. "

DIGITAL CULTURE : IOT : CONSUMER CULTURE : TECH

Wir sind alle sehr gespannt auf das neueste Telefon, die neueste App oder das neueste Framework; aber wäre es nicht viel besser, wenn die Dinge, von denen wir erwarten, dass sie funktionieren, auch funktionieren würden, bevor wir weitere Ressourcen in die Herstellung der nächsten coolen Sache investieren? Aber ja, sagen Sie, wahrscheinlich wäre es das.

Die Technologie hat uns viele nützliche Tools gegeben, die unser Leben interessant und oft besser gemacht haben. Neulich hat unser Auto uns ein Problem mit dem Luftdruck in einem der Reifen angezeigt, und es stellte sich heraus, dass sich ein kleiner Nagel hineingebohrt hatte. Das ist gute Technik.

Mit unseren Smartphones können wir uns leicht zurechtfinden, wenn wir uns verirrt haben. Wir können Lebensmittel online bestellen und uns liefern lassen. Manche Artikel sind zeitsparend, auf manche haben wir vielleicht in der Vergangenheit verzichtet. Unser Geschirrspüler verbindet sich mit einer App und lässt uns wissen, wann er geleert werden muss. Vielleicht ist manche Technik nicht unbedingt notwendig ...

Ein Telefon muss nicht unbedingt in 13 Farben geliefert werden. Es muss nur das tun, was wir brauchen. Eine Website muss keinen coolen Bildlauf haben, wenn sie nicht einmal für ein mobiles Gerät optimiert ist. Was nützt ein Telefon, das rot ist oder sich zusammendrücken lässt, wenn der Akku 30 Minuten hält, oder eine Website mit Parallaxe

Bildlauf, wenn Sie sie nicht auf Ihrem Mobiltelefon lesen können?

Einer meiner Laptops lädt nicht mehr, und die Reparaturkosten sind viel höher, als wenn ich mir einen neuen Laptop anschaffen würde, obwohl er erst zwei Jahre alt ist. Mein letztes Kundentreffen fand in einem sehr hippen Café statt, das eine tolle Einrichtung und interessante Kaffeetassen hatte, aber sehr langsames und unregelmäßiges Wi-Fi. Sehen Sie, worauf ich damit hinauswill?

Wir sprechen über das Internet der Dinge - was ironisch ist, weil wir es wie eine Sache zu behandeln scheinen. Wenn in unserer Wegwerfgesellschaft etwas zerbrochen ist, werfen wir es weg. In der Tat scheinen die meisten Dinge dafür konzipiert zu sein - es ist zu teuer oder einfach unmöglich sie zu reparieren. Also kaufen wir die nächste Version, Ding 1.1, und sind mit ihr ziemlich zufrieden, bis auch sie kaputt geht.

Wir sind abhängig von unseren Mobiltelefonen. Wir benutzen sie, um zu telefonieren, zu mailen, zu chatten, zu fotografieren, Filme anzusehen ... eine endlose Liste von Aktivitäten. Der Preis für ein Spitzentelefon entspricht in etwa dem, was ich für mein erstes Telefon bezahlt habe (2000 Dollar für ein Motorola 'Brick' im Jahr 1993). Jedes Jahr schrumpft die Mittelschicht und die Kluft zwischen Arm und Reich wird größer. Wir sind immer mehr auf das

Internet und unsere Telefone angewiesen, von der Information bis zur Freizeitgestaltung. Mobile digitale Geräte verbinden uns mit medizinischen, Versicherungs- und anderen Dienstleistungen.

Ich sehe eine Zeit am Horizont, in der gute Geräte und zuverlässiges Internet/Wi-Fi nur noch zu erheblichen Kosten und dann nur noch für einen sehr kleinen Teil der Bevölkerung verfügbar sein werden. Es wird immer noch Internet und Wi-Fi und Mobiltelefone für jedermann geben - aber ich glaube, es wird eine Kluft bezüglich der erreichbaren besten Technologie für alle geben. Ähnlich wie es einen Unterschied gibt, ob man bei McDonalds oder in einem Michelin-Restaurant isst.

Was hält die Zukunft langfristig für uns bereit, wenn wir uns die beste Technik nicht leisten können? Werden wir die besten/aktuellen Informationen haben? Ein Internet ohne Überwachung? Zugang zu anderen Dienstleistungen? Kurzfristig: Wie können wir unseren zügellosen Appetit auf die besten und coolsten Geräte und Websites bremsen, wenn wir das Potenzial der bereits vorhandenen Geräte und Websites nicht voll nutzen/optimieren?

Diese ständige Verbesserung ist in vielerlei Hinsicht einfach eine ständige Ablenkung. Wie eine Beziehung, an der wir nicht arbeiten wollen. Es ist einfach leichter, Schluss zu machen und jemand anderen zu finden. Aber zu welchem Preis?

Schrott passt in den Raum, den wir dafür zur Verfügung stellen. Das gilt auch für Technologie.
Alle haben so viel Angst, das Nächste zu verpassen, dass sie sich nie die Mühe machen, das, was jetzt da ist, zu reparieren oder zu optimieren.

Achten Sie auf die Gegenwart.

warrenlainenaida.net/2017-05-our-relationship-with-tech-things

Das Gespenst im Design

Mobile First und Responsive Design gilt als Antwort auf ein meist über Mobiltelefone zugängliches Internet. Aber Samsung hat gerade seinen neuen 3400-Pixel-Monitor ausgepackt, und Kinder haben über ihre Spielkonsolen Zugang zum Internet. Wie können wir also sicherstellen, dass unsere Websites unabhängig von der Größe des Geräts gut sichtbar angezeigt werden? Mobile Different, Mobile Forward, Device Agnostic, Resilient Design, Pattern-Based Design ... es hat in letzter Zeit viele Diskussionen darüber gegeben, wie wir sicherstellen, dass Besucher unabhängig von der Bildschirmgröße auf unsere Inhalte zugreifen und sie nutzen können.

USER DESIGN : USABILITY : UX : MOBILE : WEBSITES : TECH

Die Zeiten der Gestaltung von Websites für 800×600-Pixel-Browser sind vorbei. Das war damals eine bequeme Zeit, um Websites zu erstellen: Man wusste, dass Sites immer auf die gleiche Weise gesehen werden, dass die Besucher sich immer per Modem einwählen, mit einem Desktop, im Büro sitzend oder von Zuhause. Heute verfügen die Benutzer über eine erschreckend vielfältige Anzahl von Geräten. Sie könnten derweil Fallschirm springen oder essen, während sie das Internet nutzen, und das WiFi kann großartig oder lausig sein. Wir wissen es einfach nicht. Wir wissen nur, dass die Benutzer einen Browser haben. Den Rest wissen wir einfach nicht.

Eine aussagekräftige Analyse des Benutzerkontexts erfordert nicht nur ein Verständnis der Ziele der Nutzer, sondern auch ihres Verhaltens: Was tun sie? Wie fühlen sie sich? Wozu sind sie in der Lage? Und Kontext ist hier wirklich das zentrale Wort. Kontext ist das goldene Wort, denn es bedeutet, dass wir in der Lage sein müssen, Nutzern den gewünschten Inhalt zur Verfügung zu stellen, wenn sie ihn wollen. Unabhängig davon, was für ein Gerät sie verwenden.

Erinnern Sie sich daran, als Sie zuletzt nach einem Restaurant und der Speisekarte gesucht haben. In Ihrem Auto, in einer regnerischen Nacht, an der Ecke parkend mit Blinklicht, auf der Suche nach der Adresse und der Speisekarte eines Restaurants ... aber Sie müssen warten, bis der Website-Download stattgefunden hat und klicken sich dann durch die Geschichte des Restaurants und eine Galerie der

Inneneinrichtung ... Schlechter Kontext. Wer braucht das?

Beim *Responsive Design* (Anpassungsfähiges Design) geht es um mehr als nur um das Layout; es geht um Design für das Web. Wir denken bei Responsive Design in der Regel, dass es darum geht, große Websites kleiner zu machen, damit sie auf ein mobiles Gerät passen, ohne völlig abzustürzen. Normalerweise haben wir unsere Websites als eine Sammlung von Seiten gestaltet, die mit einer Navigation zusammengehalten werden und ein paar raffinierte Add-ons wie Schieberegler, Infoboxen, Kontaktformulare enthalten ... aber das Web erfordert noch mehr - WIR benötigen noch mehr. Erforderlich sind Informationsmodule, die je nach Bedarf seitens des Geräts und des Nutzers zusammengeführt werden. Die Web-Designs der Zukunft werden nicht auf Seiten, sondern auf Mustern basieren. Muster von Inhalten und Diensten, die bei Bedarf abgerufen werden.

Design Patterns - kleine, wiederverwendbare Informationsmodule, die je nach Bedarf des Benutzers und nach verfügbarem Platz zusammengeführt werden. Wenn Sie noch künstliche Intelligenz und maschinelles Lernen hinzufügen? Das könnte der Anfang einer wunderbaren Beziehung sein ...

Muster? Module? Vielleicht erinnern Sie sich an die Server Side Includes aus den 1990er Jahren, an Flash-Objekte und natürlich an die Grundlagen von Content Strategy. Accelerated Mobile Websites (AMP) sind dagegen ein Webkomponenten-Framework, das Stylesheets und Analytics umfasst und gerade ganz groß im Kommen ist.

Vielleicht nicken Sie lächelnd, wenn Sie sehen, dass Google Ihnen auf Ihrem Handy andere Ergebnisse anzeigt als auf Ihrem Desktop. Es läuft eigentlich alles auf das Gleiche hinaus: Die Leute wollen etwas von Ihrer Website. Ohne das können wir sie nicht gehen lassen. Wenn ein durchschnittlicher Besucher höchstens neunzig Sekunden auf Ihrer Website verbringt, ist ein ansprechender, relevanter, konsistenter und EASILY FOUND-Content kein nettes Beiwerk - er ist eine Notwendigkeit.

Es ist noch nicht lange her, dass Google damit angefangen hat, seinen Suchalgorithmus zu testen, um diejenigen Websites zu bevorzugen, die gerätefreundlich sind. Wir wissen, dass Google auf Mobiltelefonen bereits andere Suchergebnisse anzeigt als auf dem Desktop. Wir könnten allerdings fragen - sollte es nur eine Website geben? Es ist gut, dass Ihre Website auf allen Geräten funktioniert. Es ist gut, dass einige Websites bestimmte Inhalte auf mobilen Geräten und andere Inhalte auf Desktops anzeigen. Aber erinnern Sie sich noch an die Zeiten, als es mobile Websites mit der m. Domain und andere Websites gab? Jede stellte Informationen zur Verfügung, die speziell für den jeweiligen Benutzerkontext konzipiert waren. Damals hatten wir es fast geschafft, nicht wahr? Wir standen, wenn auch ohne es zu wissen, kurz davor, kontextfreundliche Inhalte anzubieten.

Wir sprechen davon, dass Websites skalierbar, reaktionsfähig, anpassungsfähig, browserübergreifend, mobilitätsfreundlich und zukunftsfähig sind - aber was wir wirklich brauchen, sind Inhalte, die soweit als möglich unabhängig von Gerät und Kontext immer zugänglich sind. Unsere Websites müssen belastbar sein.

Wie Jakob Nielson einmal gesagt hat: *"Im Web ist Benutzerfreundlichkeit eine notwendige Voraussetzung für das Überleben. Wenn eine Website schwierig zu benutzen ist, verlassen die Leute sie. Wenn sich Benutzer auf einer Website verirren, gehen sie weg. Wenn die Informationen einer Website schwer zu lesen sind oder die Schlüsselfragen der Benutzer nicht beantworten, verlassen die Nutzer die Website."*

nngroup.com/articles/author/jakob-nielsen

Wir wissen eigentlich nur, dass die Benutzer einen Browser haben.

Der Kontext erfordert nicht nur, dass wir die Ziele der Nutzer verstehen, sondern auch ihr Verhalten.

warrenlainenaida.net/2017-04-the-ghost-in-the-design

Meine Einstellung zur Benutzerfreundlichkeit

Zwei Benutzererfahrungen aus der letzten Woche sind mir besonders in Erinnerung geblieben.- Eine davon war ausgerochen angenehm, die andere höllisch frustrierend, und beide betrafen den Zugriff auf ein Konto auf der Webseite einer Bank. Laut Wikipedia "User Experience (UX) bezieht sich die „User Experience (UX) [...] auf die Emotionen und Einstellungen einer Person hinsichtlich der Nutzung eines bestimmten Produkts, Systems oder einer Dienstleistung. Sie umfasst die praktischen, erfahrungsbasierten, affektiven, sinnvollen und wertvollen Aspekte der Mensch-Computer-Interaktion und des Produktbesitzes. Darüber hinaus umfasst sie die Wahrnehmung einer Person von Systemaspekten wie Nützlichkeit, Benutzerfreundlichkeit und Effizienz."

UX : USER DESIGN : USABILITY : WEBSITES : DEVICES : IOT

Als ich das erste Mal in einem Starbucks-Drive-Thru war, war ich in etwa so aufgeregt wie beim ersten Mal, als ich einen Pay-per-View-Film angeschaut habe. War der Fortschritt nicht einfach unglaublich erstaunlich!? Manchmal jedoch wird die Technologie zur Norm, und Retro-Wege der Interaktion erscheinen uns erfrischend anders. Es sind wahrscheinlich mehr als eine Handvoll von uns, die nach der täglichen Überschwänglichkeit des Arbeitens und Lebens in der Online-Welt den Charme der alten Welt genießen, etwa wenn sie in der Schlange stehen und persönlich mit einem Bankkassierer zu tun haben.

Ich habe schon erwähnt, dass das Verhalten und die Erwartungen der Nutzer in digitalen Umgebungen keine neuen Phänomene sind; sie sind nicht in dem Moment entstanden, als die erste Website online ging. Ob man nun in einem ruhigen Museum steht, sich beim Abendessen unterhält oder Informationen auf einer Website sucht - die Menschen brauchen bestimmte Umstände, um konzentriert Erfahrungen sammeln zu können: ungehinderter Zugang, gutes Licht und keine Ablenkung. Jeder Kurator einer Galerie weiß das. Aber jeder, der schon einmal versucht hat, Informationen auf einer Website oder auf einem Mobiltelefon zu finden, während er mittags durch eine Menschenmenge geht, weiß, wie selten eine konzentrierte Erfahrung zu finden ist.

Das Gerät für einen Moment beiseite zu legen (was schwierig ist, wenn Sie hier weiterlesen möchten), ist im Herzen einer lohnenden Benutzererfahrung überhaupt nichts Technisches. Es geht darum, sicherzustellen, dass ein Benutzer und das Produkt (oder der Inhalt) sich verbinden - und zwar idealerweise auf eine gute Art und Weise. Der Inhalt muss nützlich, benutzerzentriert, klar, konsistent, prägnant und hilfreich sein, und er muss kontextbezogen zur Verfügung stehen. Eine aussagekräftige Analyse des Nutzerkontexts erfordert nicht nur ein Verständnis der Ziele der Benutzer, sondern auch seiner Verhaltensweisen: Was tut er, wie fühlt er sich, und wozu ist der Benutzer in der Lage?

Eine gute Nutzererfahrung zu garantieren, das bedeutet, das Optimum zu finden – den Punkt, an dem die physischen, emotionalen und kognitiven Bedürfnisse eines Nutzers konvergieren.

Die Tatsache, dass Menschen Ihren Laden oder Ihre Website verlassen, wenn sie dort nicht finden, was sie wollen, ist für das Internet genauso relevant wie für ein Einkaufszentrum. Der Unterschied besteht darin, dass wir uns daran gewöhnt haben, im Internet schnell zu finden, was wir wollen, und, wenn wir es nicht finden, auf weiteren Websites weiterzusurfen. In einem Einkaufszentrum ist dies, zumindest physisch, nicht so leicht möglich.

Wenn jemand das neueste Smartphone mit der schnellsten Verbindung benutzt und sich die beste jemals gestaltete Website ansieht, wird seine Nutzererfahrung wahrscheinlich immer noch miserabel sein, wenn er die gesuchten Informationen nicht finden kann.

Wenn Sie an User Experience ebenso interessiert sind wie wir: Das Buch "User Experience Revolution" des Smashing Magazine ist auf deren Website verfügbar:

smashingmagazine.com/user-experience-revolution

Eine gute Nutzererfahrung zu garantieren bedeutet, das Optimum zu finden - den Punkt, an dem die physischen, emotionalen und kognitiven Bedürfnisse eines Benutzers konvergieren.

Es ist nicht einfach nur schön, eine nützliche und gut gestaltete Website zu haben - es ist eine Notwendigkeit.

warrenlainenaida.net/2017-03-our-take-on-user-experience

Einführung in die Digitale Kultur

Ich wurde gebeten, einen Vortrag über digitale Kultur vor Studenten zu halten, die sich während des Semesters mit kultureller Diversity beschäftigt hatten. Zwar entgehen Ihnen die Begeisterung und die Atmosphäre des Dabeiseins - Sie können kein altes "Ziegelstein"-Handy in die Hand nehmen oder die tollen Präsentationsgrafiken bewundern. Aber das Thema der digitalen Kultur ist so interessant, dass ich die zentralen Punkte in diesem Kapitel mit Ihnen teilen möchte. Hier sind einige Fakten und Punkte, über die es nachzudenken - und zu diskutieren - gilt.

DIGITAL CULTURE : MOBILE : AI : UX : SOCIAL MEDIA : BIG DATA

Was ist digitale Kultur?

Internet-, Handy-, Computerkultur ...

Kultur ist die Gesamtheit der Werte, Normen, Praktiken und Erwartungen, die von einer Gruppe von Menschen geteilt (und ständig neu verhandelt) werden.

Sie können jedem dieser Begriffe "Digital" hinzufügen, um eine entsprechende Diskussion zu beginnen:

Ungleichheit
Datenschutz und Überwachung
Politik, Subversion und Kriegsführung
Identität
Netzwerke
Recht, Ethik
Kraft-Distanz
Kollektivismus versus Individualismus
Weiblichkeit versus Männlichkeit
Lang- versus kurzfristige Orientierung

Digitale Kultur

- Hat ihre Ursprünge sowohl in Online- als auch in Offline-Phänomenen.
- Es bestehen Verbindungen zu Trends und Entwicklungen, die vor dem World Wide Web liegen, die jedoch einen Einfluss darauf haben, wie wir heute miteinander in Verbindung stehen.

- Unsere Verhaltensweisen und Erwartungen in digitalen Umgebungen sind keine neuen Phänomene und entstanden nicht in dem Moment, als der erste Computer online ging.
- Die Komponenten der digitalen Kultur sind allgegenwärtig und historisch.
- Die Geschichte wiederholt sich nicht, ABER oft genug reimt sie sich.

Die Technologien, die derzeit zur Verfügung stehen, ermöglichen es fast jedem, Inhalte zu erfassen und weiterzugeben. Wir haben schon immer Inhalte erfasst und weitergegeben - so lernen und kommunizieren wir. Das Erfassen und Teilen durch digitale Technologie ist jedoch anders.

Das Teilen von Inhalten in digitalen Mediä unterscheidet sich auf 3 Arten vom Teilen vermittels früherer Technologien:

1. Im Rahmen digitaler Medien nehmen wir aktiv an der Generierung von Bedeutung teil.
2. Wir adaptieren, modifizieren und manipulieren verschiedene Wege des Wirklichkeitsverständnisses.
3. Wir erschaffen unsere je eigenen Versionen dieser Realität[1].

1 Mark Deuze, The Information Society, 2005

Mobile Kultur

Der ständig wachsende Einfluss mobiler Geräte, Medien und Kommunikation auf unser tägliches Handeln.

Internet-Kultur

Die verschiedenen sozialen Phänomene, die mit dem Internet und anderen neuen Formen der Netzwerkkommunikation in Zusammenhang stehen.

Cyber- oder Computerkultur

Die Kultur, die durch die Nutzung von Computernetzwerken für Kommunikation, Unterhaltung und Geschäfte entstanden ist oder im Entstehen begriffen ist.

Der technologische Wandel

Print. Kino. Radio. TV. Computer. Internet. Telefon: Die Mobiltechnologie bringt alle Technologien zusammen. Und wir tragen sie bei uns.

Das Internet ist verdammt GROSS. Um welche Menge an Informationen geht es dabei? 1.000.000.000.000.000.000.000.000.000 Bytes (Zettabyte) Sextillion Bytes. Etwa 667 Billionen Filme![2]

2 telegraph.co.uk/technology/2016/02/04/worlds-internet-traffic-to-surpass-one-zettabyte-in-2016

Wie wir kommunizieren, arbeiten, spielen, einkaufen ... Die digitale Technologie verändert alles.

Smartphones haben die PC-Lieferungen im 4. Quartal 2011 überholt. Vor einem Jahrzehnt. Facebook meldete Anfang 2014 mehr Zugriffe von mobilen Geräten als von Desktop-Geräten. Vor sechs Jahren. Der Wendepunkt zur Mobiltechnologie fand schon vor langer Zeit statt.

Täglich werden mehr Telefone verkauft als Babys geboren werden.

6,5 Milliarden Menschen. 14,5 Milliarden Mobiltelefone. 2,5 Milliarden Smartphones. Wir verbringen 7,5 Stunden am Tag damit, auf Bildschirme zu schauen. Allein mit Mobiltelefonen verbringen wir satte 151 Minuten.

Smartphone-Apps machen 60% unserer Zeit auf unseren Telefonen aus. Apps können unsere Aktivitäten noch besser verfolgen und überwachen als eine Website. Darüber hinaus werden jeden Tag etwa eine Milliarde Stunden Online-Videos angeschaut. 50% dieses Datenverkehrs kommen von Smartphones.

In der Zeit, die wir mit sozialen Medien verbringen (etwa 600 Stunden), könnten wir jedes Jahr etwa zweihundert Bücher lesen (etwa 500 Stunden).

Wir verbrauchen täglich fünfmal mehr Informationen als 1986, eine unglaubliche Menge, die einhundertvierundsiebzig Zeitungen ... pro Tag entspricht. Das beinhaltet wahrscheinlich eine Menge Instagram-Posts, aber es sind nicht nur soziale Medien.

Der eLearning-Bereich von Unternehmen ist in den letzten sechzehn Jahren um das Neunfache gewachsen, so dass fast 90% der US-Unternehmen ihren Mitarbeitern Online-Schulungen anbieten und ihnen damit mehr Informationen als je zuvor zugänglich machen.

Die neue kulturelle Vielfalt

Sind wir Individualisten oder Kollektivisten?
Ist unsere Gesellschaft monochron oder polychron?
Leben wir in einer High-Kontext- oder Low-Kontext-Gesellschaft?
Wo sind die Verbindungen?
Wo sind die digitalen Blasen?

Wir sagen, dass wir einzigartig sind, aber wie wir miteinander verbunden sind, macht uns eigentlich gleich.

Fake-News nannten wir früher Propaganda, Boulevard- oder Regenbogenpresse ...

Alles, was Ihnen gefällt, was Sie teilen, woran Sie glauben, ist miteinander verbunden, und zwar durch: Tracking-Pixel, Cookies, maschinelles Lernen, künstliche Intelligenz, Big Data, Ad Placement, Native Advertising, Content Marketing...

Ein neuer Kollektivismus

Ihre 'likes', die ‚likes' Ihrer Freunde usw. erzeugen den Inhalt, den Sie sehen.
Sie erzeugen eine digitale Blase mit Informationen, die sowohl die Verbindung als auch die Trennung zwischen Menschen verstärkt ...

Medieneinflüsse

Abhängig von Ihrer Informationsblase und verstärkt durch Ihre ‚Freunde'
Wie viele Menschen kennen Sie, die anders denken als Sie?

„Rage Against the Maschine"

Unsere Sozialisation in dieser neuen Kultur ist noch nicht abgeschlossen, und so kommt es zu Störungen, ebenso wie bei der Agrarrevolution, der industriellen Revolution, der Informations- und Telekommunikationsrevolution.

Was hält die Zukunft bereit?

Eine neue kulturelle Kluft - Mensch vs. Computer

1,8 Jahre: Computer werden doppelt so schnell. In zehn Jahren: zweiunddreißigmal schneller. Wie viel schneller, besser, intelligenter werden Sie in zehn Jahren sein?

Der erste IBM-Computer für den allgemeinen Geschäftsgebrauch im Jahr 1960 war der IBM 7030. Für einen GFLOP an Rechenleistung im Jahr 1960 hätten Sie 2400 davon benötigt. Heute hat ein Samsung Galaxy 142 GFLOPS an Rechenleistung.

Die Rechenleistung einer PS3 ist die gleiche wie die von Red (dem Supercomputer). Red hatte die Größe eines Tennisplatzes und kostete 55 Millionen Dollar. Zehn Jahre später ... 1,8 Teraflops passen problemlos unter den Weihnachtsbaum und kosten weniger als vierhundert Dollar.

Früher wurden Medien für uns als Publikum geschaffen. Jetzt schaffen, teilen und manipulieren wir Medien. Wir beteiligen uns an der Schaffung von Medien und an unseren je eigenen Versionen dieser Realität.

Die Geschwindigkeit der Technologie ermöglicht es uns, unsere je eigene, ausgesprochen überzeugende digitale Blase zu erzeugen.

warrenlainenaida.net/2017-02-digital-culture-101

Jetzt werden die Karten neu gemischt

Dachten Sie, Ihr "Web-Handicap" sei gut? Nun, Google wird noch in diesem Jahr mit der Erprobung eines Suchindex für Mobile First beginnen. Was bedeutet das? Kurz gesagt, wenn Ihre Website nicht mobilfreundlich ist - und mit Website meine ich nicht nur das Layout und Design, sondern auch den Inhalt - könnte Ihre Website NACH der Website (wahrscheinlich der Ihres Konkurrenten) indiziert werden, die mobilfreundlich IST.

MOBILE : RESPONSIVE : SEO : CONTENT : INFORMATION

Was versteht man unter "Mobile First", und lohnt es sich überhaupt, noch weiter darüber zu reden? Der Verkauf von internetfähigen Mobiltelefonen hat Anfang 2013 die Desktop-Computer überholt – das war der sogenannte „mobile moment“. Facebook meldete 2014 mehr mobilen Verkehr auf seiner Website als Desktopverkehr, und Ende 2015 meldete Google mehr Suchanfragen von Mobilgeräten als von Desktopgeräten. Täglich werden mehr Mobiltelefone verkauft als Babys geboren werden. Alles deutet darauf hin, dass das Internet ein vorwiegend mobiler Ort ist. Warum drängen wir die Menschen also immer noch dazu, ihre Websites "mobile first" zu machen? Es sieht danach aus, dass Websites einfach mobil sein müssen ... Punkt.

Etwas Hintergrund, wenn Sie gerade eingeschaltet haben:

Mobile First bedeutet im Wesentlichen die Verlagerung der Web-Erfahrung von Desktops auf mobile Geräte. Websites, die für 2100-Pixel-Desktops konzipiert wurden, müssen jetzt für 420-Pixel-Mobilgeräte konzipiert werden. Nicht nur das, sondern auch die Benutzergeschichte, Benutzerpfade, Benutzerkontext, Text, Textlänge, Bilder, Karten, Design, Struktur, Video, Katzenfotogalerie, der seltsame Zähler am unteren Bildschirmrand, die Platzierung der Navigation, Zweck oder Existenz der Navigation, Farben, Schriftgröße, Schriftstil, Flash und andere Dinge, die auf einem mobilen Gerät nicht unterstützt werden, Hintergrundfarbe, RIESIGE Bilder ... ALL das muss man sich vorstellen, aber nicht für einen Desktop der ruhig auf einem ... nun, einem Schreibtisch steht, während ein Nutzer die Nachrichten liest; sondern für ein mobiles Gerät, das der Nutzer in einer Hand hält, während er an einem verregneten Freitag mit einem schreienden Kleinkind im Schlepptau durch die Menschenmengen auf der Straße navigiert und gleichzeitig versucht, die Nachrichten zu lesen. Ein Paradigmenwechsel auf allen Ebenen.

Eines in einer Reihe von hervorragenden Büchern der Leute von *A List Apart - Mobile First*, geschrieben von Luke Wroblewski, erschien vor fast einem Jahrzehnt - im Jahr 2011. Neun Jahre klingt vielleicht nicht besonders lang, ein Jahrzehnt klingt viel länger. Aber angesichts dessen, was in dieser Zeit alles passiert ist, sind neun Jahre im Internet wie neun Hundejahre.

abookapart.com/products/mobile-first by Luke Wroblewski

Wenn Ihre Website nicht handyfreundlich ist und Google Ihre Website nicht in den Suchergebnissen auflistet, die den Nutzern von Mobiltelefonen angezeigt werden, und Mobiltelefone den größten Teil des Suchverkehrs ausmachen - was dann?

warrenlainenaida.net/2017-01-a-real-game-changer

Ist das eine App, die ich vor mir sehe?

Erinnern Sie sich noch an die erstaunliche Welt des Faxmarketings? Mobiltelefone, die nur Telefonnummern gewählt haben? Die erste Website, mit der Sie gearbeitet haben? Wie haben wir das geschafft, bevor diese ganze Technik aufkam? Offensichtlich nicht sehr gut, denn bald darauf kam die App. Google und Apple eröffneten ihre App-Stores im Jahr 2008, und heute verbringen wir die meiste Zeit mit unseren Smartphones und kommunizieren über Apps, die sowohl im Netz beheimatet als auch webbasiert sind.

DIGITAL CULTURE : APPS : WEBSITE : MOBILE : TECH

Bevor alle Welt verzweifelt darum bemüht war, eine App für ihren Dienst zu entwickeln, gab es die Microsite. Heute ist das nichts Besonderes mehr. Aber Mitte der 90er Jahre war es ein aufregender Schritt weg von der sperrigen Kern-Website hin zu einer kompakten Popup-Site, die für ein neues

Programm oder einen neuen Dienst warb UND immer skalierbar war - weil man nie wusste, wann ein Nutzer die Größe seines Popup-Fensters anpassen würde. Ja, man konnte die Größe des Fensters forcieren, aber wie viel wagemutiger wäre es, den Inhalt zu skalieren. Und die responsive, mobile Anwendung war geboren. Wir wussten es nur noch nicht.

Der Aufstieg des mobilen und responsiven Internets hat das Spiel der Apps verändert. Früher kamen Websites paarweise auf den Markt - eine für Desktops und eine für Mobiltelefone. Jetzt gibt es eine Website, die auf das verwendete Gerät reagiert und die Inhalte liefert, von denen angenommen wird, dass sie benötigt werden.

Wenn wir heute an eine Schule oder ein Forschungslabor denken, benötigen Besucher, wenn sie die Website auf einem mobilen Gerät aufrufen, in der Regel weniger Inhalte, die schnell geliefert werden. Vielleicht befinden sie sich im Zug oder gehen zu Fuß in Richtung Campus. Auf einem Schreibtisch zu Hause oder im Büro hat der Benutzer normalerweise mehr Zeit und Internetgeschwindigkeit und möchte sich eingehend über die Schule informieren. Die Umstände des Nutzers haben sich geändert, und deshalb sollte auch der Inhalt ein anderer sein.

Wir haben schon angefangen zu sehen, wie für jedes dieser Szenarien ein je eigener „Service" erforderlich ist - und wir können die Anfänge dessen sehen, was einmal eine mobile App gewesen wäre, die spezifische Informationen wie die Telefonnummer, den Standort auf Google Maps und die angebotenen Veranstaltungen - vielleicht sogar das Menü im Food-Quad - angezeigt hätte.

Derselbe Benutzer könnte, wenn er einmal vor Ort ist und an einem Workshop teilnimmt, sehr gut eine native Anwendung starten, um Berechnungen durchzuführen und Forschungsergebnisse zu ermitteln, die von anderen Benutzern an anderen Universitäten oder aus Laboren der wichtigsten Unternehmen eingespeist werden. Sie könnten eine Native App verwenden, um Besucher aus anderen Ländern während des Workshops einen Vortrag halten zu lassen oder einen Film über die DNA-Sequenzierung anzusehen. Unterschiedliche Bedürfnisse, unterschiedliche User Stories, unterschiedliche Werkzeuge. Welches ist das Beste für Sie? Das kommt darauf an. Wie alles andere sind Apps Werkzeuge, die einem bestimmten Zweck für eine bestimmte Gruppe aus der Bevölkerung dienen - bauen Sie also einfach das, was Sie brauchen.

Die Unterschiede, Vor- und Nachteile einer Webanwendung (im Grunde eine kleine Website - einfach zu aktualisieren, Sie können sie nicht verkaufen, und Sie benötigen eine Internetverbindung, und normalerweise billiger in der Erstellung) und einer Native App (im Grunde ein Dienst, der auf Ihrem Smartphone installiert wird - etwas schwieriger, sie spontan zu aktualisieren, aber Sie können sie verkaufen, was gut ist, da sie normalerweise teurer zu programmieren und, wenn sie einmal installiert ist, auch ohne Internetverbindung funktionieren könnte), finden Sie hier:

sixrevisions.com/mobile/native-app-vs-mobile-web-app-comparison

Es gab einmal eine Zeit, in der wir eine Website für Mobiltelefone und eine andere Website für Desktop-Benutzer betrieben haben. Es gab auch einmal eine Zeit, in der Mobiltelefone überhaupt keine Internetfähigkeit hatten. Wohin führt uns unser Weg als nächstes?

warrenlainenaida.net/2016-12-is-that-an-app-i-see-before-me

Klick Mich!

Man sagt, dass Higher Ed. etwa eine Milliarde Dollar pro Jahr für Digital Marketing ausgibt - und das nur in den USA. Wir haben diese Zahlen neulich durchgerechnet und die Anzahl der Studienanfänger mit den durchschnittlichen Kosten für die Anwerbung eines Studenten verglichen. Wir vermuten, dass diese Zahl wahrscheinlich ziemlich niedrig ist. Es ist immer noch eine ziemlich kleine Zahl. Insgesamt war geplant, allein im Jahr 2019 330 Milliarden Dollar für Digitales Marketing auszugeben[1]. Dreihundertdreißig. Milliarden. Dollar.

RECRUITING : ONLINE MARKETING : SEA : DISPLAY : SOCIAL MEDIA

Je intensiver der Wettbewerb um Studierende wird, desto interessanter wird die Art und Weise, wie die Schulen ihre Programme, den Campus und die Angebote des Campuslebens vermarkten.

1 emarketer.com/content/global-digital-ad-spending-2019

Ein Prozentsatz aller Medienausgaben entfällt jedoch nach wie vor auf Anzeigen und Bannerwerbung, soziale Medien, Google AdWords - und manchmal hat man das Gefühl, dass es letztlich egal ist, wie man es macht – es geht so oder so daneben.

So sollte es nicht sein. Die Hälfte des Budgets eines Werbetreibenden ist verschwendet, sagt die liebste Binsenweisheit der Branche, aber niemand weiß, welche Hälfte. Digitale Anzeigen sollen helfen. Wie können wir mit Sicherheit wissen, wie viele unserer Anzeigen von echten Menschen gesehen wurden, die darauf reagiert haben, und wie viele von Bots und Klickfarmen?

Sehen Studenten Ihre Anzeigen? Manchmal ja, manchmal nein, und manchmal sehen sie sie vielleicht viel zu oft. Wenn wir Online-Werbekampagnen für Kunden erstellen, suchen wir immer nach dem optimalen Gleichgewicht. Beide Seiten wollen Ergebnisse, und keiner von uns will Geld verschwenden. Nicht angezeigt ist u.E. die Verwendung von Tracking-Pixeln oder dergleichen für das Retargeting der Display-Anzeigenplatzierung.

Tracking-Pixel weisen Ihre Anzeigen an, auf Websites zu erscheinen, die dann von Personen besucht werden, die entweder Ihre Website besucht oder Interesse an Ihrem Produkt gezeigt haben - und im Falle von Studenten bedeutet dies ausnahmslos Gaming, Online-Shopping oder sogar Pornos.

Möchten Sie, dass Ihre Universität auf einer Pornoseite beworben wird? Nein. Und doch kann es passieren.

Seien Sie also vorsichtig; verstehen Sie alle Parameter und stellen Sie sicher, dass Sie so viel Kontrolle über die Anzeigenschaltung wie möglich haben. Bannerwerbung ist zwar ein notwendiger Bestandteil des Wiedererkennens einer Marke, aber die echten Verkaufsgelegenheiten entstehen, wenn man mit potenziellen Studenten eins zu eins in Kontakt tritt.

Eine Befürchtung ist praktischer Natur: dass wir für Online-Werbung bezahlen, die die Verbraucher nicht sehen, entweder weil sie von Robotern gelesen wird oder auf obskuren Websites auftaucht.

warrenlainenaida.net/2016-10-click-me

Immer noch unsicher in Bezug auf Social Media?

In einem Maße, wie Facebook und andere soziale Medien ihre Popularität steigern, beginnen sich die Besuche auf Unternehmenswebsites zu nivellieren. Die Menschen wollen interagieren, und immer mehr Menschen sind der Ansicht, dass Interaktion am besten in den sozialen Medien und nicht auf einer Unternehmenswebsite stattfindet. Für Universitäten sind soziale Medien nur ein Teil ihrer Online-Kommunikation - aber es ist ein sehr großer Teil.

DIGITAL CULTURE : SOCIAL MEDIA : BRANDS : STORYTELLING

Den Sozialen Medien sollte man sich mit einer gewissen Vorsicht nähern. Follower können uns mit einem Mausklick "unliken". Top-Gründe für das "unliken" einer Marke: "sie posten zu viel" (44%), und "Inhalte wurden mit der Zeit repetitiv oder langweilig"(38%).[1]

1 verticalresponse.com

Die ständige Interaktion mit der Öffentlichkeit ist von großem Wert, was auch bedeutet, dass es man mit Situationen konfrontiert werden kann, wo die Interaktion mit bestimmten Personen negative Auswirkungen auf die Universität haben kann:

- Plattformen erfordern tägliche Wartung und Interaktion
- Zukünftige Studierende beurteilen eine Universität jetzt auf der Grundlage ihrer Social-Media-Konten
- Social-Media-Konten sollten von jemandem verwaltet werden, der sich leidenschaftlich für die Schule einsetzt und die Plattform versteht
- Social-Media-Seiten sollten Funktionen bieten, die eine aktive Beteiligung der Nutzer fördern

Strategie für soziale Medien

Die Modi der Online-Kommunikation haben sich rasch verändert, und es liegt bei den Institutionen, sich über die neuesten Kommunikationsformen und Varianten der ‚Brand Identification' auf dem Laufenden zu halten. Soziale Medien sind keine Modeerscheinung.

Ihre Social-Media-Strategie sollte:

- Markenbewusstsein schaffen
- kleine Details bringen und das Gesicht unserer Gemeinschaft (Studenten, Dozenten, Mitarbeiter) zum Leben erwecken
- Nutzer einbinden, indem Sie relevante und visuell ansprechende Inhalte zur Verfügung stellen
- Ihre Vision mit konsistenten und relevanten Informationen veranschaulichen
- Gewinnbringende Medienarbeit durch engagierte Studenten, Drittfinanzierung, Medienbewusstsein beinhalten...

Soziale Medien für Sie arbeiten lassen

Auch wenn die Öffentlichkeitsarbeit die Kernkompetenz der sozialen Medien bleibt, ist jede der wichtigsten Social-Media-Plattformen für bestimmte Aufgaben besonders geeignet (Beispiel):

- Facebook / Instagram können dazu beitragen, dass unter den Studierenden Stolz und Begeisterung für ihre Universität entsteht - Werbung für Merchandising und Kontaktaufnahme mit potenziellen Studierenden in einer sicheren Online-Gemeinschaft

- Twitter-Ankündigungen, Nachrichten, Veranstaltungen und Diskussionsbeiträge
- Moodle, Zoom, Teams, Aushang von Unterrichtsmaterialien und Multimedia - eine Einladung, Inhalte zu produzieren
- LinkedIn / Researchgate Möglichkeiten zum Networking für Lehrende und Mitarbeiter

Schwerpunkt: Social Media im Zusammenhang mit Ihrem ‚Brand'

Die Menschen an Ihrer Marke teilhaben lassen.

Social Media sind nicht einfach nur ein Marketingkanal, sondern eine Art Einzelhandelsfläche. Wir verfolgen und teilen Informationen über Marken, weil wir eine Affinität zu ihnen haben.

Um ein Beispiel zu verwenden: Sie und Ihr Publikum teilen vielleicht die gleiche Besessenheit der Ivys League-Bildung. Sie sind (wahrscheinlich) nicht in Harvard, und Sie leben (möglicherweise) nicht in Boston. Sie sind jedoch in der Lage, diese gleichen Obsessionen an unsere Marke anzuhängen und zu übernehmen und diese mit Ihrem Publikum in Ihren sozialen Medien zu teilen.

Ihre sozialen Medien sollten das bewerben und einbinden, was das Herzstück Ihrer Institution ausmacht und mit dem sie assoziiert wird: die Ausbildung einer Elite, das Leben auf dem Campus, internationale Gemeinschaft, Spitzenforschung, Kaffee ... diese Dinge (Themen, Ideen, Ideale usw.) sind Ihre "Markenbesessenheit". Es geht darum, Ihrem Publikum zu sagen: "Wir wissen, wie Sie leben und was Sie wollen. Wir verstehen Sie."

Wenn man in Harvard studiert, ist das letztlich nicht so viel anders, als wenn man sonst irgendwo studiert – genauso, wie es letztlich nicht viel anders ist, ob man einen Kaffee bei Starbucks oder in irgendeinem der vielen anderen Cafés trinkt. Es geht nicht um die Realität - es geht um die Marke und darum, dazuzugehören.

Diese Herangehensweise an die sozialen Medien ist sogar noch ehrlicher als die Marke zu „leben“ - tatsächlich in Harvard zu sein, zum Beispiel - weil wir uns "vorstellen", wie es ist, an einer Eliteuniversität zu sein - was letztlich auch die meisten unserer angehenden Studenten tun.

Social Media ist eine Verkaufsfläche. Hier trifft unsere „Brand Obsession“ auf das „Storytelling“ eines “Brand“. Das kann ein Feuerwerk sein, oder es kann ein Buschfeuer werden.

warrenlainenaida.net/2016-07-still-unsure-about-social-media

Was ist eigentlich mit diesem Design Thinking?

„Card Sorting"-Workshops (Entwicklung einer Organisatiosstruktur) sind ein integraler Bestandteil unserer (und wahrscheinlich auch Ihrer) Website-Projekte. Ein wenig unüblich ist es, noch einen Schritt weiterzugehen. Ein Kunde wollte einen neuen Ansatz für den Relaunch seiner Website und hatte Design Thinking noch nie ausprobiert. Wir wollten dem Team die Möglichkeit geben, der Fantasie freien Lauf zu lassen und sich eine Persona (Zielgruppe) und die Art und Weise vorzustellen, wie die Website den Bedürfnissen dieser Persona gerecht werden könnte.

PROJECT MGMT : WEBSITE : AGILE : USER STORIES : PERSONAS

Zwölf Personen, die die verschiedenen internen und externen Interessenvertreter der Website vertraten, trafen sich, um über den Relaunch einer Universitäts-

Website nachzudenken. Ziel war es, Probleme mit der aktuellen Website zu identifizieren und Ideen zu entwickeln, wie sie verbessert werden könnte.

Drei Teams bestehend aus je vier Personen schauten sich die Website aus der Perspektive je einer spezifischen Persona an - eine Gruppe entschied sich für die Rolle der Eltern eines potenziellen Studenten aus dem Ausland, eine andere Gruppe für die Rolle eines einheimischen Studienbewerbers für einen Bachelor-Studiengang und die dritte Gruppe für die Rolle eines potentiellen Spenders und Geschäftspartners.

Jedes Team versuchte zunächst, sich in die Person ihres Besuchers hineinzuversetzen, um besser zu verstehen und zu definieren, wer sie waren, was sie wollten und wie die Website ihren Bedürfnissen gerecht werden könnte. Dann identifizierte jedes Team Schlüsselideen und Nutzerbedürfnisse und setzte Prioritäten. Schließlich erstellte jedes Team einen Prototyp einer Website, die den spezifischen Bedürfnissen ihrer Persona am besten entspricht.

Zu oft werden Websites von internen Nutzern definiert und entlang der internen Architektur der Institution strukturiert. Diese Aufgabe, sich der Webseite aus einer ganz anderen Perspektive zu nähern, war ein wichtiger Schritt, um zu verstehen, wie die Website von externen Nutzern gesehen und genutzt wird.

Das Ziel bestand nicht darin, eine fertige Website zu erstellen, sondern eine minimal funktionale Website zu schaffen, die auf den Bedürfnissen einer bestimmten Gruppe basiert. Dieser Ansatz ist viel besser, als mit dem Design einer Website zu beginnen, die auf den Aktivitäten einer anderen Universität basiert.

Hier können Sie mehr über die Erstellung von Personae zur Entwicklung von „User Stories“ lesen: *usability.gov/how-to-and-tools/methods/personas.html*

Wenn Sie mehr über Design Thinking erfahren möchten, dann lesen Sie diese Beiträge aus den Webseiten der Stanford University, die einen detaillierten Überblick über den Prozess geben und ausgesprochen professionell geschrieben sind.

joeyaquino.wordpress.com/2012/05/23/want-a-crash-course-in-stanfords-design-thinking-here-it-is-for-free-pt-1-empathy

joeyaquino.wordpress.com/2012/06/04/define-pt-2-of-my-stanford-design-thinking-crash-course

Einfühlung : Definition : Ideal : Prototyp : Test

Seien Sie der Nutzer. Definieren Sie die Bedürfnisse. Stellen Sie sich ihren Pfad durch die Webseite vor. Entwerfen Sie einen Raum dafür. Probieren Sie es aus.

warrenlainenaida.net/2016-06-what-is-this-design-thinking-anyway

To Code or Not to Code

Zum Programnieren benötigt man keinen Abschluss in Informatik. Tatsächlich haben einige der besseren Programmierer da draußen Abschlüsse in Literatur und Sprachen. Es ist nie zu spät, Programmieren zu lernen - und das Lernen, genau wie eine Sprache, qualifiziert Sie weiter - und fügt eine weitere Fähigkeit hinzu, die sich vielleicht einmal in Ihrem Verdienst niederschlägt. Informatisches Denken kann bei der Problemlösung und beim Verständnis großer Informationsmengen hilfreich sein.

CODING : HTML : PROGRAMMING : LIFELONG LEARNING

Computer werden nicht so bald verschwinden - wie funktionieren sie? Wie funktionieren die Apps auf Ihrem Smartphone? Was verbirgt sich hinter der Website, die Sie ständig durchblättern? Was ist ein Algorithmus?

Sie brauchen Ihr Leben nicht dem Programmieren zu widmen - Sie können es der Liste Ihrer bestehenden Fähigkeiten hinzufügen. Das Erlernen einer Sprache wie Python oder sogar der Grundlagen von HTML könnte Ihnen künftig Ihre Arbeit erleichtern und gleichzeitig jetzt eine interessante Gelegenheit zum Lernen bieten. Es könnte auch einfach etwas Neues sein, das es zu lernen gilt. Es ist ein tolles Hobby, sich einfach weiterzubilden.

Sehen Sie es einmal so - spielen Sie Golf? Kochen Sie gerne? Wahrscheinlich sind Sie weder ein Golfprofi noch ein Sternekoch, aber diese Aktivitäten tragen zu Ihrer Lebenserfahrung bei. Wer weiß? Vielleicht werden Sie eines Tages Profi.

Wer muss Programmieren lernen? Sie. Kinder müssen es lernen. Großeltern tun es. Wahrscheinlich jeder, der nicht den Anschluss verlieren will. Wie das Lesen - wenn man lesen lernt, kann man lesen, um zu lernen. Es gibt unzählige Online-Plattformen, die kostenlose Kurse im Programmieren anbieten.

Codecademy *(codecademy.com)* und Tynker (*tykner.com*) sind meine Favoriten. Ihr örtliches Bildungswerk oder Ihre Volkshochschule bieten wahrscheinlich auch Kurse an. Udemy und Coursera bieten sie ebenfalls an. Es ist immer Zeit zum Lernen. Go for it.

Programmieren fördert viele Fähigkeiten - Kreativität, Konnektivität, Kommunikation, Ausdauer, Zusammenarbeit, Problemlösung ... ganz zu schweigen von dem Nervenkitzel, der entsteht, wenn man einen Code auf einem Bildschirm eingibt, und *WOW* mein Code macht etwas!

warrenlainenaida.net/2016-02-to-code-or-not-to-code

Die Menschen bleiben 90 Sekunden auf Ihrer Webseite

Ihre Website ist möglicherweise die einzige Erfahrung, die ein Besucher mit Ihnen macht. Ihr Design und Ihre Inhalte müssen durchweg persönlich und überzeugend sein. Bis sich ein Student tatsächlich einschreibt, befindet er sich noch im Entscheidungsprozess, und jeder Schritt in diesem Prozess kann ihn entweder ermutigen, weiter vorwärts zu gehen - oder ihm Anlass zum Zweifeln geben.

ANALYTICS : SEO : USER DESIGN : UX : CONTENT : WEBSITES

Damit eine Universität im Wettbewerb bestehen kann, muss die Website in vier Schlüsselbereichen immer auf dem neuesten Stand sein - Inhalt und Struktur, Content Management, Design und Layout sowie Technologie.

Es heißt, dass ein Drittel der Studieninteressenten eine Universität von ihrer Liste streicht, weil sie bei ihrer Suche schlechte Erfahrungen mit der Website der Universität gemacht haben (dies ist so ziemlich Standard für jeden Service und Kunden).

Vor dem Hintergrund der grundlegenden Benutzertrends nutzen wahrscheinlich die meisten angehenden College-Studenten ein mobiles Gerät, um sich die Website einer Universität anzuschauen, und ein guter Anteil nutzt die Social-Media-Seite der Institution als Teil des Entscheidungsprozesses[1].

Ihre Website ist fast immer der erste Kontaktpunkt der Menschen mit Ihrer Universität. Sie steht rund um die Uhr zur Verfügung und ist die größte einzelne Quelle für umfassende Informationen darüber, wer Sie sind und was Sie an einem Ort zur Verfügung stellen.

Ihre größte Zielgruppe, angehende Studierende im Alter von sechzehn bis vierundzwanzig Jahren, ist die an der stärksten vernetzten Gruppe in der Geschichte. Sie verbringen durchschnittlich drei Stunden pro Tag mit dem Surfen im Internet und in sozialen Medien - und sie (mehr als 50%) greifen meist über ihr Mobiltelefon auf das Internet zu.

Ihre Universität ist ein Dienstleistungsunternehmen - insbesondere bietet sie individuellen Service für Studierende als zahlende Kunden. Ihre Website muss auf die Bedürfnisse Ihrer zukünftigen

1
researchgate.net/publication/329695094_Social_media_and_the_university_decision_Do_prospective_students_really_care

Studenten, aber auch auf die Ihrer Spender, Ehemaligen, Ihrer derzeitigen Studenten, Mitarbeiter und Dozenten sowie der weltweiten Forschungs- und Bildungsgemeinschaft eingehen. Ihre Website muss vollständig auf Ihre institutionellen Ziele abgestimmt sein.

Inhalts- und Strukturkonzept: Inhalte verwalten und schnell finden lassen

Ihre Besucher erwarten, dass die Inhalte aktuell, relevant und leicht zu finden sind. Beim Relaunch der Website sollten wir uns unter Berücksichtigung der Erwartungen unserer Nutzergruppen und des Schwerpunkts Ihrer Kommunikationsstrategie auf den Inhalt und die Struktur unserer Website (zugeschnitten auf das Nutzerverhalten) konzentrieren.

Wo es um Nutzergruppengeht, sollten Sie sich nicht nur der Nutzer Ihrer mobilen und sozialen Medien bewusst sein, sondern vor allem auch Ihres eigenen internen Nutzers.

Reagiert Ihre Website auf Studieninteressierte und deren Bedürfnisse - oder auf Spender und Unternehmen? Zeigt Ihre Website eine offensichtliche Verbindung zu den Alumni? Wird Ihr Forschen und Lernen in der inhaltlichen Struktur

Ihrer Website klar transportiert? Wird Ihr einzigartiges Profil gleichzeitig überzeugend in Ihrer Web-Kommunikation vermittelt?

Wir müssen uns immer die Frage stellen: "Was wollen wir mit diesen Informationen erreichen?“ Komplexe Informationen (z.B. Forschung und Lehre) müssen einfach und klar verfügbar gemacht werden. Da die Nutzer eine Seite ggf. recht schnell wieder verlassen, sollten die Inhalte mit drei oder weniger Klicks zugänglich gemacht werden.

In Anbetracht der Vorliebe der Internetnutzer für Videos sollten die Inhalte viel mehr Multimedia beinhalten – beispielsweise MOOCs oder Videos für angehende Studenten. (Nutzer verbringen im Durchschnitt täglich 84 Minuten damit, sich Videos online anzusehen - aber unsere Aufmerksamkeitsspanne für Videos beträgt 5,5 Minuten). [2,3]

Die Tonlage und die Qualität aller Informationen müssen auf der gesamten Website einheitlich sein. Da PDFs weder SEO- noch mobil freundlich sind, sollten Sie dieses Format nicht primär für Ihre Webinhalte nutzen.

2 marketingcharts.com/digital/video-110520

3 talkingtreecreative.com/blog/video-marketing-2/the-impact-of-video-length-on-engagement/

Die Informationen auf unserer Webseite müssen klar sein, und der Zeitaufwand, um sie zu finden, sollte minimal sein.

Es darf keinen Konflikt zwischen dem Auffinden von Inhalten in einem Nutzerkontext und dem allgemeinen Überblick über die Inhalte geben, ebenso wenig wie zwischen verschiedenen Quellen und verschiedenen Inhaltsversionen.

Inhalte müssen so erstellt und kategorisiert werden, dass sie den Bedürfnissen aller Ihrer Zielgruppen (und insbesondere der Studieninteressierten) auf der Grundlage von Anwendungsfällen und User Flow entsprechen. Wir sollten nicht davon ausgehen, dass (zum Beispiel) Studieninteressierte über die relevanten Kenntnisse unserer Website verfügen. Wir sollten nicht Inhalte für uns selbst produzieren und strukturieren.

Wenn der durchschnittliche Besucher neunzig Sekunden auf einer Webseite verbringt, ist ein ansprechender, relevanter und konsistenter Website-Inhalt nicht einfach nur nettes Beiwerk - er ist eine Notwendigkeit.

Inhalte müssen flexibel genug sein, um sowohl in sozialen Medien als auch in einer mobilen Umgebung gut funktionieren zu können. Content-Manager müssen dazu in der Lage sein, Inhalte mit verwandten Inhalten zu verbinden, Inhalte in einem

Social-Media-Umfeld zu teilen und Inhalte zu schreiben, die für mobile Benutzer geeignet sind.

Sie haben nur eine Chance, einen guten ersten Eindruck zu hinterlassen.

Potenzielle Studierende und Kunden gehen auf eine andere Website, wenn sie auf Ihrer nicht finden, was sie suchen.

warrenlainenaida.net/2015-11-people-visit-your-site-for-90-seconds

Etwas mehr Praxisbezug

Zögern Sie nicht, die folgenden vier Kapitel auszuschneiden und an Ihre Plantafel zu pinnen. Sie könnten sich noch als nützlich erweisen.

Planung eines erfolgreichen Web-Relaunches

Aus unserem Workshop beim Deutschen Bundesverband Hochschulkommunikation Jahrestagungen 2015 zusammen mit Comm-Press. (dieses Kapitel ist aus dem deutschen Original)

WEBSITE : PROJECT MGMT : AGILE : DESIGN THINKING

Zweck des Relaunches

Ziel: Benutzerorientierter Inhalt
Lösung: Erstellen Sie logische Benutzergeschichten.

Ziel: Vereinfachte Struktur
Lösung: Aufgabenorientiert, Fokus auf Benutzerpfade, nicht entlang der internen Struktur strukturiert

Ziel: Benutzerfreundlich
Mobile-First-Layout, sauberes und einfaches Design

Ziel: Rückblick Was ist der Kern?
Überprüfung der Kerninhalt & Use Cases

Benchmarks

- Mobile first
- Lite, flat, clean
- Verwaltung mobiler Websites und Inhalte

Anforderungen

- Redakteure
  Wie viele Personen verwalten Inhalte?

- Produkt-Besitzer
  Wer sind die Eigentümer der Inhalte?

- Endbenutzer
  Neue Standards für Web-Inhalte, neue Nutzererwartungen und -muster

- IT/Partner
  Aktuelle und zukünftige CMS - wo müssen wir in fünf Jahren stehen?
  Interne und externe Kompetenzen

Prozess

Wie viel Zeit nehmen wir uns für jeden Aspekt dieses Projekts? Überraschenderweise zeigt uns die Erfahrung, dass die meiste Zeit für das *Scoping* (Auftragsklärung) des Projekts aufgewendet wird. Design Thinking, Feedback-Schleifen, Planung so viel wie möglich vor dem Bau.

- Überprüfung der Marken- und Kommunikationsstrategie 50%
- Analyse und Recherche vergangener Leistungen, Inhaltsübersicht 10%
- Vorbereitung und Kommunikation mit Beteiligten 20%
- Programmierung 30%

Analyse und Forschung

Zahlen lügen nicht! Wie viel von Ihrem Inhalt wird tatsächlich angesehen? Wie viele Benutzerpfade und Schritte wirklich notwendig sind. Sie sind sich nicht sicher, wo Sie mit der Überprüfung von Inhalt und Struktur beginnen sollen? Ihre Analyse-Zahlen sind der beste Ort, um damit zu beginnen.

- Monatliche Besuche: 55.000 Klicks
- Seiten insgesamt auf Ihrer Website: 2,500
- Durchschnittliche Dauer, die ein Besucher auf Ihrer Website verbringt: 1,5 Minuten

Erkenntnisse

- Beginnen Sie ein Projekt nie kurz vor Weihnachten
- Redakteure und andere Interessenvertreter müssen lernen, dass weniger mehr ist.

Weniger Etiketten, weniger ungelesene Inhalte.
- Bessere Benutzererfahrung auf allen Geräten

Tools

- Warum Open Source?
- Kosten, Kompetenzen, Kreativität
- Wo und welches CMS soll verwendet werden

Übersicht

- 4 W's 1 H: Wer, Was, Warum, Wo, Wie.
- Sie haben 90 Sekunden, um den Besucher zu beeindrucken.
- Just DO it

Ein erfolgreiches Website-Projekt ist wie jedes andere erfolgreiche Projekt. Man bekommt heraus, was man hineinsteckt. Nehmen Sie sich die Zeit, einen Schritt zurückzutreten und sowohl externen als auch internen Interessengruppen und Beteiligten zuzuhören.

Vertrauen Sie den Zahlen.

warrenlainenaida.net/2015-10-planning-a-successful-web-relaunch

Das Kunden-Arbeitsblatt

Sie möchten also Ihre Website von einer Agentur erstellen lassen. Dann ist es an der Zeit, sich in die Startlöcher zu begeben. Während es einfach ist, das Einfache kompliziert zu machen, erfordert es Geschick, das Komplexe einfach zu machen. Wir haben dieses praktische Arbeitsblatt zusammengestellt, damit Sie Ihre Vision für das Projekt festhalten können. Betrachten Sie dieses Dokument als einen Geschäftsplan für Ihre Website. Je mehr Informationen Sie der Agentur geben können, desto besser wird sie in der Lage sein, darauf zu reagieren.

PROJECT MGMT : WEBSITE : STAKEHOLDERS : CLIENT BRIEF

Bitte beantworten Sie jede Frage so ausführlich wie möglich. Da jedes Mitglied Ihres Teams möglicherweise eine andere Vision für das Projekt hat, schlage ich vor, dass Sie dieses Arbeitsblatt als Gruppe ausfüllen. Auf diese Weise entgehen Ihnen keine wichtigen Meinungen.

Alles über Sie und Ihre Marke / Ihr Unternehmen / Ihre Dienstleistung

Wie lautet der Name Ihres Unternehmens und der geplanten Website?

Beschreiben Sie Ihr Unternehmen.

Beschreiben Sie das Konzept/Produkt/Dienstleistung, das Ihre Website anbieten wird.

Wer sind die Hauptansprechpartner für dieses Projekt und welches sind ihre Aufgaben?

Wann möchten Sie anfangen (morgen klappt es vermutlich noch nicht – tut mir leid!)?

Wann muss die Webseite fertig sein (gestern geht definitiv nicht)?

Was sind Ihre Gründe für diese Termine? (z.B. Messe, Produkteinführung, vor einem Urlaub?)

Ihr Budget bestimmt, wie viel Zeit Sie Ihrer Website widmen können. Wieviel möchten Sie für die Verwirklichung Ihrer Vision ausgeben? (z.B. 1-2k, 3-4k, 5k+) Hinweis: Ein Projekt macht oft Überstunden.

Geben Sie eine Zahl an, die 15% NIEDRIGER ist als die Summe, die Sie ausgeben möchten.

Was möchten Sie erreichen? Was ist das Ziel dieses Projekts?

Nennen Sie mir Ihre Hauptgründe für die Inbetriebnahme einer neuen Website.

In der Reihenfolge ihrer Wichtigkeit (das Wichtigste zuerst): was sind die Geschäftsziele für Ihre Website (z.B. Verbesserung der Verkaufsrate, Erhöhung der Kundenzufriedenheit, Reduzierung der Suchzeit)?

Woran messen Sie Ihren Erfolg, und was hoffen Sie zu erreichen? (d.h. 20% Umsatzsteigerung)

Welche Aspekte Ihrer aktuellen Website funktionieren gut, und warum sind sie erfolgreich?

Was ist nicht so toll, und warum ist das Ihrer Meinung nach so?

Für wen tun Sie das?

Wer besucht Ihre Website? Beschreiben Sie die verschiedenen Besuchertypen so detailliert wie möglich.

Was glauben Sie, wie nimmt Ihr Publikum Ihr Unternehmen und die von Ihnen angebotenen Dienstleistungen derzeit wahr?

Was denken Sie, wofür Menschen Ihre Website nutzen? Was möchten sie dort?

Warum sollten die Leute Ihre Website anderen vorziehen?

Skizzieren Sie Ihre Ideen für Funktionen Ihrer Website.

Wie unterstützen diese Funktionen Ihre Geschäftsziele und die Ziele Ihrer Nutzer?

Design-Konzept

Die Menschen kommen zum ersten Mal auf Ihre neue Website. Was soll die Menschen für ihr Unternehmen begeistern?

Erzählen Sie mir ein wenig über Ihre Konkurrenz. Wer sind die Marktführer in Ihrem Bereich (einschließlich ihrer Website-Adressen)?

Was funktioniert dort? Was funktioniert nicht?

Abgesehen von Ihren Konkurrenten, haben Sie in letzter Zeit Websites gesehen, deren visuelle Gestaltung Ihnen gefallen hat? Was hat Ihnen daran gefallen?

(falls Ihnen keine einfällt, schauen Sie unter cssdrive.com oder unmatchedstyle.com nach einem Katalog von Websites, die gut aussehen)

Lassen Sie uns kurz über die Inhalte sprechen. Abgesehen von den oben besprochenen Funktionen, was soll Ihre Website sonst noch leisten?

Möchten Sie, dass ich Ihnen jemanden empfehle, der Ihre Software oder Ihr Content-Management-System erstellt?

Wenn ja, welche Funktionen sollte es Ihrer Meinung nach erfüllen?

(z.B. aktualisierbare Nachrichten, mehrere Autoren, Bestandskontrolle, Benutzer-Moderation)

Technischer Bereich

Welche Funktionalitäten sollten Ihre Website haben?

Bestehende Hosting- oder andere technische Barrieren oder Erwartungen, über die wir Bescheid wissen sollten?

Existierende Anbieter oder andere Dienste, die migriert werden sollen?

Eine oder mehrere Sprachen?

Interne Fähigkeiten - Wer wird die Seite pflegen? Wer wird die Seite verwalten?

Zusätzliche Anmerkungen

Ich habe versucht, dieses Arbeitsblatt so allgemein wie möglich zu halten, aber jedes Projekt ist einzigartig. Hier können Sie zusätzliche Informationen ergänzen, die Sie für hilfreich halten.

Stellen Sie sicher, dass Sie alle Rechte an Ihrer Website - Design, CMS, Code usw. - erwerben. Diese sollten NICHT einer Agentur oder einem anderen Partner gehören.

Verwenden Sie immer ein Open-Source-CMS - Joomla, Drupal, WordPress - und niemals eines, das zu groß ist und dass Sie nicht selbst verwalten können.

Sprechen Sie über "unsere Website", "unser Projekt".

warrenlainenaida.net/2016-04-the-client-worksheet

Shout Out for Drupal

Ich mache hier nur eine Fingerübung und sammle meine Gedanken zwischen Support-Anfragen. Fühlen Sie sich frei, auf und ab zu hüpfen, zu jubeln, zu lachen, mit dem Kopf auf den Tisch zu schlagen oder einfach nur die Augenbraue zu heben - je nach Lust und Laune. Was ist Drupal CMS überhaupt? Hier ist die Schnellversion. Kurzwaren, Sportartikel, Damenoberbekleidung ... got it!

CMS : DRUPAL : WEBSITE : OPEN SOURCE

Von den globalen Top-10K-Websites hat WordPress fast 40%, Drupal 9%, Joomla und Blogger haben 1%, gefolgt von einer bunten Mischung mit dem Rest. Dieses Bild ändert sich je nach Land, in dem Sie sich befinden, aber der Anteil von WordPress bleibt ziemlich konstant. In Deutschland liegt WordPress immer noch bei etwa 40%, aber Joomla hat 13%, Typo3 10% aller Webseiten, und Drupal liegt bei 2%.

Ich interessiere mich sehr für Websites über Bildung und Forschung. In Nordamerika verwenden Harvard, Rutgers, Brown, Caltech, Stanford alle Drupal für ihre

Websites - und andere Universitäten wie Yale, Cornell, McGill usw. verwenden ebenfalls Drupal, allerdings für periphere Websites wie für die Bibliothek, Alumni, Forschungseinheiten usw. Man kann sich jedoch gut vorstellen, dass dort eines Tages eine vollständige Integration stattfinden wird.

An Bildungswebsites in Deutschland zum Beispiel haben wir uns ziemlich viele angeschaut und fanden sie recht einseitig. Zwei Drittel dieser Websites laufen auf Typo3. Der Rest teilt sich wie folgt auf: entweder kein CMS, was ich merkwürdig fand, oder eine Mischung aus allen (fast) bekannten CMS. Außer Front Page.

Warum also Drupal? Ah, Playboy Deutschland verwendet Drupal ... das ist mir gerade aufgefallen ...

Drupal ist Open Source - das bedeutet, dass Sie es anpassen können, und wenn Sie programmieren können, bedeutet das außerdem, dass das CMS kostenlos ist.

Drupal ist leicht zu konfigurieren und leicht einzusetzen (auch hier müssen Sie wissen, was Sie tun, es ist nicht so, als ob Sie ein Lego-Spielzeug zusammenbauen würden).

Drupal ist eine Unternehmenssoftware. Wenn Sie also ein großes Werkzeug für ein großes Projekt benötigen, könnte sich dieses CMS als ausgesprochen hilfreich erweisen.

Drupal bietet umfangreiche API-Unterstützung.

Drupal ist mobilfreundlich. Sehr benutzerfreundlich. Und das ist gut so, denn wer trägt heute noch einen Desktop mit sich herum?

Drupal lässt sich leicht für mehrsprachige Seiten anpassen, und Symfony PHP und HTML5 sind natürlich Standard. Die Letzteren wurden durch den mehrsprachigen Teil zusammengedrückt, obwohl erwartet wird, dass sie in Drupal wirklich gut sind.

Ok, das waren etwas mehr als dreißig Sekunden. aber wenn Sie schnell sprechen und kein Kaugummi im Mund haben, sollte es wahrscheinlich funktionieren.

Drupal. Build something amazing. *drupal.org*

Wenn Sie eine mittelgroße bis große Website haben und über die technischen, administrativen und Programmierkenntnisse verfügen, so dass Sie ein Open-Source-CMS einfach einrichten, verwalten, aktualisieren und nutzen können, dann ist Drupal genau das Richtige für Sie.

warrenlainenaida.net/2016-08-a-shout-out-for-drupal

Shout out for WordPress

Ich habe in letzter Zeit eine Menge WordPress Workshops gegeben und mich gefragt, worüber ich diesen Monat schreiben sollte. Als ich mir mein vorheriges Shout out for Drupal angeschaut habe, fand ich es irgendwie unfair, dass ich nichts über WordPress geschrieben habe. Also los.

Was ist dieses WordPress CMS überhaupt? Hier ist die Schnellversion. Kurzwaren, Sportartikel, Damenoberbekleidung ...got it!

WORDPRESS : CMS : WEBSITE : COMMUNITY

WordPress trat erstmals 2003 als ein Blogging-CMS mit einem einzigen Thema in Erscheinung. Heute bietet WordPress etwa 10.000 Themen und wird von 58% aller Websites verwendet, deren Content-Management-System bekannt ist. Das sind 27% der Top 10 Millionen Websites.

Ich habe etwa 150 Websites in WordPress erstellt, und ich weiß aus Erfahrung, dass das System Vor- und Nachteile hat. Wie jedes andere System auch.

Einige großartige Dinge über WordPress?

Als erstes kann ich sagen, dass WordPress das erste CMS war, das ein Standard- und Responsive-Thema angeboten hat (2013). Was im Jahr 2013 ziemlich bemerkenswert war.

Es ist ein perfektes CMS für Einzelpersonen, kleine Unternehmen, Bildung und Forschung.

Es ist unglaublich leicht zu erlernen. Für die meisten Menschen ist WordPress, verglichen mit anderen CMS, einfach zu bedienen und bequem zu benutzen.

Es kann kostenlos heruntergeladen werden, und, sofern Sie kein Plugin oder Thema verwenden, das Geld kostet, sind die Plugins und Themen ebenfalls kostenlos.

Sogar Google mag WordPress, wie ich letzten Monat auf der Website von Alberto Medina bemerkt habe, der bei Google arbeitet.

WordPress, Drupal, Joomla! ... Die eigentliche Frage ist: "Was soll Ihre Website für Sie tun?"

Wie bei allem, was Sie tun, sollten Sie die Werkzeuge verwenden, die für das Projekt, das Sie durchführen, notwendig sind. Warum einen Bulldozer benutzen, wenn man eigentlich nur eine gute Schaufel braucht?

WordPress. Create your stunning website.
en.wordpress.com/create

Wenn Sie eine kleine bis mittelgroße Website haben und nach einem CMS suchen, das Sie einfach einrichten, verwalten, aktualisieren und benutzen können, dann ist WordPress das Richtige für Sie.

warrenlainenaida.net/2018-02-a-shout-out-for-wordpress

Zum Mitnehmen

Im Internet geht es um Inklusion, nicht um Isolation. Es geht darum, Menschen zusammenzubringen, nicht darum, sie in digitale Blasen einzusperren. Es geht um gute Kommunikation - dazu gehören Online- und Offline-Tools und Kompetenzen. Ihr digitaler Präsenz ist eine Erweiterung all dessen, was Sie überall tun.

Digitale Technologie erlaubt Ihnen, sich zu vernetzen und Ihr Licht mit der Welt zu teilen. Es handelt sich um eine Basiskompetenz, die Sie anwenden können, um Ihr Geschäft auf Jahre hinaus auszubauen, ganz gleich, wie schnell sich die Technologie verändert und wie schnell die Trends steigen und fallen.

Wenn Sie nicht so technisch versiert sind, wie Sie es gerne wären, ist das in Ordnung. Kommunikation, ob online oder offline, ist kein Wettbewerb. Nehmen Sie teil. Versuchen Sie es. Scheitern Sie. Versuchen Sie es noch einmal. *Just do it.*

Ausgewählter Quellcode

Eine vollständige Liste der Ressourcen ist auf meiner Website über den Link am Ende jedes Kapitels verfügbar.

Keine Ruhe für das böse Web

semrush.com/blog/voice-search-optimization-7-seo-strategies-to-rank-better

convinceandconvert.com/voice-activated-content/voice-content-trends

contentmarketinginstitute.com/2018/10/voice-activated-technology

Sozialen Erfolg Lernen

technologyreview.com/2010/10/12/120635/why-japanese-love-robots-and-americans-fear-them

bridgetwillard.com/do-the-work-be-a-practitioner

Online Lehren und Lernen

theatlantic.com/ideas/archive/2020/04/just-give-distance-learning/610222

washingtonpost.com/technology/2020/03/16/schools-internet-inequality-coronavirus

elearningindustry.com/members/matthew-guyan

Print im digitalen Zeitalter

weforum.org/agenda/2020/04/the-case-for-books-as-essential-in-a-time-of-pandemic

proleartthreat.wordpress.com/2006/06/07/the-end-of-the-campus-novel

lithub.com/the-20-best-campus-novels-ranked

Home Office – Das gute Leben?

thenextweb.com/growth-quarters/2020/03/20/7-tweets-that-show-what-its-really-like-to-work-from-home

nytimes.com/2020/03/18/technology/personaltech/working-from-home-problems-solutions.html

inc.com/scott-mautz/a-2-year-stanford-study-shows-astonishing-productivity-boost-of-working-from-home.html

Alles über die Customer Journey

thinkwithgoogle.com/feature/search-intent-marketing-funnel

thinkwithgoogle.com/intl/en-145/perspectives/global-articles/identifying-moments-within-customer-journey

built.io/blog/rethinking-the-customer-journey-in-the-digital-age

eCommerce ist kein Onlineshop

hbr.org/2019/12/for-alibaba-singles-day-is-about-more-than-huge-sales

amido.com/blog/a-case-study-of-devops-at-netflix/

mckinsey.com/business-functions/mckinsey-digital/our-insights/digital-innovation-in-asia-what-the-world-can-learn

Bildung und Lernen in unserer E-Welt

forbes.com/sites/alexknapp/2011/11/17/the-seduction-of-the-exponential-curve

weforum.org/agenda/2018/06/law-too-slow-for-new-tech-how-keep-up

weforum.org/agenda/2017/06/new-approaches-education-changing-society

Auch Großeltern können Programmieren

semanticscholar.org/paper/Mapping-Digital-Competence%3A-Towards-a-Conceptual-Ala-Mutka/dd8bb2ae8ae95b9b91c3d623581f3b4a08c5bbb5

data.consilium.europa.eu/doc/document/ST-5464-2018-ADD-2/EN/pdf

ijlass.org/digital-aging-as-an-essential-component-of-active-aging-a-literature-review

Agile, Design Thinking, Achtsamkeit

agilemanifesto.org

mindful.org/meditation/mindfulness-getting-started

think360studio.com/what-is-design-thinking-and-design-thinking-process

Liebe in Zeiten digitalen Wandels

bbc.co.uk/programmes/p04b183c

researchgate.net/publication/335986790_Designing_Virtuous_Sex_Robots

smithsonianmag.com/videos/category/future-is-here/future-is-here-festival-2015-beth-phillips

Die digitale Wolke mit einem Silberstreif am Horizont

researchgate.net/publication/234013321_Aging_in_the_Work_Context

manager-magazin.de/digitales/it/a-625126.html

post-gazette.com/news/aging-edge/2018/06/08/what-s-new-in-aging-the-future-of-older-workers/stories/201806080045

SEO – Baue sie auf und vielleicht werden sie kommen

support.google.com/webmasters/answer/7451184

amazon.com/Art-SEO-Mastering-Search-Optimization/dp/1491948965

moz.com/learn/seo/what-is-seo

Online-Shopping – Bestellen und liefern lassen

thenextweb.com/podium/2019/05/08/customer-experience-is-about-emotion-not-technology

onezero.medium.com/the-global-attention-span-is-getting-shorter-ee652a7e09b8

theatlantic.com/technology/archive/2019/04/youre-about-spend-so-much-money-instagram/588373

Quo Vadis WordPress

wordpress.org

business2community.com/blogging/is-gutenberg-not-the-old-german-one-a-massive-fail-02116179

wp-modula.com/future-of-wordpress-2019

Fallen wir bei HTML 101 durch?

ethanmarcotte.com/wrote/the-web-we-broke

ericwbailey.design/writing/2019-03-05-fighting-uphill.html

w3.org/History/19921103-hypertext/hypertext/WWW/Link.html

Länger und gesünder leben - lesen!

psychologytoday.com/us/blog/metacognition-and-the-mind/201804/can-reading-help-my-brain-grow-and-prevent-dementia

elemental.medium.com/why-reading-books-is-important-for-the-brain-d6468dc0a26a

theparisreview.org/blog/2019/02/08/reading-in-the-age-of-constant-distraction

Modewörter und unser digitaler Diskurs

vulture.com/2020/02/spread-of-corporate-speak.html

sciencealert.com/cultural-studies-sokal-squared-hoax-20-fake-papers

plainenglish.co.uk/gobbledygook-generator.html

Content Marketing – Trends seit 1732

blogs.oracle.com/marketingcloud/4-ways-to-battle-the-content-marketing-paradox

contentmarketinginstitute.com/2016/07/history-content-marketing

hbr.org/2018/04/4-ways-to-improve-your-content-marketing

Agile, Waterfall, Adaptive, PERT, LEAN ... und Cake

blog.azendoo.com/top-project-management-methodologies-and-styles

oxagile.com/article/the-waterfall-model

smartsheet.com/sites/default/files/Agile-PM-101-Beginners-Guide-Non-PM-Ebook-download-open.pdf

Ihr Mobiltelefon rettet vielleicht Ihr Leben

marketwatch.com/press-release/internet-of-things-iot-healthcare-market-is-expected-to-reach-1368-billion-worldwide-by-2021-2016-04-12-8203318

financierworldwide.com/a-new-era-for-ehealth-in-the-eu

www2.deloitte.com/uk/en/pages/life-sciences-and-healthcare/articles/connected-health.html

Ist das der digitale Wandel, der hier vor mir steht?

forbes.com/sites/forbestechcouncil/2018/01/04/disruptive-technologies-and-new-economic-models

nytimes.com/2017/10/05/world/europe/belarus-minsk-technology.html

globalriskinsights.com/2018/01/belarus-tech-law-revolution

GDPR. GDPR Überall ...

hbr.org/2018/04/gdpr-and-the-end-of-the-internets-grand-bargain

medium.com/s/new-world-crime/this-is-how-internet-regulation-can-go-really-wrong-f5ea6236bec9

theatlantic.com/magazine/archive/2018/06/henry-kissinger-ai-could-mean-the-end-of-human-history/559124

Die digitalen 1%

nytimes.com/2019/03/23/sunday-review/human-contact-luxury-screens.html

hbr.org/2019/01/the-cost-of-self-driving-cars-will-be-the-biggest-barrier-to-their-adoption

designyoutrust.com/2018/05/these-chinese-sex-robots-are-equipped-with-artificial-intelligence

<u>Jack programmiert. Jane programmiert. Los Kinder los!</u>

teachyourkidscode.com/why-coding-is-important-to-learn/

idtech.com/blog/5-reasons-your-child-should-learn-to-code

tynker.com/blog/articles/ideas-and-tips/10-reasons-kids-should-learn-to-code

<u>Vorsicht vor Technologie mit Extras</u>

wired.com/story/why-artificial-intelligence-is-not-like-your-brainyet/

nytimes.com/2017/12/08/opinion/holiday-gifts-toys-spying.html

businesstimes.com.sg/technology/beware-of-geeks-bearing-gifts

<u>Marketing schläft nie</u>

theguardian.com/education/2014/may/18/universities-turn-to-ad-man

big.vision/articles/the-implications-of-24-7-connectivity-on-brand-marketing

hbr.org/2019/05/the-age-of-continuous-connection

(Anti-) Social Media

scientificamerican.com/article/social-technologies-are-making-us-less-social

theatlantic.com/technology/archive/2018/01/ignoring-each-other-in-the-age-of-instant-communication/550325

economist.com/graphic-detail/2018/05/18/how-heavy-use-of-social-media-is-linked-to-mental-illness

Konversation ist die Königsdiziplin

theatlantic.com/technology/archive/2018/01/ignoring-each-other-in-the-age-of-instant-communication/550325

amazon.com/Reclaiming-Conversation-Power-Talk-Digital/dp/0143109790

sloanreview.mit.edu/article/deriving-value-from-conversations-about-your-brand

Ich klicke, also bin ich

theatlantic.com/technology/archive/2017/06/advertising-that-exploits-our-deepest-insecurities/532038

medium.com/s/story/y2k-didnt-happen-but-1999-did-8931e14033d7%22

k3hamilton.com/cb/cb6.html

Unsere Beziehung zu (technischen) Dingen

conversationalist.org/2019/09/13/feminism-explains-our-toxic-relationships-with-our-smartphones

theatlantic.com/technology/archive/2016/03/half-full-tech/476025

twitter.com/lukew/status/855071214699552768

Das Gespenst im Design

perpendicularangel.com/2017/04/an-event-apart-2017-design-beyond-our-devices-by-ethan-marcotte

lukew.com/ff/entry.asp?1971

nngroup.com/articles/usability-101-introduction-to-usability

Meine Einstellung zur Benutzerfreundlichkeit

smashingmagazine.com/user-experience-revolution

interaction-design.org/literature/topics/ux-design

nngroup.com/articles/definition-user-experience

Einführung in die Digitale Kultur

nytimes.com/2016/11/22/books/review/thomas-friedman-thank-you-for-being-late.html

knolskape.com/blog-what-is-digital-culture

bcg.com/publications/2018/not-digital-transformation-without-digital-culture

Jetzt werden die Karten neu gemischt

abookapart.com/products/mobile-first

webmasters.googleblog.com/2016/11/mobile-first-indexing.html

webmasters.googleblog.com/2020/03/announcing-mobile-first-indexing-for.html

Ist das eine App, die ich vor mir sehe?

intercom.com/blog/browsers-not-apps-are-the-future-of-mobile

computerworld.com/article/3016736/the-mobile-web-vs-mobile-app-death-match.html

webfx.com/blog/web-design/native-app-vs-mobile-web-app-comparison

Klick mich!

economist.com/news/business/21707951-advertising-industrys-trust-problem-doesnt-ad-up?fsrc=scn/fb/te/pe/ed/doesntadup

adage.com/article/datacenter/new-milestone-internet-will-account-half-ad-spending-2020/2223511

brookings.edu/research/commercials-for-college-advertising-in-higher-education

Immer noch unsicher in Bezug auf Social Media?

quora.com/Why-are-some-companies-unsure-about-social-networking

acquitechnology.com/are-you-unsure-about-using-facebook-as-part-of-your-social-media-strategy

digitalmarketinginstitute.com/en-eu/blog/what-why-and-how-of-social-media-for-higher-education

Was ist eigentlich mit diesem Design Thinking?

joeyaquino.wordpress.com/2012/05/23/want-a-crash-course-in-stanfords-design-thinking-here-it-is-for-free-pt-1-empathy

interaction-design.org/literature/article/what-is-design-thinking-and-why-is-it-so-popular

Search Engine

Disclaimer

Haftung für Inhalt

Ich bin gemäß § 7 Abs.1 TMG für eigene Inhalte auf diesen Seiten und denen meiner Website nach § 7 Abs.1 TMG und allgemeinen Gesetzen verantwortlich. Nach §§ 8 bis 10 TMG bin ich als Diensteanbieter jedoch nicht verpflichtet, übermittelte oder gespeicherte fremde Informationen zu überwachen oder nach Umständen zu forschen, die auf eine rechtswidrige Tätigkeit hinweisen.

Haftung für vererbte Inhalte

Einige Inhalte und Links zu Inhalten, die hier zu finden sind, stammen aus dem Jahr 2015. Damit sollen der Wandel und die Geschwindigkeit des Wandels in der Digitaltechnik in diesen fünf Jahren aufgezeigt werden.

Haftung für Links

Mein Angebot enthält Links zu meiner eigenen Website und zu externen Websites Dritter, auf deren Inhalte ich keinen Einfluss habe. Deshalb kann ich für diese fremden Inhalte auch keine Gewähr übernehmen.
Die verlinkten Seiten wurden zum Zeitpunkt der Verlinkung auf mögliche Rechtsverstöße überprüft. Rechtswidrige Inhalte waren zum Zeitpunkt der Verlinkung nicht erkennbar.

Bücher von Warren Laine-Naida

Sachbücher

Digital Thinking – Websites, Online-Marketing, und digitale Visionen (Deutsch)

Digital Thinking – Websites, Online Marketing, and so much more (English)

Art in Chocolate

Belletristik

The University Club – A Campus Affair

Not Now, Katrin

***

warrenlainenaida.net
warrenlainenaida.de

join me on Twitter or Instagram
@warrenlnaida